CHENGSHI DIANDONG ZIXINGCHE
JIAOTONG ANQUAN ZHILI SHIJIAN

城市电动自行车
交通安全治理实践

公安部道路交通安全研究中心 编

人民交通出版社
北京

内 容 提 要

本书聚焦电动自行车这一交通方式,立足公安交通管理工作,开展城市电动自行车交通安全治理研究,为推进解决电动自行车重点问题寻求破解之策。本书共8章,内容包括电动自行车交通现状、产业特征、登记管理、通行环境、通行管理、骑行现状调研、外卖行业交通安全治理、典型城市治理实践。

本书适合城市交通管理者、交通规划与管理领域相关技术人员和研究者阅读,也可供对城市交通领域感兴趣的读者参考。

图书在版编目(CIP)数据

城市电动自行车交通安全治理实践/公安部道路交通安全研究中心编.—北京:人民交通出版社股份有限公司,2024.6

ISBN 978-7-114-19542-6

Ⅰ.①城… Ⅱ.①公… Ⅲ.①电动自行车—行车安全 Ⅳ.①U484

中国国家版本馆CIP数据核字(2024)第102460号

书　　名: 城市电动自行车交通安全治理实践
著 作 者: 公安部道路交通安全研究中心
责任编辑: 李　佳
责任校对: 孙国靖　卢　弦
责任印制: 刘高彤
出版发行: 人民交通出版社
地　　址: (100011)北京市朝阳区安定门外外馆斜街3号
网　　址: http://www.ccpcl.com.cn
销售电话: (010)59757973
总 经 销: 人民交通出版社发行部
经　　销: 各地新华书店
印　　刷: 北京建宏印刷有限公司
开　　本: 880×1230　1/16
印　　张: 14.25
字　　数: 412千
版　　次: 2024年6月　第1版
印　　次: 2024年6月　第1次印刷
书　　号: ISBN 978-7-114-19542-6
定　　价: 98.00元
(有印刷、装订质量问题的图书,由本社负责调换)

《城市电动自行车交通安全治理实践》
编审委员会

审定委员会

主　　任： 王长君

副 主 任： 戴　帅　刘金广　舒　强

编写委员会

主　　编： 赵琳娜　于芙林　侯志贤

参编人员： 杨钧剑　闫星培　褚昭明　王艺帆　朱新宇　姚雪娇　刘　婉　王亚朝　李光耀

前　言
PREFACE

相对于私人汽车、公交车、自行车等出现时间较早的交通工具，电动自行车自20世纪90年代才开始出现在我国城市道路上。截至2022年底，我国电动自行车保有量已达3.5亿辆，城市平均每百户家庭电动自行车的保有量超过70辆。在城市交通进入高质量发展的新阶段，需要全面梳理和分析电动自行车的交通安全治理问题，在实践中探求问题的解决之道。

电动自行车是城市居民最常使用的交通工具，电动自行车治理关乎居民最直接的出行需求、最基本的安全需要，但电动自行车问题具有特殊性、复杂性，从多个视角观测才能加深对问题的理解。从产业发展看，我国形成了全球规模最大的电动自行车生产、消费和出口市场，产业规模超过千亿元。但在车辆规范化、智能化发展的同时，规模巨大的存量超标车成为治理的一项重大挑战。从出行效益看，电动自行车是中短距离的优势出行方式，与公交、步行等绿色交通方式能形成高效接驳衔接，有助于减少城市交通系统碳排放、缓解道路资源紧张问题。从使用需求看，电动自行车具有普惠出行的特点，学生、老人、通勤族、外来务工人员及部分残疾人都在骑行，使用人群非常广泛，使用场景多样丰富。同时，电动自行车是与新零售、平台经济结合最快的交通方式，是城市即时配送行业使用最多的交通工具。从通行安全水平看，电动自行车是安全风险较高的交通方式，近5年，城市道路上电动自行车的交通事故数年均增长17.2%，事故增长速度在所有城市交通方式中位居第一。

电动自行车治理不仅需面对通行秩序、通行安全等较为棘手的问题，还要面对长期未解决的超标车、加装/改装车等根源性问题；此外，骑行者安全意识、规则意识薄弱及骑行习惯不佳等基础性问题也需要推动解决。本书围绕城市电动自行车交通安全治理这一主题，立足公安交通管理角度，紧扣交通安全主线，分析探讨了电动自行车产业特征、车辆登记管理、道路通行环境、通行管理、行业监管等内容，以期为城市电动自行车综合治理提供政策和技术参考。

本书共分为8章。第1章从概念导入开始,介绍电动自行车的车辆特征及交通特点,剖析城市电动自行车治理面临的主要挑战。第2章聚焦电动自行车产业特征,结合产销数据观测电动自行车产业的发展变化,研究产业发展趋势。第3章围绕电动自行车登记管理,梳理解析当前车辆管理的困境,并借鉴国外经验做法,提出治理超标车、规范车辆登记相关对策建议。第4章从路段、交叉口非机动车交通组织切入,分析电动自行车通行现状问题,对比国内外典型城市经验做法,立足我国城市实际提出改善非机动车通行条件、保障电动自行车路权的相关建议。第5章面向电动自行车通行安全风险,总结国内外典型城市的治理经验,评估电动自行车限行措施适用性,提出提升城市电动自行车通行安全水平的措施建议。第6章基于对全国249个城市近2万名骑行者的调研数据,从骑行者关注焦点、网络资讯热点等多视角探讨电动自行车问题,并基于调研情况提出相关建议。第7章聚焦外卖行业配送车辆,全面分析外卖行业特点、平台算法特征,剖析行业运行规则对配送车辆通行安全的深层次影响,并从平台责任的落实、监管制度的健全等方面提出相应对策建议。第8章选取上海、广州、杭州、镇江作为典型城市,解读不同治理政策历程和城市交通发展特征背景下的电动自行车治理措施,为其他城市电动自行车治理提供思路参考和做法借鉴。

本书所开展的调研活动由全球道路安全合作伙伴(GRSP)项目资助。感谢公安部交通管理局给予的支持和帮助,感谢北京工业大学边扬老师、同济大学王雪松老师团队的协助与配合,感谢杭州市公安局交通警察支队、长沙市公安局交通警察支队有关同志的支持和帮助,感谢中国人民公安大学于昊、宋然子、申远三位同学的编写校核工作。

本书介绍国内外典型城市电动自行车治理经验做法,是为了更有效地借鉴和创新,为城市电动自行车的研究者、管理者提供参考。但各区域、各城市电动自行车发展情况不同,电动自行车治理存在共性特点,也有明显差异之处,难以用同一尺度简单衡量对比。本书根据城市调研情况及相关文献资料进行引证和介绍,在分析过程中难免存在理解偏差及不当之处,敬请读者批评指正。

编　者

2023年11月

目 录

CONTENTS

图 目 录

表 目 录

第 1 章 Chapter 01

绪 论

相对于私人汽车、公交车、自行车等其他交通工具,电动自行车在城市道路上出现至今不过30多年,但其发展和普及速度非常之快,截至2022年底,我国电动自行车保有量已达3.5亿辆,与机动车保有量相当。电动自行车快速增长的规模、庞大的使用人群以及层出不穷的治理问题,让其成为关注度非常高的交通方式。在城市交通进入高质量发展的新阶段,需要全面梳理和分析电动自行车的交通安全治理问题,溯本求源、见微知著,从车辆本身发展历程及相应管理政策演化中探索答案,从各城市治理实践中总结经验、探寻方向。

1.1 电动自行车

1.1.1 定义

法律层面对电动自行车的车辆属性有明确规定。《中华人民共和国道路交通安全法》第一百一十九条规定:"'非机动车',是指以人力或者畜力驱动,上道路行驶的交通工具,以及虽有动力装置驱动但设计最高时速、空车质量、外形尺寸符合有关国家标准的残疾人机动轮椅车、电动自行车等交通工具。"电动自行车虽然有动力装置驱动,但仍不能脱离非机动车的根本定义,即需要具有人力驱动的能力,否则就应该纳入机动车范畴,按照电动摩托车进行管理。

国家标准层面对电动自行车有明确定义。《电动自行车安全技术规范》(GB 17761—2018)中提出,电动自行车是以车载蓄电池作为辅助能源,具有脚踏骑行能力,能实现电助动或/和电驱动功能的两轮自行车。相比于《电动自行车通用技术条件》(GB 17761—1999)中的定义"电动自行车是以蓄电池作为辅助能源,具有两个车轮,能实现人力骑行、电动或电助动功能的特种自行车",《电动自行车安全技术规范》(GB 17761—2018)强调了电动自行车的脚踏骑行功能,更加突出和强化了电动自行车的非机动车属性。从产品功能看,脚踏骑行功能不仅是实现电助动的必要条件,而且可以让骑行者在电动自行车出现电路故障或蓄电池缺乏电量时继续行驶,避免了长距离推行,便利骑行。从管理角度看,脚踏骑行功能作为电动自行车的显著特征,可以帮助执法人员快速辨别和区分电动自行车与电动摩托车,能有效提高执法效率,更好地规范生产销售市场、维护车辆道路通行秩序。

1.1.2 车辆性能

电动自行车与自行车、人力三轮车等传统非机动车相比,车速限值、车身结构、整车质量等车辆性能指标有明显差异。根据《电动自行车安全技术规范》(GB 17761—2018),电动自行车主要的车辆性能特征如下。

1)车速限值

电动自行车使用电驱动功能行驶时,最高车速不超过25km/h;使用电助动功能行驶时,车速超过25km/h时电动机不提供动力输出。当行驶车速达到15km/h时会持续发出提示音。

2)制动性能

电动自行车的制动性能是骑行安全的重要保障。制动性能不达标、制动距离增加,会导致车辆失控而造成人身伤害事故,直接威胁交通安全。《电动自行车安全技术规范》(GB 17761—2018)规定,以25km/h的车速在干燥路面骑行时同时使用前后闸制动,电动自行车应在7m之内平稳安全停住,如果只使用后闸，那么电动自行车应在 15m 之内平稳安全停住；以 16km/h 的车速在湿滑路面骑行时同时使用前后闸制动，电动自行车应在 9m 之内平稳安全停住，如果只使用后闸，那么电动自行车应在 19m 之内平稳安全停住。

3）整车质量

电动自行车整车质量越大，相同速度下的碰撞能量越大，骑乘人员伤亡的概率就越大。《电动自行车安全技术规范》（GB 17761—2018）规定，装配完整的电动自行车的整车质量应小于或等于 55kg。电动自行车整车质量包括蓄电池及使用说明书中明示的所有配件的质量，非车载充电器的质量不计算在内。

4）脚踏骑行能力

电动自行车是自行车的延伸产品，“脚踏功能”是电动自行车的基本性能要求。《电动自行车安全技术规范》（GB 17761—2018）规定，在脚踏骑行电动自行车时，30min 的行驶距离大于或等于 5km；电动自行车两曲柄外侧面最大距离小于或等于 300mm，如图 1-1 所示。

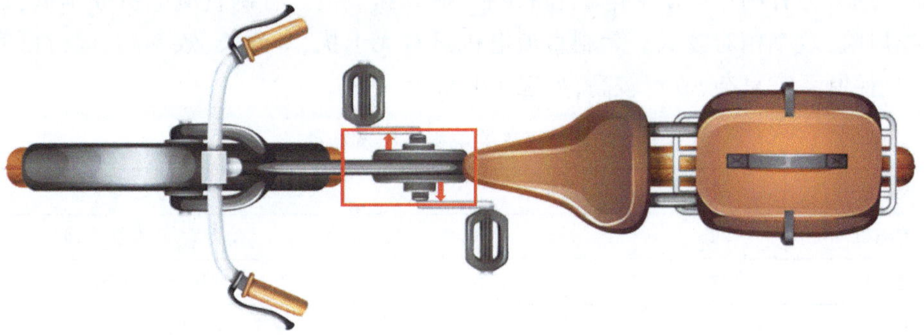

图 1-1　电动自行车脚踏距离示意图

5）车身尺寸

为规范电动自行车产品设计，国家标准对电动自行车车身尺寸给出了限值。整车高度应小于或等于 1100mm，车体宽度（除车把、脚蹬部分外）应小于或等于 450mm，前、后轮中心距应小于或等于 1250mm，鞍座高度应大于或等于 635mm，鞍座长度应小于或等于 350mm，后轮上方的衣架平坦部分最大宽度应小于或等于 175mm，如图 1-2 所示。

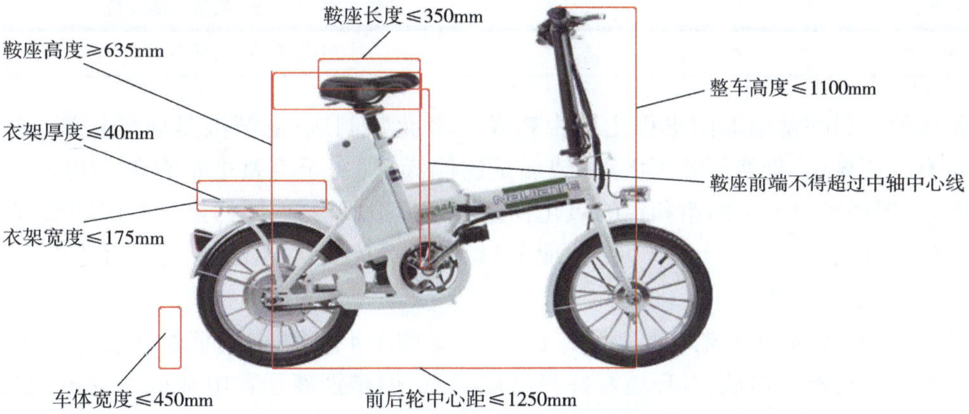

图 1-2　电动自行车车身尺寸限值

除此之外，《电动自行车安全技术规范》（GB 17761—2018）对车辆结构如脚蹬间隙、突出物、防碰擦、淋水涉水性能也进行了规范，还规定了电动自行车的机械安全、电气安全、防火性能、阻燃性能、无线电骚扰特性和使用说明书的主要技术要求。

1.1.3 车辆分类

1)按驱动方式分类

电动自行车按照驱动方式可分为电驱动型电动自行车和电助动型电动自行车。电驱动和电助动的电能都来源于车载蓄电池。电驱动是仅以电动机输出动力的驱动方式,可以通过转把来实现纯电力驱动。电助动是由人力和电动机的动力按比例输出的驱动方式,蹬车时有电力助动,不蹬车时无电力助动,电力助动与踏蹬密不可分,电助力输出动力的大小与人蹬车用的力成正比。此外,电助动型电动自行车没有转把,不能实现纯电力驱动。

2)按电机类型分类

电动自行车按照电机类型可分为有刷直流电机车辆和无刷直流电机车辆。有刷直流电机车辆的控制系统简单,又可细分为有刷直流低速电机和有刷直流高速电机。有刷直流电机成本低,过载能力强,但存在着机械磨损风险,效率相对较低。无刷直流电机具有无干扰、寿命长、效率高、运行可靠、维护简单的优点,不足之处是控制系统复杂、成本较高,如表 1-1 所示。

电动自行车的电机类型及特点　　表 1-1

电机种类	效率	价格	特点
有刷直流低速电机	低	低	动力大、爬坡能力强
有刷直流高速电机	中	中	适用于平坦路面
无刷直流电机	高	高	控制器复杂,噪声小,寿命长

3)按蓄电池类型分类

电动自行车使用的蓄电池主要包括铅酸蓄电池、锂离子蓄电池和镍氢蓄电池三类,如表 1-2 所示。

电动自行车的蓄电池类型及特点　　表 1-2

蓄电池种类	价格	特点
铅酸蓄电池	低	电压稳定、价格便宜、质量较大、使用寿命较短
镍氢蓄电池	中	维护简单、寿命长、低温性能优良
锂离子蓄电池	高	耐用、环保、质量小

①铅酸蓄电池。铅酸蓄电池的电极主要由铅及其氧化物制成,电解液是硫酸溶液,如图 1-3 所示。铅酸蓄电池具有电压稳定、价格便宜等优点;缺点是比能低(即每千克蓄电池存储的电能)、使用寿命较短。需注意的是,铅酸蓄电池中的铅和铅的氧化物会对环境造成污染,其污染具有周期长、隐藏性大等特点。铅酸蓄电池潜在的环境危害十分严重,处理不当,极易造成二次污染,造成不可逆的生态灾害,比一般的尾气、废气和废水危害更大。

②锂离子蓄电池。锂离子蓄电池是一种二次电池,如图 1-4 所示,具有能量密度高、可通过大电流充放电、无记忆效应、原材料成本低、对环境友好等诸多优点,但是锂离子蓄电池成本在电动自行车整车成本中所占比重较高,远远大于铅酸蓄电池在整车成本中的比重。锂离子蓄电池相比于铅酸蓄电池来说环境危害较小。从回收情况看,国内锂离子蓄电池的型号并不统一、蓄电池组结构差异很大,所以目前锂离子蓄电池的回收主要使用技术要求较低的拆解回收法,回收体系还不成熟。

③镍氢蓄电池。镍氢蓄电池是一种性能良好的蓄电池,如图 1-5 所示。镍氢蓄电池正极活性物质为 $Ni(OH)_2$,负极活性物质为金属氢化物,也称储氢合金(电极称储氢电极),电解液为 6mol/L 氢氧化钾溶

液。镍氢电池有全密封、维护简单、寿命长、低温性能优良、对环境友好等优点，但过度充电或放电可能会加剧蓄电池的容量损耗。

图 1-3 铅酸蓄电池

图 1-4 锂离子蓄电池

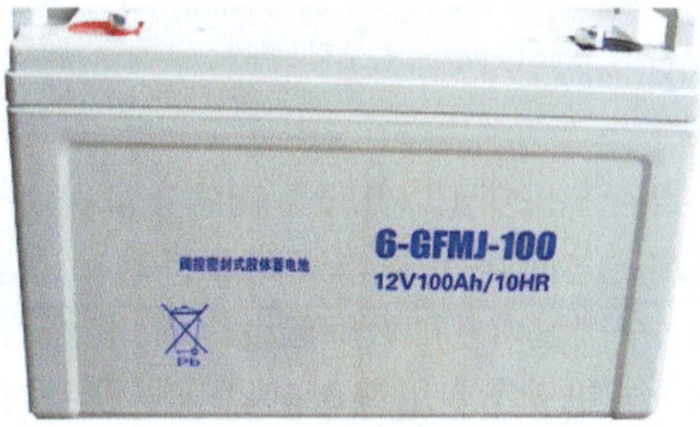

图 1-5 镍氢蓄电池

1.2 电动自行车交通特点

1.2.1 骑行需求

电动自行车具有普惠出行的特点，存在大量使用需求。电动自行车价格低廉、骑行轻便省力、骑行技能简单，使用人群非常广泛，从学生到老年人、从接送小孩的家长到通勤族、从外来务工人员到观光游客，部分残疾人也可骑行使用。

电动自行车平均运行速度比传统自行车高出了 47.6%，其平均出行距离相比传统自行车增加了 50%[1]。在机动化高速发展的同时，居民职住模式、出行距离都发生了巨大的变化，由自行车主导的出行结构快速向以机动化交通方式主导的出行结构转变。而电动自行车作为价格相对低廉、省时省力的交通工具，成为很多自行车骑行者、摩托车骑行者转变交通方式的首选。电动自行车虽然在不同类型城市所承担的交通功能不尽相同，但不可否认，电动自行车已成为我国城市交通的一类重要出行方式。部分小城市，城市规模小、居民出行距离短，电动自行车是首选出行方式、出行分担率非常高。如江苏新沂，居民平均出行距离在 3km 左右，非常适宜电动自行车出行。调查显示，新沂的电动自行车出行分担率高达 49.3%，远高于私人汽车的 26%、公共交通的 3.8%，电动自行车占据了城市交通出行结构的主体地位[2]。部分大城市，电动自行车是通勤、接送学生的主要交通工具。如广西南宁，千人电动自行车保有量为 420.8 辆，即平均不到三位市民就拥有一辆电动自行车，电动自行车的出行分担率更是高达 35.9%，路面非机动车流中电动自行车的占比在 80% 以上。在部分超大、特大城市，城市规模大、居民出行距离长、出行频次高，电动自行车成为中短距离出行的主要方式，同时也承担了快递、外卖行业的货物配送功能。如在上海，电动自行车保有规模超过 1100 万辆，即平均每两位上海市民就拥有一辆电动自行车。调查显示，上海私人电动自行车每日出行频次多为 1～2 次，主要出行目的为通勤，出行分担率在 20% 左右；快递、外卖行业配送车辆在道路上电动自行车交通流量的占比在 1/4 左右，且行驶速度要比私人电动自行车高出 10%[3]。

此外，在我国人口老龄化程度持续加深的背景下，电动自行车对于老年群体是非常友好的交通工具。2021 年，我国 65 岁以上老年人口超过 2 亿，超大城市中的重庆、上海、天津、成都、北京，特大城市中的西安、沈阳 65 岁以上老年人口的占比已超过 15%，成为深度老龄化城市。老年人活动范围小、出行频次低、距离短，而电动自行车出行便捷灵活、省力省时，且不需要机动车驾驶证、没有骑行年龄限制，是老年人较为青睐的出行方式。

1.2.2 道路通行条件

电动自行车每年正以几千万辆的数量在增长，2022 年，电动自行车的销量更是达到了 5000 万辆，创造历史新高。与此同时，城市道路非机动车道基础条件薄弱、非机动车停放空间不足的问题还很突出。《“十四五”全国城市基础设施建设规划》将慢行交通设施建设列为城市基础设施建设的重大行动，全国将新增建设非机动车专用道 0.59 万 km。但非机动车道的建设速度远不及电动自行车的增长速度，电动自行车交通供需矛盾尤为突出。特别在东北、华北、华南地区的部分城市，机动化快速发展时期取消了非机动车道，如今在紧凑的城市道路空间中恢复非机动车道就显得非常困难。电动自行车的过快增长，突破了城市非机动车道路的承载力极限，加之电动自行车路权不明确，机非混行、人车混行的状况非常普遍，由电动自行车造成的通行秩序混乱、交通事故多发、停放充电隐患突出等问题接踵而至。2023 年，一项对北京城市骑行安全的调研显示，北京四环内道路非机动车交通构成中电动自行车的占比达 62.9%，而当时北京 37.4% 的道路没有设置非机动车道，在设置了非机动车道的道路中一半以上没有设置机非物理隔离设施，骑行风险较高的道路占比达 44.5%[4]。

1.2.3 对能源环境的影响

碳排放和交通能耗是明确城市电动自行车发展定位的重要因素。我国城市交通的碳排放量占整个交通领域碳排放量的 40% 左右[5]，降低城市交通系统的碳排放量对推进实现碳达峰、碳中和的“双碳”目标具有关键作用。

从交通方式看，电动自行车的碳排放量低、对能源环境的影响相对较小。相比于机动化交通方式，电动自行车的能源消耗低、使用成本低、碳排放量低。电动自行车每百公里的耗电量为 1.5kW · h，使用成本仅为 0.8 元，且以电驱动或电助力为主，几乎不产生有害气体排放；而摩托车百公里的汽油消耗量为 3L，使用成本约为 27 元，行驶过程中平均产生的 CO_2 排放量为 62t/(百万人 · km)；私人汽车百公里的汽油消耗量为 10L，使用成本约为 90 元，行驶过程中平均产生的 CO_2 排放量为 140.2t/(百万人 · km)[6-7]。近些年，汽车行业电动化的推广和发展取得了重要突破，电动化对降低交通碳排放发挥的关键作用也取得了广泛共识。相比于电动汽车，电动自行车是由电力驱动或助力的非机动车车型，一辆电动自行车的能耗约为一辆小型电动汽车能耗的 1/10，与行驶相同距离的小型载客汽车相比，电动自行车耗电产生的 CO_2 比一辆小型载客汽车耗电产生的 CO_2 大约少 40%[8]。

从使用周期看，在评估电动自行车对环境的影响时，蓄电池引发的环境污染应引起足够重视。电动自行车是我国铅消费增长的一大驱动因素，电动自行车铅酸蓄电池使用比例高，接近 80%，而且铅酸蓄电池的使用寿命较短，为 2 ~ 3 年，在各地超标车过渡期集中到期时，我国每年由电动自行车产生的报废铅酸蓄电池过亿块。在报废的铅酸蓄电池中，铅膏质量占蓄电池总质量的 35% ~ 50%、铅栅(铅锑合金、铅钙合金等)占 20% ~ 30%、废酸液(硫酸)占 10% ~ 20%、隔板(聚氯乙烯、聚乙烯、玻璃纤维等)占 2% ~ 3%、塑料外壳(高聚物聚丙烯、丙烯腈-丁二烯-苯乙烯塑料等)占 6% ~ 10%[9-10]。这些重金属、酸性物质若回收处理不当，将会对生态环境造成严重污染，危害居民健康。如含铅废酸未经处理直接排放，将严重污染土壤和地下水；铅中毒将对人体健康造成不可逆的伤害，包括发育障碍、智商降低和预期寿命缩短等。

1.3 电动自行车治理挑战

电动自行车问题既涉及发展与管理之间的平衡问题，也包括各利益方诉求的协调问题，还有政策延续性、革新性的综合问题。城市交通管理部门在电动自行车治理方面付出了长时间的艰巨努力，形成了明确、清晰的管理导向，但仍面临着重重挑战。

1.3.1 车辆管理

1）超标车

超标车的治理是解决电动自行车问题的前置条件，电动自行车只有车型符合国标要求，才能体现其非机动车属性。在《电动自行车安全技术规范》（GB 17761—2018）实施前，面对以超标车辆为主的电动自行车构成，推进和实施电动自行车管理登记制度在现实层面不具备操作性。符合国标要求的电动自行车数量仅为电动自行车实际保有量的10%～20%，超标车处于失管漏控状态。超标车的外形和性能接近电动摩托车、电动轻便摩托车，但其沿用了非机动车的登记和通行管理方式，如：骑行者无须考取机动车驾驶证即可骑行，车辆在非机动车道通行，但行驶速度远高于15km/h的限速要求。在《电动自行车安全技术规范》（GB 17761—2018）正式实施后，电动自行车登记管理有了技术依据，各地为规范电动自行车车辆管理、稳妥解决超标车问题，纷纷设置过渡期、发放临时号牌，引导存量超标车逐步退出。过渡期的设置为超标车的治理争取了更多时间，但面对规模庞大、数量远多于合规车的超标车，超标车淘汰任务着实艰巨，部分城市出现了在过渡期到期后又不得不延期的情况。以车辆登记为例，要找到城市中所有的超标车，再将车辆信息、车主信息登记并规范管理，往往需设置大量的登记点或开展大规模的入户调查，耗费时间长、投入人力多；再如组织超标车回收报废，超标车的车主自主置换或报废意愿低，往往需要提供车辆报废补贴，需要大量财政资金支持，还需发动社区街道、行业协会、平台企业等各方共同参与，才有人力支持推动工作开展。因此，超标车的治理是车主利益与城市治理、市场发展宏观利益的协调过程，既需要依靠政府力量，加强市场监管、路面执法，建立健全车辆回收、报废机制渠道，也需要依靠市场力量，通过车辆产品的持续创新升级、提供车辆购置补贴，刺激车主置换需求。

2）车辆加装改装

在超标车问题还未解决之时，又出现了电动自行车改装问题。部分厂家、销售商、维修商、网络经销商等，通过篡改车辆出厂设置、解除限速装置、更换车辆控制器、加装改装蓄电池等措施，变相地提高车辆行驶速度，增加了电动自行车的使用风险。并且车辆改装渠道多样、方式隐蔽，生产者、销售者、购买者之间相互达成协议，信息上报少、来源不明情况多，给市场监管、公安等部门在流通销售环节的执法工作增加了巨大难度。

1.3.2 路权

城市道路是电动自行车问题集中显现的地方，路权争议多、矛盾多。电动自行车按照非机动车属性，其路权应与其他非机动车相同，但电动自行车的通行速度、所需空间宽度又明显区别于其他非机动车；电动自行车在通行过程中与其他非机动车快慢交织、与机动车机非混行，电动自行车与其他交通方式的“抢街”现象非常普遍。

1)电动自行车通行空间匮乏

电动自行车应在非机动车道内骑行,电动自行车路权的空间范围也应与非机动车道空间范围重合。而从非机动车道现有设置条件看,电动自行车通行空间不连续、宽度不足的问题还很突出。一方面,我国城市非机动车道大多沿着既有城市道路铺设,既有道路网存在结构不完整、连通性较差等基础性问题,加之相当比例的城市道路没有设置非机动车道或非机动车道宽度不足,我国城市非机动车交通设施短板较为突出。在"宽马路、疏路网"现实局限下,城市部分主次干路、高架桥下区域的过街绕行距离过长、交叉口面积过大,给非机动车道的设置带来了较大困难。另一方面,我国城市非机动车道宽度的建设标准主要面向自行车骑行需求,而电动自行车骑行最小有效宽度约为 1.2 ~ 1.5m,明显大于自行车骑行所需宽度。在电动自行车交通流量不断提升之时,现有非机动车通行空间难以满足电动自行车骑行需求,电动自行车路权在空间上得不到保障。

2)电动自行车交通组织混乱

与其他非机动车相同,电动自行车交通组织低效、通行秩序混乱,是城市交通精细治理的难题、痛点。据统计,城市中 3/4 的非机动车事故发生在机动车道或混行道路上[11]。《城市电动自行车骑行调研分析报告 2022》显示,30% ~40% 的城市电动自行车骑行者认为非机动车道不连续、被路内停车占用严重,近 60% 的电动自行车骑行者认为交叉口通行规则不明确[12],非机动车交通设施和交通组织短板凸显。电动自行车路权在交通设施的物理表达混乱、界定不清,就难以制定适配的通行规则,电动自行车通行秩序、通行安全就得不到有效保障。

3)路内停车侵占电动自行车路权

在机动化高速发展过程中,城市停车设施与停车需求缺口不断扩大,停车矛盾愈演愈烈,城市道路上非机动车道被机动车停车占用的现象非常普遍。以北京为例,四环以内道路平均每公里路内停车数量高达 28 辆[4],大量路内停车占用了非机动车道通行空间。电动自行车骑行具有团簇型特征,在非机动车道被阻断的情况下,电动自行车就会长时间、成规模地占用机动车道或人行道通行。从路权角度看,路内停车侵占了电动自行车路权,而电动自行车占用其他道路空间骑行,进一步侵占了机动车、行人路权,由此引发了连锁负面效应。电动自行车骑行秩序混乱只是表象,其实质还是在于路内违法停车侵占了电动自行车路权;而要厘清电动自行车路权,源头上还应解决好路内违法停车问题。

4)电动自行车限行管理

近 10 年,我国电动自行车保有量年均增长 11.8% ,仅次于汽车的年均增长 12.4% ,是我国增长速度较快的交通方式之一。与汽车限购限行措施目标相似,当电动自行车数量过快增长时,城市道路就面临路权矛盾快速积聚的压力,部分城市开始探索实施电动自行车限行管理。每个城市实施电动自行车限行管理都有其特定的阶段性背景,并且限行管理只是末端、临时性的管理措施,不是解决电动自行车问题的最优方案、长久之策。电动自行车治理问题根本上还是社会交通文明意识的问题,包括生产销售者对电动自行车骑行需求的把握和车辆安全性能的重视,管理者对电动自行车问题的理解和治理思路,骑行者对安全防护措施的认知和遵守交通规则的意识,更在于每位交通参与者是否根植了系统的路权意识,不能期待限行措施单一手段就能取得明显成效。因此,电动自行车限行管理需在城市交通发展背景下综合考量电动自行车所承担的交通功能,以及电动自行车带来的社会效益和治理所需的社会成本,应在协同车辆登记注册管理、机动车限行管理等组合措施的基础上进行。

1.3.3 行业监管

外卖配送行业的交通安全一直是社会热点问题,并且随着外卖行业的发展,外卖配送行业交通安全受到了越来越多的关注。如2020年《外卖骑手困在系统里》、2021年《北京人社局副处长体验送外卖》、2023年《临沂大学教授送外卖》等深度调研报道均引起了广泛讨论,平台在算法规则、时间预测精度、骑手交通安全权益保障等方面出现的问题广受诟病,行业平台交通安全监管责任的落实广受关注。一方面,平台与骑手的新型用工关系更加复杂化、多样化,这为治理骑手交通违法、保障骑手安全权益增加了难度。平台企业通过与合作企业签署外包服务协议的形式将配送业务外包,或与骑手建立劳务合同或承揽合同,以重新构建交易法律关系的方式,不与骑手建立劳动关系,从而达到使配送业务不属于其经营活动的效果。平台因骑手配送时间的缩短增加了巨额利润,但并未对增加的交通安全治理成本、骑手交通安全事故承担相应的社会责任,而这样的负面影响却由政府管理部门和社会公众共同承担。另一方面,在平台外卖业务各个环节的算法中,均将寻求最短配送时间作为主要优化目标。模型算法通过机器学习提升自身精准度,但以配送路径最短、配送时间最短为优化目标的模型训练,会产生预测配送时间不断压缩的后果,给骑手带来更大的时间压力和配送强度,这既不利于改变目前外卖骑手交通违法多发、交通事故伤亡严重的局面,也不利于行业的可持续、健康发展。要终止此类恶性循环,需要平台企业更多地关注社会责任,为配送时间赋予一个合理的、无法通过算法优化而逾越的下限。

综上,电动自行车问题有一定特殊性,与其他交通方式的问题都不一样,且具有复杂性、艰巨性,电动自行车的治理需在满足百姓最直接的出行需求、保障百姓最基本的出行安全基础上,进一步统筹电动自行车产业健康发展、城市交通高质量转型发展的需要,治理涉及面广、协调难度大。此外,在新发展阶段,城市交通治理精细化、治理能力现代化的提升更为关键,对于格外引人注目的电动自行车问题,其治理的紧迫性也更加突出。

本书聚焦电动自行车这一交通方式,立足公安交通管理工作,紧扣秩序和安全这一主线,开展城市电动自行车交通安全治理研究,分析探讨了电动自行车产业特征、车辆登记管理、通行环境、通行管理、外卖行业平台监管等内容,为推进解决电动自行车重点问题寻求破解之策,为应对外卖行业电动自行车发展新问题开展前瞻性研究,期望为广大城市交通治理者提供政策和技术参考。

本章参考文献

[1] 王涛. 电动自行车风险驾驶行为及事故机理研究[D]. 南京:东南大学,2017.

[2] 尹仕鸿. 小城市电动自行车发展策略研究[D]. 南京:东南大学,2020.

[3] 俞雪雷. 上海电动自行车发展历程及运行特征与管理策略[J]. 交通运输,2020,33(S2):219-222.

[4] 清华大学建筑学院龙瀛课题组,自然资源保护协会. 北京四环内骑行环境风险评估报告[R]. 北京:自然资源保护协会,2023.

[5] 车百智库,清华大学. 汽车、交通、能源协同实现碳达峰碳中和目标、路径与机制[R]. 北京:中国电动汽车百人会,2022.

[6] 清华大学互联网产业研究院. 2022 城市零碳交通白皮书[R]. 北京:清华大学互联网产业研究院,2022.

[7] 胡瑛琳. 论我国电动自行车对绿色中国发展的作用[J]. 电动自行车,2018,5:48-50.

[8] CHERRY C,WEINERT J X,XINMIAO Y. Comparative environment impacts of electric bikes in China[J]. Transportation Research Part D:Transport and Environment,2009,14(5):281-290.

[9] MA C,SHU Y H,CHEN H Y. Preparation of high-purity lead oxide from spent lead paste by low temperature burning and hydro-metallurgical processing with ammonium acetate solution[J]. RSC Advances,2016,6:21148-21155.

[10] 刘伟锋,张坤坤,邓循博,等. 类铝冶金的废铅膏低温还原清洁炼铅的技术思路[J]. 中国有色金属学

报,2019,29:810-820.
[11] 于昊,赵琳娜,戴帅. 城市电动自行车交通安全发展趋势及应对策略[J]. 城市交通,2022,20(1):76-82.
[12] 公安部道路交通安全研究中心,北京工业大学,同济大学. 城市电动自行车骑行调研分析报告 2022[R]. 北京:公安部道路交通安全研究中心,2023.

第 2 章 Chapter 02

电动自行车产业特征

我国电动自行车产业起步并发展于20世纪90年代，与其他交通工具行业相比，电动自行车产业出现时间相对较晚、发展历史相对较短，但发展速度却相对较快。特别是近20年，随着我国城市化的飞速发展，城市集聚度增强、居民出行强度增加，电动自行车逐渐走进了千家万户，我国电动自行车年产销量超过3000万辆，上下游产业规模超过1000亿元[1]，已形成了全球规模最大的电动自行车生产、消费和出口市场。

2.1 电动自行车市场规模

2.1.1 产业迈入高质量发展阶段

我国电动自行车产业从发展时间轴上看，可划分为五个阶段[2]：1995—2000年，全国电动自行车年均销售量在5万辆左右，电动自行车产业处于起步阶段；2000—2004年，电动自行车产业初具规模，电动自行车年产量由不足30万辆增长至600多万辆，形成了以江苏无锡、浙江、天津为代表的三大产业集聚地；2004—2013年，电动自行车产业处于高速发展阶段，电动自行车爬坡、载重性能，以及续行里程持续增强，使用需求更为广泛，电动自行车的年产量也突破了1000万辆；2014—2019年，电动自行车年产量基本稳定在3000万辆左右，电动自行车产业迈入了成熟发展阶段，行业内企业数量逐年递减，但集中度更高；2019年至今，随着《电动自行车安全技术规范》（GB 17761—2018）的实施，超标电动自行车逐渐淘汰，电动自行车产业进入了高质量发展阶段。值得注意的是，新冠疫情期间，电动自行车出行需求大幅增长，带动了产业发展，2021年我国电动自行车的年产量首次突破了3500万辆，已是我国交通工具领域规模较大的制造产业，如表2-1所示。

2017—2021年我国电动自行车的年产量及同比增长速度 表2-1

年份（年）	电动自行车年产量（万辆）	电动自行车年产量同比增速（%）
2017	3113.1	-3.3
2018	3227.6	3.5
2019	2707.7	-19.2
2020	2966.1	8.7
2021	3590.3	17.4

数据来源：中国自行车协会。

全球市场中，电动自行车产业增长趋势较为明显，越来越多的国家和地区将电动自行车作为一项交通工具鼓励其发展。2022年，全球超过30个国家正在发展电动自行车产业，预计到2029年，全球电动自行车市场规模将接近1800亿元。特别在降低碳排放等全球大背景下，电动自行车因低碳排放、价格相对低廉、省力省时的骑行特点，其购买和使用需求将会迎来大幅增长，欧洲、北美电动自行车市场将经历快速扩张。我国是全球最大的电动自行车生产和销售国家，电动自行车产量占全球电动自行车市场总量的90%以上，2011—2015年全球部分国家和地区电动自行车销量如表2-2所示。但从电动自行车产品来看，我国与欧洲、北美、日本等国家和地区的电动自行车产品差异较大，我国电动自行车以电驱动的车型为主,满足日常中短距离通勤、代步需求,更多作为摩托车的替代工具在发展;而欧洲、北美、日本电动自行车以电助力的车型为主,满足日常休闲健身及通勤需求,更多作为与自行车相类似的工具在发展。此外,互联网企业、汽车企业开始进入电动自行车行业,通过提升单车的智能水平,满足更广泛的骑行场景需求,推动电动自行车外销。

2011—2015 年全球部分国家和地区电动自行车销量(单位:万辆)[3] 表 2-2

国家和地区	2011 年	2012 年	2013 年	2014 年	2015 年
中国大陆	3100	2900	3160	3420	3680
印度	7.9	2.9	3.9	4	7
日本	40.9	38.5	40	42	44
欧洲	123.5	148.3	175.9	201.6	231.8
中国台湾	3.35	3.1	3.35	3.6	3.95
东南亚	5	6.5	7.5	8	9
美国	8	10	20	25	30
总计	3288.6	3109.3	3410.7	3704.2	4005.8

2.1.2 产业集聚度增强

2021 年,我国电动自行车规模以上企业营业收入 1179.5 亿元,同比增长 19.3%。华东、华北地区是电动自行车产业集聚地,2021 年,华东地区电动自行车产量为 1160.3 万辆,华北地区电动自行车产量达 1510.7 万辆,华东、华北地区电动自行车产量占全国总产量的 74.4%。其中,天津是电动自行车产量最高的城市,年产量达 1493.9 万辆,占全国市场份额的 41.6%;浙江、广东、江苏是电动自行车生产大省,年产量均超过了 400 万辆,在全国市场份额也均超过了 10%,如图 2-1 所示。在《电动自行车安全技术规范》(GB 17761—2018)实施后,电动自行车市场分化现象也更加明显,头部企业的市场份额更加突出,雅迪、艾玛、台铃、新日等主要的 8 家企业市场份额超过 60%[2],如图 2-2 所示,而产能较低、盈利和竞争能力较差的企业正加速出清。

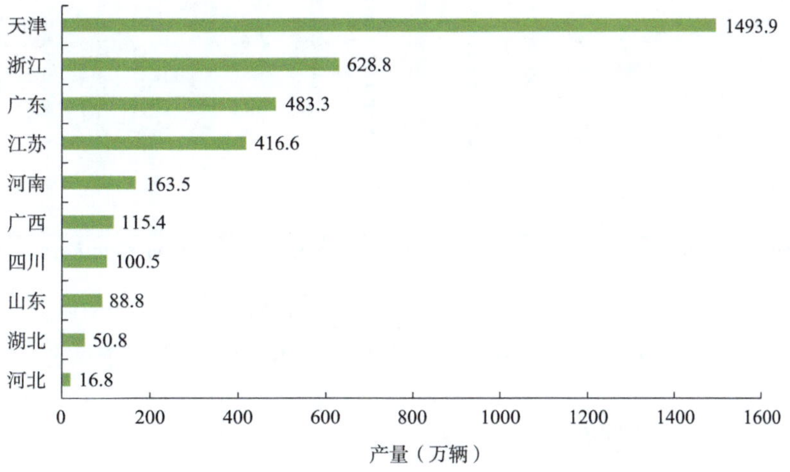

图 2-1 2021 年全国电动自行车主要省(区、市)产量分布情况

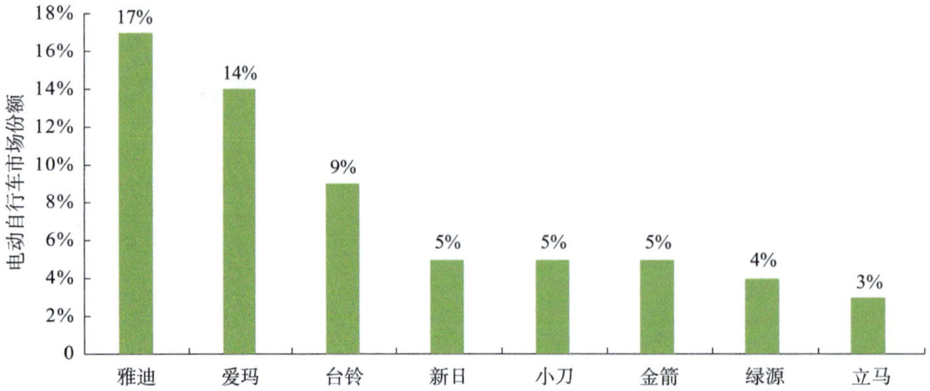

图 2-2　2019 年电动自行车主要生产企业的市场份额分布

2.1.3　摩托车产业的影响

摩托车产业在 20 世纪 90 年代高速发展，我国成为世界上最大的摩托车生产国；而同期电动自行车产业刚刚起步，全国电动自行车年产量仅几十万辆，产业尚不具规模。2000 年以来，200 个大中城市陆续实施“禁限摩”措施，摩托车产业由内销逐渐转向出口，到 2009 年，我国摩托车年产量达到 2759 万辆，此后摩托车年产量逐年下滑；同期，电动自行车产业经历了快速增长，到 2010 年，我国电动自行车年产量达到 2954 万辆，首次超过了摩托车的年产量，“禁限摩”措施一定程度上加快了电动自行车对摩托车的替代，推动了电动自行车产业的发展。2013 年之后，摩托车产业与电动自行车产业都进入了较为平稳的发展阶段，我国摩托车的年产量稳定在 2000 万辆左右，电动自行车的年产量稳定在 3000 万辆左右，如图 2-3 所示。在电动自行车车辆车型更加规范后，部分城市开始探索放开电动自行车和摩托车禁行或限行措施。如 2017 年 11 月，西安成为全国首个摩托车解禁城市；再如 2021 年 11 月，广州公安交管部门正式启动电动自行车上牌登记工作，明确摩托车“带牌销售”政策，取消了为期 15 年的“禁电”措施。

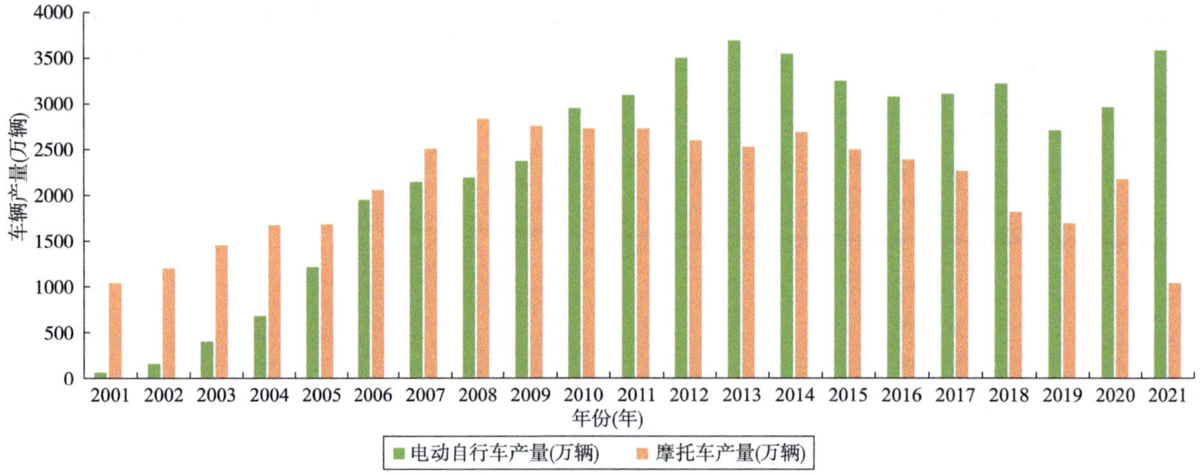

图 2-3　2001—2021 年以来我国电动自行车、摩托车的年产量分布情况

2.1.4　购车、换车需求强劲

电动自行车骑行门槛低、无须驾驶证，相比于摩托车、汽车价格低廉、驾驶简单，相比于自行车骑行省

力，在10km左右的中短距离出行方面具有显著优势，成为我国家庭常用的交通工具。截至2022年底，我国电动自行车保有量约为3.5亿辆[4]，在私人出行领域中，电动自行车保有规模仅次于自行车，与汽车保有量相当，如表2-3所示。截至2022年底，城镇居民平均每百户家庭电动自行车保有量为70.5辆，是每百户家庭摩托车保有量的3.9倍；农村居民平均每百户家庭电动自行车保有量为82.5辆，是每百户家庭摩托车保有量的1.7倍。从发展趋势看，我国城镇、农村的电动自行车都经历了快速增长，2013—2022年期间，城镇、农村每百户家庭电动自行车保有量分别年均增长了6.8%、8.3%，农村家庭电动自行车购买需求更为旺盛，增长趋势更为快速。同期，我国电动自行车年均产量达3430万辆，相比于2009—2012年期间的电动自行车年均产量增长了53.7%。可以说，我国电动自行车大规模、高增长的购买需求支撑了电动自行车产业千亿级的市场规模，并保持了持续向好的发展趋势。2013—2022年我国每百户家庭电动自行车保有情况如图2-4所示。

截至2022年底全国道路交通领域各类型车辆保有情况[4] 表2-3

私人出行领域		公共出行领域	
车辆类型	保有量	车辆类型	保有量
自行车	接近4亿辆(2019年数据)	城市公共汽电车	70.94万辆(2021年数据)
电动自行车	3.5亿辆(2022年数据)	地铁	290条运营线路(2022年数据)
汽车	3.19亿辆(2022年数据)	巡游出租汽车	139.1万辆(2021年数据)
摩托车	8072万辆(2022年数据)		

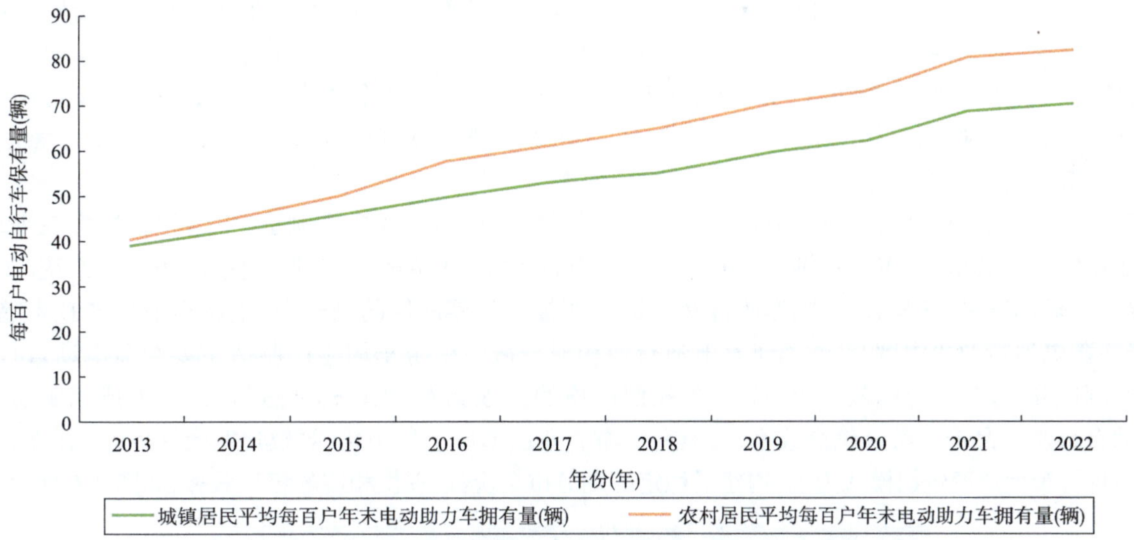

图2-4 2013—2022年我国每百户家庭电动自行车保有情况

数据来源：国家统计局。

《电动自行车安全技术规范》(GB 17761—2018)的实施将推动换车需求的增长。2019年，我国电动自行车保有量约3亿辆，按照《电动自行车安全技术规范》(GB 17761—2018)要求，70%的电动自行车不符合标准，需要更换，据粗略估计，2020—2024年，我国电动自行车换车需求将超过5000万辆[2]。在电动自行车年产量增速放缓之际，电动自行车换车需求的增长也推动了产业的新一轮发展。同时，受新冠疫情影响，2021年我国电动自行车市场销量同比降低了8.6%，出现了近10年来最大同比降幅，但新冠疫情过后，2022年电动自行车市场销量出现反弹，同比增长了15.2%，如图2-5所示，之前积压的购车和换车需求也将持续释放，电动自行车产业向好发展的趋势明显。

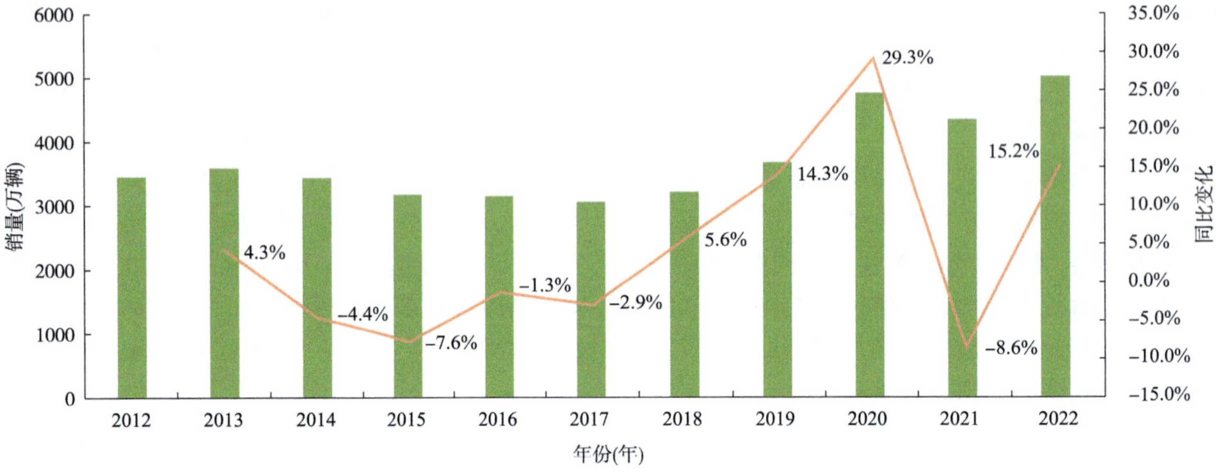

图 2-5　2012—2022 年我国电动自行车市场销量情况[5]

2.2 电动自行车技术标准

电动自行车行业的快速发展受产业政策影响显著。2011 年 2 月，中国自行车协会发布《中国自行车行业“十二五”规划》，提出要积极倡导骑行文化，促进产业升级，大力宣传自行车、电动自行车低碳、绿色、健康、休闲、时尚的优势，促进产品品质提升，增加中高档产品的市场份额，推动产业升级。“十二五”期间，要进一步落实扩大内需的各项政策，把电动自行车下乡扩大到全国范围，扩大内需市场。2016 年 8 月，工业和信息化部发布《轻工业发展规划(2016—2020 年)》，要求重点发展符合标准的锂离子蓄电池电动自行车和智能电动自行车。

从产业系统看，电动自行车产业链包括上游材料供应、中游车辆生产制造、下游车辆销售三个环节，如图 2-6 所示。其中，上游材料供应主要覆盖电动自行车零部件的生产企业，包括电源管理系统、车辆操纵系统、车辆标准件、车架金属、随车附件及装饰部件等多类零部件的制造商，上游企业生产技术趋于成熟，铅酸蓄电池行业集中度高、锂离子蓄电池行业相对分散。中游车辆生产制造主要覆盖电动自行车整车生产制造商，通过将外购或自产的零部件按照严格的工程流程、操作标准进行装配，形成电驱动、电助动电动自行车产品向下游经销商或客户销售，中游企业已形成了集中化、规模化发展趋势。下游车辆销售以电动自行车生产商经销模式为主，构建了稳定的细分市场份额、提供相应的售后服务，如图 2-6 所示。

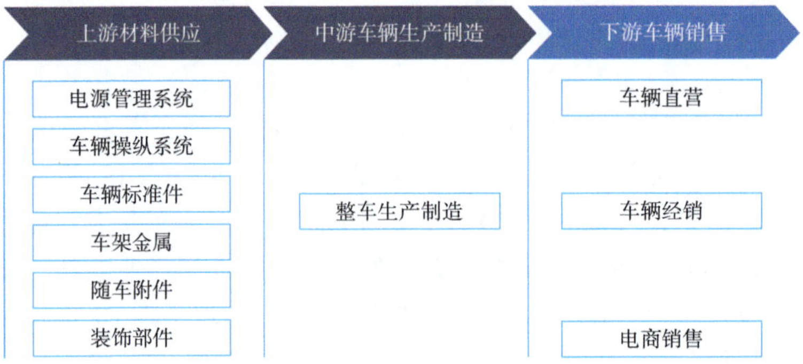

图 2-6　电动自行车产业链

电动自行车产业政策主要遵循国家标准,分别对应蓄电池材料、车辆制造和销售环节,为产业发展明确了技术导向和规范,如表2-4所示。

电动自行车相关国家标准概览

表2-4

产业环节	标准名称	颁布时间	实施时间
电池	《电动助力车用阀控式铅酸蓄电池　第1部分:技术要求》(GB/T 22199.1—2017)	2017年12月29日	2018年7月1日
	《民用铅酸蓄电池安全技术规范》(GB/T 32504—2016)	2016年2月24日	2016年9月1日
	《电动自行车用锂离子蓄电池》(GB/T 36972—2018)	2018年12月28日	2019年7月1日
	《电动自行车用锂离子蓄电池型号命名与标志要求》(GB/T 36944—2018)	2018年12月28日	2019年7月1日
	《电动自行车用电池盒尺寸系列及安全要求》(GB/T 37645—2019)	2019年6月4日	2020年1月1日
车辆	《摩托车和电动自行车用镁合金车轮铸件》(GB/T 26650—2011)	2011年6月16日	2012年3月1日
	《电动自行车轮胎》(GB/T 31546—2015)	2015年5月15日	2016年2月1日
	《电动自行车内胎》(GB/T 31547—2015)	2015年5月15日	2016年2月1日
	《电动自行车安全技术规范》(GB 17761—2018)	2018年5月15日	2019年4月15日
	《电动自行车用充电器技术要求》(GB/T 36944—2018)	2018年12月28日	2019年7月1日
	《电动自行车电气安全要求》(GB 42295—2022)	2022年12月29日	2024年4月1日
安全头盔	《摩托车、电动自行车乘员头盔》(GB 811—2022)	2022年12月1日	2023年7月1日

2.2.1　电池相关国家标准引导产业升级

《电动助力车用阀控式铅酸蓄电池　第1部分:技术要求》(GB/T 22199.1—2017)于2017年12月29日发布,于2018年7月1日开始实施。该推荐性国家标准适用电动自行车在内的使用容量28A·h及以下的阀控式铅酸蓄电池和蓄电池组,对铅酸蓄电池的能量密度、循环寿命、防爆能力进行了技术规定,为铅酸蓄电池轻量化、高续行技术发展提供方向。《电动自行车用锂离子蓄电池》(GB/T 36972—2018)于2018年12月28日发布,于2019年7月1日开始实施。该推荐性国家标准适用电动自行车用锂离子蓄电池,满足《电动自行车安全技术规范》(GB 17761—2018)关于最大输出电压和防篡改技术要求,对电动自行车锂离子蓄电池的推广和使用具有重要意义。

2022年8月,国务院安委会印发《加强电动自行车全链条安全监管重点工作任务及分工方案》,部署探索建立电动自行车蓄电池回收利用制度,规范有序开展电动自行车蓄电池梯次利用。江苏、山东、湖南、云南、西藏等省(区、市)出台省级法规条例,明确了电动自行车废旧蓄电池回收要求。如《江苏省电动自行车管理条例》提出,生态环境部门负责电动自行车废旧蓄电池的污染防治监督管理,电动自行车废旧蓄电池按照固体废物依法管理,不得随意丢弃;再如《山东省电动自行车管理办法》《湖南省电动自行车管理办法》均要求电动自行车及其蓄电池的生产者、销售者应当提供电动自行车废旧蓄电池更换、回收服务,建立回收台账。

从产业发展看,铅酸蓄电池是我国电动自行车的主要电池类型。铅酸蓄电池工业化时间长,生产工艺较为成熟,铅酸蓄电池的尺寸与型号一致性强,循环次数约400次,使用寿命通常为2~3年,一般在电动自行车使用3年左右铅酸蓄电池就需要更换。锂离子蓄电池工业化时间相对较短,但其循环次数超过800次,使用寿命为铅酸蓄电池的2~3倍,发展速度较快,2018年我国电动自行车锂离子蓄电池的使用占比仅 12.7%，到 2022 年电动自行车锂离子蓄电池的使用占比达到 25%[5]，增加了 12.3 个百分点。在蓄电池回收方面，铅酸蓄电池的回收技术较为成熟，从蓄电池内部原材料到蓄电池外壳，整体回收率达到 95% 以上，如图 2-7 所示；锂离子蓄电池因其使用时间长、回收技术不成熟、回收体系不健全，整体回收率普遍较低。

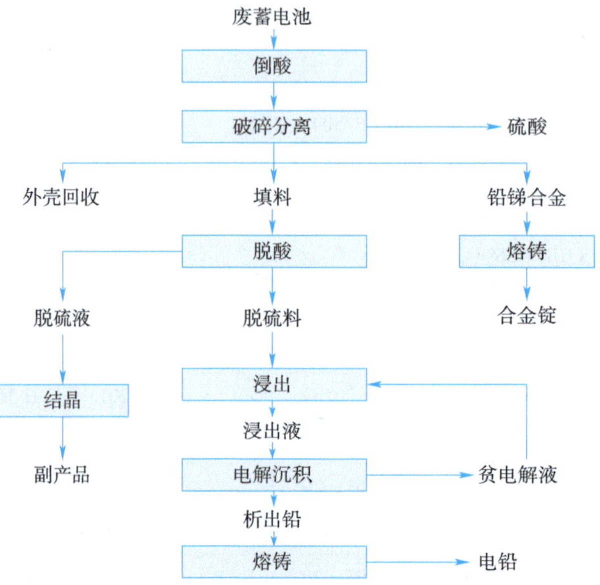

图 2-7　电动自行车铅酸蓄电池回收流程示意[5]

2.2.2　电动自行车强制性国家标准促进产业规范发展

《电动自行车安全技术规范》(GB 17761—2018)于 2018 年 5 月 15 日发布，于 2019 年 4 月 15 日起实施，明确了电动自行车车型要求及相关技术参数，解决了电动自行车与电动轻便摩托车、电动摩托车的车型争议问题。

《电动自行车安全技术规范》(GB 17761—2018)发布后，2018 年 7 月，国家认证认可监督管理委员会(简称“国家认监委”)发布《强制性产品认证实施规则　电动自行车》(CNCA-C11-16：2018)，规定了电动自行车产品认证流程、型式鉴定等要求。同时，设置了 9 个月的过渡期(自 2018 年 8 月 1 日至 2019 年 4 月 14 日)，于 2019 年 4 月 15 日起，正式实施电动自行车强制性产品认证，电动自行车未取得强制认证的，不得出厂、销售、进口或在经营活动中使用[6]，这也标志着电动自行车生产由工业产品生产许可转为强制性产品认证(CCC 认证)管理，确保了电动自行车产品的一致性，避免不符合《电动自行车安全技术规范》(GB 17761—2018)的车辆流入市场。2021 年 6 月，国家认监委发布新版《强制性产品认证实施规则　电动自行车》(CNCA-C11-16：2021)，对电动自行车生产企业的监督方式、关键过程控制内容进行了修订，增加了蓄电池和充电器应同电动自行车同时出厂的要求，增加了装配锂离子蓄电池的电动自行车要求，增加了防速度篡改的要求。

《电动自行车电气安全要求》(GB 42295—2022)于 2022 年 12 月 29 日发布，于 2024 年 4 月 1 日起实施，重点规范了车辆充电保护、防火阻燃、统一接口等技术要求，进一步提升电动自行车电气安全。

2.2.3　安全头盔强制性国家标准将对市场发挥约束规范作用

随着电动自行车交通事故数量的持续增长，骑乘人员的安全防护措施也得到了关注和重视。2020

年，电动自行车交通事故伤亡骑乘人员中，因颅脑损伤导致的死亡人数占电动自行车骑乘人员死亡总数的 78%[7]，颅脑损伤是电动自行车交通事故的首要致死原因。电动自行车发生交通事故时，骑乘人员多是头部先受到撞击或接触地面，正确佩戴安全头盔可以将骑乘人员头部受伤的风险降低 2～4 倍[8]。

2020 年 4 月，公安部在全国部署开展"一盔一带"安全守护行动，以便促使电动自行车骑乘人员养成佩戴安全头盔的出行习惯。然而，市场上缺乏专门面向电动自行车骑乘人员的安全头盔，若使用摩托车头盔，因其质量大、密封性好，在温度较高的夏季佩戴，舒适性较差，与电动自行车骑乘人员需求不相符；若使用自行车头盔，因其质量小，对于电动自行车骑乘人员，在骑行速度较快时自行车头盔的安全防护性能相对较差，起不到防护的作用。在市场方面，电动自行车安全头盔佩戴需求快速提升的同时，部分企业和平台销售的安全头盔价格暴涨。随之，规范电动自行车安全头盔市场的呼声高涨，生产厂家和消费者均对电动自行车头盔的型式和质量标准有迫切需求。

顺应市场需要，《摩托车、电动自行车乘员头盔》（GB 811—2022）于 2022 年 12 月 1 日发布，于 2023 年 7 月 1 日起实施。该标准对电动自行车安全头盔的分类、佩戴装置、吸收碰撞能量等方面的技术要求进行了明确规定。按照标准要求，电动自行车成员安全头盔包括全盔、3/4 半盔、1/2 半盔三种类型，如图 2-8 所示。从安全头盔结构组成看，所有类型的安全头盔均应具备壳体、配备缓冲层和佩戴装置，系带宽度不小于 20mm，锁扣装置在不使用任何工具的情况下在 30s 内能打开；全盔、3/4 半盔应配备舒适衬垫；全盔应配备护目镜。该标准的出台和实施为进一步规范安全头盔的生产、销售提供了管理依据，引导安全头盔市场有序、规范发展，避免出现安全头盔价格暴涨、质量低劣等乱象。

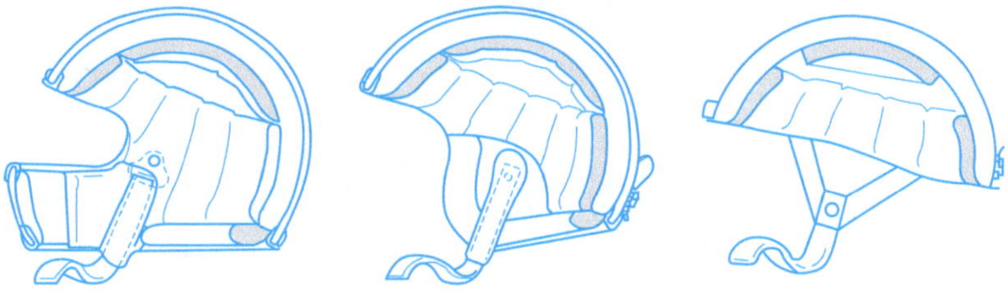

图 2-8 电动自行车成员安全头盔类型

2.3 电动自行车发展趋势

2.3.1 锂离子蓄电池渗透率持续提升

在《电动自行车安全技术规范》（GB 17761—2018）的推动及市场发展导向下，电动自行车轻量化发展趋势越来越明显。作为电动自行车的重要组成部分，蓄电池质量的轻量化也成为产业技术突破的关键，而锂离子蓄电池的质量约是传统铅酸蓄电池的 1/4，且锂离子蓄电池能源利用效率高、续行里程长，如表 2-5 所示，锂离子蓄电池的市场渗透率持续提升。2010 年，锂离子蓄电池开始应用于电动自行车市场，但由于技术工艺不成熟、价格居高不下，电动自行车锂离子蓄电池车型的占比仅为 0.3%；2022 年，在电动自行车车辆升级带动下，锂离子蓄电池车型的占比已提升至 25%，如图 2-9 所示。锂离子蓄电池的市场需求主要由新增需求、蓄电池替换需求及电动自行车锂电化升级需求构成，2010 年以来，我国锂离子蓄电池市场需求量的年均复合增长率超过 60%，锂离子蓄电池产业链逐步完善，如图 2-10 所示。可预见，在高密度、大容量、小质量的蓄电池市场需求不断增长的条件下，未来锂离子蓄电池的市场渗透率还将进一步提高。

铅酸蓄电池与锂离子蓄电池性能对比[6] 表 2-5

蓄电池性能	铅酸蓄电池	锂离子蓄电池
标准化	标准化程度高、可替换性强	产品型号多、多个性化定制
蓄电池组质量	16.4～35.5kg	3.7～9.2kg
循环次数	400～600 次	800～2000 次
系统能量密度	35～45W·h/kg	105～160W·h/kg
工作温度	-10～42℃	-20～55℃
安全性能	安全稳定性好	存在部分隐患
充电时长	8～10h	可快速充电

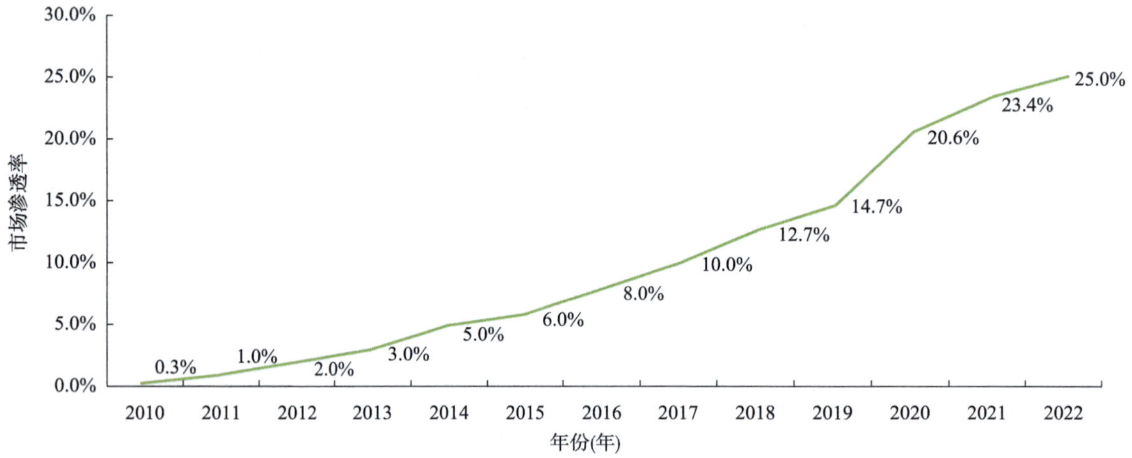

图 2-9 2010—2022 年我国电动自行车锂离子蓄电池市场渗透率情况

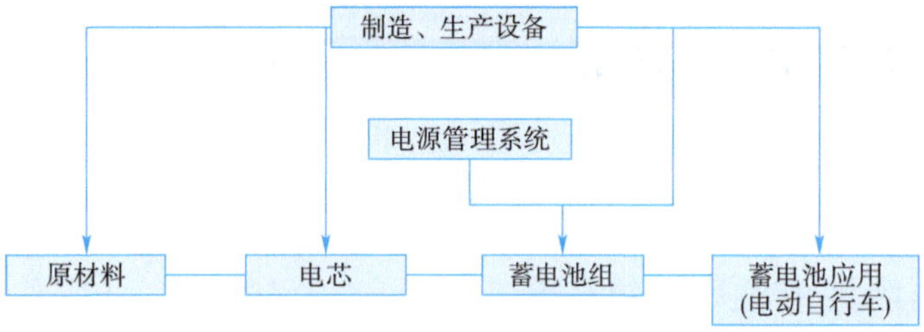

图 2-10 我国电动自行车锂离子蓄电池产业链

但也要看到，目前电动自行车的蓄电池质量问题还很突出。国家市场监管总局 2022 年电动自行车蓄电池产品质量国家监督抽查结果显示，电动自行车的蓄电池抽查不合格率为 22%。主要是产品实际容量达不到标称额定容量，以及关键生产工艺、关键原材料及关键部件质量控制不严格。其中，锂离子蓄电池的不合格率相对较高。锂离子蓄电池内部由多节单独的锂离子电芯通过串/并联的方式组成，对每节电芯的容量、内阻、性能等一致性有着较高要求。不合格的蓄电池在异常充电、过长时间充电情况下，易出现蓄电池高热现象，当壳体的阻燃性达不到安全防护要求时，极易发生火灾事故。因此，在电动自行车蓄电池不断升级更新的过程中，蓄电池质量问题也需引起重视。

2.3.2 整车智能化稳步升级

电动自行车产业信息技术的应用也在逐渐加快,大数据、云平台和物联网等技术,极大地提升了现有电动自行车产品的智能化水平。从应用场景看,电动自行车增加了大量智能配置,如智能灯光系统、远程控制充电、多功能显示仪表、防盗、自检、骑行轨迹查看等,主要面向以下场景需求[9]:车辆智能感知,利用蓝牙、近场通信(NFC)、雷达波、三轴传感器技术,结合软件和大数据算法,通过更多交互智能化加持提升电动自行车骑行和操控体验感,电动自行车将由短途代步交通工具演进为"新生活"的表达方式;车辆平台管控,打通交通管理服务平台接口,借助道路信息及道路状态,通过分析并记录用户的交通违法行为,有效管控电动自行车骑行安全,减少电动自行车交通事故;车辆与物联网(IoT)万物互联,应用互联网技术、北斗精准定位和蜂窝网络技术,通过智能连接和多模交互,实现车辆与车辆之间的数据互通、信息共享、车车互联。

从技术角度看,电动自行车整车智能化主要体现在以下四个方面[9]:

(1)智能中央控制器。包括传感器/控制系统、防盗系统。传感器用来检测车辆、蓄电池、乘坐等状态并进行异常提醒,主要包括陀螺仪、光感、坐垫感应、边撑感应及轮动传感器;控制系统用来执行操作;防盗系统主要包括振动报警、轮动报警及车辆定位功能技术。

(2)智能云控系统。通信模组,利用4G/5G通信,实现车内数据上传服务器、用户远程获取车内数据、下发可操控指令,如开关机、开关锁等、空中下载技术(OTA);定位模组,利用多模式定位方式,获取电动自行车当前位置、行驶轨迹等信息。

(3)车辆物联网。NFC通过低功耗蓝牙(BLE)、经典蓝牙(BT)靠近发现,实现用户手机靠近解锁、远离上锁;通过NFC碰触,实现刷卡开机、关机、开坐垫等;车辆锁扣装置包括电子龙头锁及电子坐垫锁。

(4)人机交互系统。近程交互,采用NFC技术实现车辆和坐垫开关、提供智能语音进行车辆控制和车载娱乐系统进行媒体/通信交互;中近程交互,借助手机上的蓝牙、移动热点(Wi-Fi)技术与车机互联,实现车辆的数据检测、开关机、OTA等功能,手机还可作为电动自行车的算力补充,相互调用资源实现跨设备协同体验;远程交互,借助4G/5G通信技术实现车辆的远程数据监测、远程开关机等命令和OTA功能。

电动自行车整车智能化装置如图2-11所示。

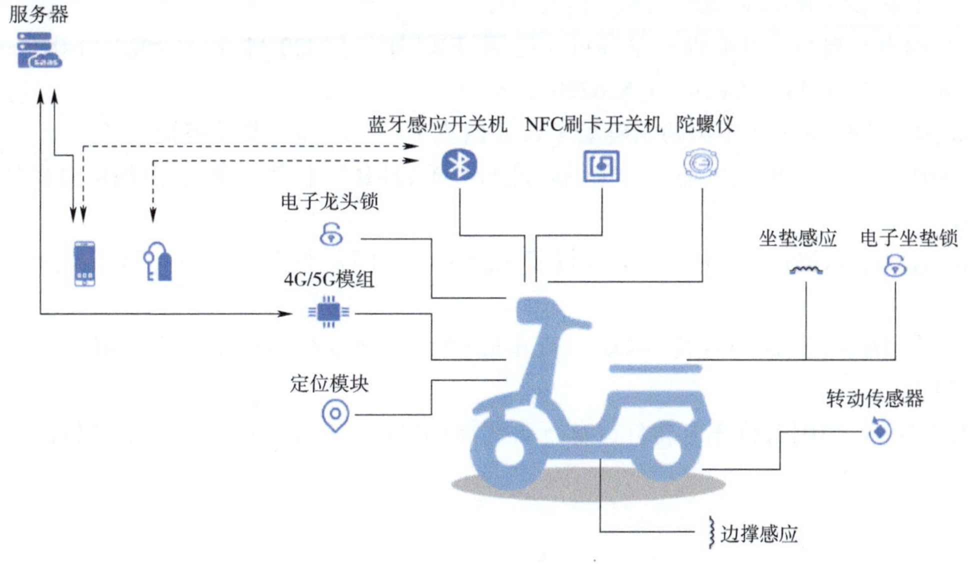

图2-11 电动自行车整车智能化装置示意图

2.3.3 智能安全头盔实现量产

如今,电动自行车安全头盔的购买和使用需求也越来越旺盛,对安全头盔的防护功能、识别功能有了更高要求,智能安全头盔应运而生并快速实现了量产。

1)具备身份识别功能

在安全头盔最重要的部件缓冲层(EPS)中引入无线射频识别技术(RFID)智能计数,每个 EPS 具备电子身份证,通过扫描枪一次性扫描,使在一个区域内的所有贴有 RFID 的 EPS 进入计数统计。通过 RFID 的身份识别功能,每个出厂的头盔能准确溯源,能查到每个头盔的生产日期、原料批次、经手人等细节,充分保障头盔质量。

2)具备语音操作功能

外卖骑手因行业需要,经常在骑行过程中接打电话、分心驾驶,加上骑行速度较快,骑手很难及时识别、应对潜在交通安全风险。面向外卖行业的智能头盔,集成多种模组,具备语音操作功能,可与手机 App 连接,将系统提示信息转化为语音播报,骑手可根据语音进行接单、确认到店、报备异常、导航到指定位置、拨打用户电话等操作。

3)具备安全预警功能

为提升头盔规范佩戴率、使用率,部分头盔配备了气压传感器、重力传感器,在骑行者没有佩戴或没有正确佩戴安全头盔时发出警告,或在遭到外力撞击时触发警报,实现一键求救。部分头盔植入了 GPS 芯片,在事故高发路段能够实现预警提醒功能。

本章参考文献

[1] 倪捷. 电动自行车产业 20 周年发展历程回顾与展望[J]. 电动自行车,2018,12:25-26.

[2] 申建国. 电动两轮车行业深度——被忽略的千亿市场:新国标新经济加速行业发展[R]. 长沙:方正证券,2020.

[3] ELLIOT FISHMAN, CHRISTOPHER CHERRY. E-bikes in the Mainstream: Reviewing a Decade of Research[J]. Transport Review,2016,36(1):72-91.

[4] 新华社. 我国电动自行车社会保有量接近 3 亿辆[EB/OL]. (2020-11-20)[2023-11-01]. http://www.gov.cn/xinwen/2020-11/20/content_5562997.htm.

[5] 艾瑞咨询,鲁大师. 2023 年中国两轮电动车行业白皮书[R]. 上海:艾瑞咨询,2023.

[6] 覃晶晶. 2010—2020 年中国电动自行车用电池研究报告[R]. 上海:上海有色网信息科技股份有限公司,2019.

[7] 朱新宇,褚昭明,朱建安,等. 中国电动自行车交通事故析因及对策建议[J]. 城市交通,2022,19(6):64-70.

[8] 孙道军,吴蕊,曹储. 立法与宣传:电动自行车安全头盔佩带行为影响因素分析[J]. 汽车与安全,2022,1:84-94.

[9] 中国自行车协会. 中国自行车电动自行车行业智能化发展白皮书[R]. 北京:中国自行车协会,2022.

第 3 章

Chapter 03

电动自行车登记管理

电动自行车是世界机动化历史上规模最大、发展最迅速的燃料替代型交通工具。过去 20 年,我国电动自行车保有量从 5.8 万辆增长至 3.5 亿辆[1],形成了全球最大的电动自行车生产销售和出行市场,如今平均每 4 人就拥有一辆电动自行车,平均每辆车日出行频率达 2 次以上。与电动自行车快速发展历程不同,由于管理成本巨大及利益协调艰难,相关车辆管理政策的变迁往往滞后于市场发展、道路交通管理的需要,经历了一个长期、渐进、适应性变化的调整过程。

3.1 车辆管理政策

不同于欧洲、美国将电动自行车作为休闲锻炼的工具,我国电动自行车从诞生伊始就作为重要交通工具出现在道路上,其发展具有特殊性,在车辆市场、车辆管理方面没有现成的历史经验、世界经验可参考借鉴,而是在不断的探索、调整、修正中明确了政策取向、严格了车辆管理。

3.1.1 车辆属性

20 世纪 90 年代初,电动自行车出现在我国交通出行市场,车辆性能介于摩托车和自行车之间。不同城市采取了差异化的政策取向和管理方式,产生了一些制度性障碍,也出现了一些制度性突破。

如上海,自 1996 年开始限制淘汰城市内 60 万辆的燃油助力车,以电动自行车登记管理为契机,在部门行政法规层面承认电动自行车的合法性,将其作为非机动车管理,发放牌照,并相应规范生产厂家,同时要求电动自行车登记上牌必须用燃油助力车的车牌替换[2]。

如珠海,在电动自行车发展之初,出现了允许上牌,但不允许上路的尴尬境遇。即在车辆准入环节,电动自行车必须经车辆管理机关检验合格,领取号牌和行驶证;但在通行管理环节,自行车、三轮车禁止安装动力装置,也就是说电动自行车上路行驶会被认定为违法行为[3]。

再如北京、广州,21 世纪初在部门行政规章层面认定电动自行车为违法车辆,设置过渡期、发放临时号牌,过渡期满后禁止电动自行车上牌、上路行驶[4]。

直到 2004 年,《中华人民共和国道路交通安全法》正式实施,首次在法律层面明确了电动自行车的非机动车属性,统一将电动自行车纳入非机动车管理范畴。至此,电动自行车的发展才有了合法地位,按照非机动车属性进行登记、上路行驶。

3.1.2 车型界定

在 1999—2018 年期间,电动自行车与电动摩托车、电动轻便摩托车的车型界定缺乏明确依据。大量超标电动自行车流入市场,因其既不满足非机动车管理要求,又缺乏机动车管理依据,超标电动自行车长期处于失管漏管、无序发展状态。一方面,《电动自行车通用技术条件》(GB 17761—1999)长期未修订,相关技术指标与市场发展、消费需求脱节,市场上近 90% 的电动自行车为超标车辆[4],技术标准的现实参考和执行规范作用微乎其微。另一方面,电动摩托车、电动轻便摩托车相关技术标准难以施行。2009 年,《电动摩托车和电动轻便摩托车通用技术条件》(GB/T 24158—2009)等系列国家标准发布,明确了电动摩托车、电动轻便摩托车车型要求。依据标准中对最高设计车速、整车质量等技术指标的界定,超标电动自行车是否应纳入机动车范畴引发了广泛争议,特别是数以千计的电动自行车生产企业因面临产品基础利益被触动的问题而提出了激烈反对,加之电动摩托车、电动轻便摩托车当时尚未纳入机动车型式认证公告,标准自发布后即遭遇市场质疑、缺乏实施基础。当年 12 月,国家标委会发布通知,暂缓实施电动摩托车、电动轻便摩托车相关标准。

直至 2018 年,国家标准《电动自行车安全技术规范》(GB 17761—2018)、《电动摩托车和电动轻便摩托车通用技术条件》(GB/T 24158—2018)同步修订、发布,在国家标准层面首次对电动自行车、电动摩托车、电动轻便摩托车的车型进行了清晰界定,为超标电动自行车的认定提供了标准依据,为规范电动自行车生产、销售及通行管理提供了重要技术支撑。电动自行车、电动轻便摩托车、电动摩托车相关车型技术要求如表 3-1 所示。

电动自行车、电动轻便摩托车、电动摩托车相关车型技术要求 表 3-1

车辆类型	电动自行车	电动轻便摩托车	电动摩托车
示例图			
第一阶段(1999—2018 年):实施《电动自行车通用技术条件》(GB 17761—1999)、《电动摩托车和电动轻便摩托车通用技术条件》(GB/T 24158—2009)、《电动摩托车和电动轻便摩托车安全要求》(GB 24155—2009)			
车辆属性	非机动车	机动车	机动车
最高设计车速	≤20km/h	>20km/h 且≤50km/h	>50km/h
整车质量	≤40kg	>40kg	—
电动机额定功率	≤240W	—	—
车辆结构功能	具有脚踏骑行能力 电驱动或电助动	电驱动	电驱动
第二阶段(2018 年至今):实施《电动自行车安全技术规范》(GB 17761—2018)、《电动摩托车和电动轻便摩托车通用技术条件》(GB/T 24158—2018)、《机动车运行安全技术条件》(GB 7258—2017)			
车辆属性	非机动车	机动车	机动车
最高设计车速	≤25km/h	≤50km/h	>50km/h
整车质量	≤55kg	—	—
电动机额定功率	≤400W	≤4kW	>4kW
车辆结构功能	具有脚踏骑行能力 电驱动或电助动	电驱动	电驱动

3.1.3 车辆登记

根据《中华人民共和国道路交通安全法》第十八条规定,依法应当登记的非机动车的种类,由省、自治区、直辖市人民政府根据当地实际情况规定。截至 2023 年底,全国 18 个省(区、市)专门制定出台了电动自行车相关管理规章,在法律法规层面明确了电动自行车注册登记要求,形成了严格车辆强制认证、简化注册登记程序、灵活提供登记服务、超标车辆过渡期管理等共同管理取向,如表 3-2 所示。不同于其他非机动车,电动自行车因其特殊的非标准化发展历程和车型特征,实行了类似于机动车的登记管理制度,但在登记时限、登记方式、牌证发放、车辆报废等方面又有不同特征。

部分省(区、市)电动自行车相关规章概览 表 3-2

省(区、市)	地方性法规、规章名称	颁布部门	实行时间
2018—2023 年,8 个省(区、市)以地方性法规形式明确电动自行车管理规定			
北京	《北京市非机动车管理条例》	北京市人大常委会	2018 年 11 月 1 日
河北	《河北省电动自行车管理条例》	河北省人大常委会	2022 年 5 月 1 日
黑龙江	《黑龙江省电动车管理条例》	黑龙江省人大常委会	2023 年 5 月 1 日
上海	《上海市非机动车安全管理条例》	上海市人大常委会	2021 年 5 月 1 日
江苏	《江苏省电动自行车管理条例》	江苏省人大常委会	2020 年 7 月 1 日
浙江	《浙江省电动自行车管理条例》	浙江省人大常委会	2020 年 7 月 1 日
安徽	《安徽省电动自行车管理条例》	安徽省人大常委会	2023 年 3 月 1 日
海南	《海南省电动自行车管理条例》	海南省人大常委会	2022 年 1 月 1 日
2018—2023 年,2 个省制定电动自行车管理规定并征求意见,拟出台			
湖北	《湖北省电动自行车管理办法(征求意见稿)》	湖北省公安厅 公开征求意见	2021 年 10 月 31 日 (反馈截止)
广东	《广东省电动自行车管理条例(征求意见稿)》	广东省公安厅 公开征求意见	2020 年 10 月 1 日 (反馈截止)
2008—2023 年,13 个省(区)以政府规章形式颁布并正实施的电动自行车管理规定			
辽宁	《辽宁省非机动车管理办法》	辽宁省政府	2008 年 1 月 1 日
吉林	《吉林省电动自行车管理办法》	吉林省政府	2023 年 5 月 1 日
福建	《福建省非机动车管理办法》	福建省政府	2014 年 8 月 1 日
江西	《江西省非机动车管理办法》	江西省政府	2010 年 5 月 1 日
山东	《山东省电动自行车管理办法》	山东省政府	2022 年 5 月 1 日
湖南	《湖南省电动自行车管理办法》	湖南省政府	2021 年 3 月 1 日
广西	《广西壮族自治区电动自行车机动轮椅车管理办法》	广西壮族自治区政府	2022 年 2 月 1 日
四川	《四川省非机动车管理规定》	四川省政府	2008 年 5 月 1 日
贵州	《贵州省电动自行车管理办法》	贵州省政府	2013 年 5 月 1 日
云南	《云南省电动自行车管理规定》	云南省政府	2013 年 4 月 1 日
西藏	《西藏自治区电动自行车管理办法》	西藏自治区政府	2019 年 12 月 1 日
甘肃	《甘肃省电动自行车残疾人机动轮椅车管理办法》	甘肃省政府	2017 年 7 月 1 日
新疆	《新疆维吾尔自治区电动自行车管理办法》	新疆维吾尔自治区政府	2021 年 7 月 15 日

1)车辆注册登记逐步向销售环节前置

2018 年,国家认监委正式实施《强制性产品认证实施规则　电动自行车》,电动自行车产品信息在生产销售环节得到了统一采集、规范共享。2019 年,国家市场监管总局、工信部、公安部联合发布

《关于加强电动自行车国家标准实施监督的意见》(国市监标创〔2019〕53号),加强电动自行车中国强制性产品(CCC)认证管理,确保产品一致性、严格非标准车型流入市场,为实现车辆购置、车辆检验、注册登记一站式办理奠定了基础。在信息共享、市场发展、社会需求、管理服务创新等多方面作用推动下,电动自行车的登记注册普遍由车辆所有人在指定办理点登记逐渐转向在销售点当场、即时办理。北京、河北、山东、广西等省(区、市)在政策层面明确了逐步推进电动自行车"带牌销售"措施普及;河北、辽宁、上海、江苏、江西、湖南、重庆等省(市)取消发放电动自行车行驶证,以灵活的制度设计兼顾电动自行车车辆信息需要和市场发展及居民使用需求。

2)面向超标车辆设置注册登记缓冲带

在2018年《电动自行车安全技术规范》(GB 17761—2018)实施时,我国超标电动自行车存量超过了2.6亿辆。电动自行车的注册登记不仅需要严守车型标准底线,规范车辆轻量化、低速化、清洁化发展;而且需要为已流入市场、出现在道路上的超标电动自行车设置合理的退出时限和出口,引导超标车辆有序淘汰更新、消解存量。当时,为超标车辆发放临时号牌、设置使用过渡期成为各地、各大城市普遍的管理选择,主要出现了三类模式。

(1)针对所有超标车辆划定统一过渡期。如北京、天津、河北、上海、山东、湖南、广西、重庆、陕西、西藏、新疆等省(区、市),规定超标电动自行车可申请临时号牌上路骑行,并设置3年过渡期,到期后一律不得上路行驶。部分城市为加快超标电动自行车的淘汰进度,设置了较短的过渡期,如南京过渡期不到2年,佛山过渡期仅1年。部分城市给予超标电动自行车较为缓慢的退出区间,设置了5年的过渡期,如忻州、扬州、无锡、徐州、赣州、新余等。全国相关地区超标电动自行车过渡期设置概况如图3-1所示。

(2)针对不同登记注册情况的超标车辆分别设置使用期和过渡期。如浙江2020年颁布实施《浙江省电动自行车管理条例》,针对条例实施后购买的超标电动自行车不予登记上牌,针对条例实施前已登记备案的超标电动自行车发放临时号牌,规定自备案登记之日起使用期满7年,车辆不得上路行驶;备案登记期未满7年,自2023年1月1日起不得上路行驶。再如南宁2020年颁布实施《南宁市电动自行车管理条例》,针对条例实施前已注册登记、取得正式号牌的超标电动自行车,设置10年使用期;针对条例实施前已注册登记、取得临时号牌的超标电动自行车,设置3年过渡期。

(3)针对不同使用群体、不同骑行用途的电动自行车分别发放不同类型号牌。如福州对电动自行车发放黄色、蓝色两种号牌。其中,黄色号牌的申请登记实行负面清单制度,失信人员车辆、名下已登记1辆电动自行车的人员车辆、非民生服务行业的营运车辆、非持有城区户籍或居住证人员的车辆不予登记。黄色号牌电动自行车允许在全市行政区域范围内通行,有效期为4年;蓝色号牌电动自行车禁止在城市中心区范围内通行。从注册登记环节对电动自行车进行分类管理,一方面有助于严格电动自行车保有量控制,减少存量、控制增量,引导超标车辆逐步退出;另一方面也有助于严管电动自行车通行秩序,疏解中心区交通负荷较大道路上电动自行车的骑行需求。

3)面向营运车辆探索专门号牌管理

2011年开始,在互联网新零售模式推动下,同城配送、即时配送、共享出行等行业在我国各大城市中快速兴起、高速发展。电动自行车因在中短距离运输市场中具有轻便快速、成本低廉、易于骑行等特殊优势,成为外卖行业配送体系中最主要的交通工具,也成为继共享单车后共享出行市场中又一类探索发展的车辆,电动自行车逐渐具备了实质性的营运功能。截至2020年底,我国外卖行业配送电动自行车保有量突破800万辆[6],共享电动自行车保有量突破了400万辆。区别于私人车辆登记注册,行业营运电动自行车规模增长快、使用强度大、换车周期短,需要更具精细化、差异化、实效性的车辆管理模式与之适应,如图3-2所示。部分城市创新开展了专门号牌管理,探索发挥车辆注册登记制度背后的规范化导向效应、规避行业发展风险敞口,其中以上海、深圳、福州为典型代表。

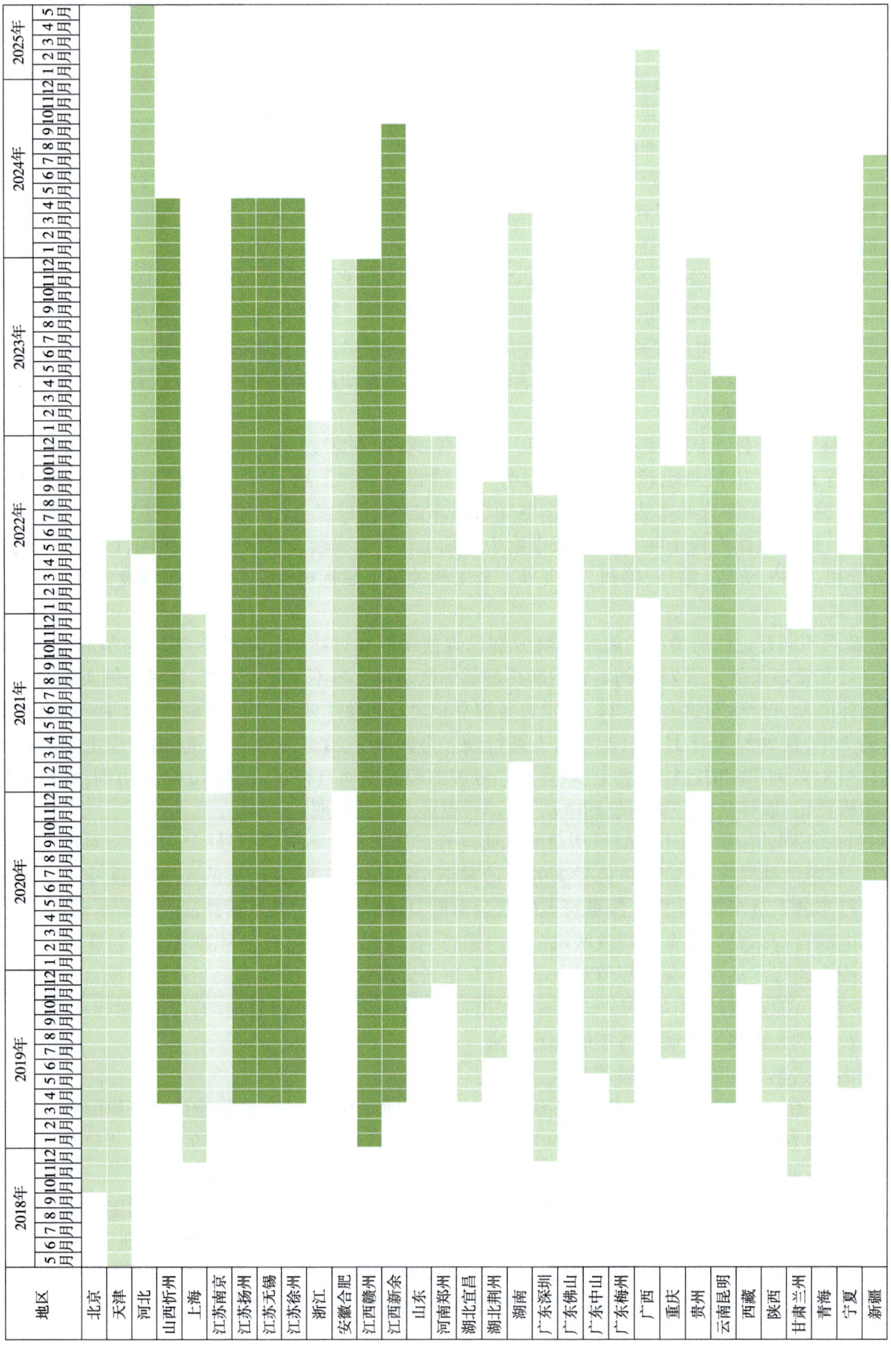

图 3-1　全国相关地区超标电动自行车过渡期设置概况

日均骑行里程	10km	120km
日均骑行时间	1.5h	12.5h
日均充电次数	0.5次	2~3次
蓄电池平均寿命	2~3年	0.5~1年
车辆平均寿命	5年	0.7~1年
	私人电动自行车	即时配送电动自行车

图 3-2 私人电动自行车与即时配送电动自行车骑行相关指标比较

(1)上海。2020 年,上海对全市 5.4 万辆从事快递、外卖的电动自行车换发电子车牌[7],通过在中心城区建设车辆信息采集设备,加强道路交通执法监管。2021 年,上海颁布实施《上海市非机动车安全管理条例》,针对从事快递、外卖等网约配送活动的电动自行车,公安机关核发专用号牌;并要求专用号牌电动自行车自登记之日起每满 5 年应进行安全技术检查。专用号牌的发放,为强化快递、外卖电动自行车行业监管提供了独立的号牌依据;同时,专用号牌应用 RFID 技术,实现电动自行车骑行状况实时采集,为强化道路交通执法、规范道路骑行秩序提供了智能化管控基础。

(2)深圳。自 2012 年起,深圳公安交管部门针对从事快递、外卖等行业活动的电动自行车实行申请备案管理。2018 年,深圳公安交管部门会同行业协会及 7 家企业签署《即时配送行业交通安全联盟公约》,推进实施外卖行业电动自行车统一备案上牌、统一车辆编号、统一行驶证、统一购置车辆保险、统一平台信用管理等措施,推动企业主动强化电动自行车的登记备案和安全使用。2021 年,深圳颁布实施《深圳市电动自行车管理规定(试行)》,规定民生服务行业电动自行车应按登记用途进行使用,不得交由其他企业或人员使用,在行政法规层面明确营运电动自行车登记制度。深圳电动自行车号牌示例如图 3-3 所示。

a) 符合《电动自行车安全技术规范》(GB 17761—2018)的车辆为白色备案标识,可长期使用

b) 超标车辆为黄色备案标识,过渡期限延长至2022年8月1日

c) 民生行业车辆为蓝色备案标识,可长期使用

图 3-3 深圳市电动自行车备案标识示例

(3)福州。2019 年,福州修订实施《福州市电动自行车管理办法》,对电动自行车发放黄色、蓝色两种车辆号牌,并对不同颜色号牌实施分区域通行管理,如图 3-4 所示;同时,对邮政、快递、外卖、代驾、环卫等服务行业的电动自行车实行号牌单列号段管理,并按实有需求控制号牌总量。当时,福州市外卖电动自行车超过 1 万辆,快递电动自行车接近 2000 辆,服务行业电动自行车的规模受到了严格控制、车辆增幅大幅收窄。2021 年,福州市文明办、公安交管、商务局等部门联合发布《关于加强快递外卖行业骑手文明交通管理的通知》,对相关企业实施电动自行车号牌配额动态管理,依据企业现有电动自行车的骑行交通违法情况,相应削减或增加号牌配额。将号牌注册登记与交通违法治理联动管理,产生连锁效应,进而

推动相关企业落实社会和行业交通安全、交通文明责任。2022 年，福州市政府发布实施《福州城区电动自行车号牌管理办法》，依据五城区电动自行车交通安全违法情况，对黄色号牌附加使用绿色和红色两种颜色标识。其中，绿色标识适用于一年以上无交通安全违法的黄色号牌电动自行车；红色标识适用于一个季度内累计两起及以上交通安全违法或者一年内累计三起及以上交通安全违法的黄色号牌电动自行车。

a) 电动自行车黄色号牌

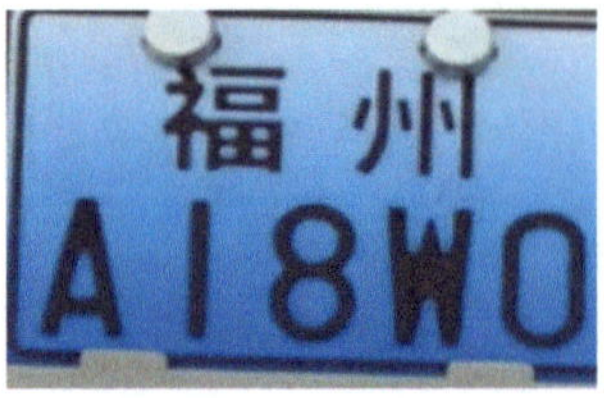

b) 电动自行车蓝色号牌

图 3-4　福州市电动自行车不同类型号牌示例

3.1.4　回收报废

与机动车强制报废制度不同，无论是顶层政策设计还是行业标准制定中，均缺少对电动自行车使用年限、回收渠道、报废标准等方面的具体要求。全国各省（区、市）已出台的电动自行车相关管理规章中，仅江苏、云南明确实行电动自行车报废制度，车辆使用达到 10 年不得上道路骑行。然而，超标电动自行车保有规模庞大、废旧蓄电池极易产生二次污染，特别在过渡期结束后，若在车辆回收报废环节缺乏清晰的政策指引、有力的管理约束，不仅会带来严重的资源浪费，超标电动自行车逐渐成为占用公共空间的“僵尸车”“污染源”，给城市管理带来极大挑战，而且会滋生众多的社会矛盾，“车辆仍可使用却不让骑行”“车辆购置损失谁来补偿”“废旧车辆管理成本谁来承担”等诉求反馈将接踵而至、集中触发，政府将难以应对。面临缺乏有效退出机制、路面执法困难的双重限制，超标电动自行车治理极有可能陷入一个具有放大效应的恶性循环。

为避免超标电动自行车处置问题变得更为棘手，部分城市探索通过政策引导和市场作用，鼓励车主主动置换和报废车辆。从各类城市实践经验看，可概括为三类回收方式。

1）由同级财政安排专项资金补贴回收车辆

部分城市为争取在较短时间内取得超标电动自行车治理实效，加大力度、加快推动，由政府设立专项资金补贴回收超标电动自行车。一种情况是在城市中设置专门的电动自行车回收点，制定梯度补贴政策、统一发放车辆回收补贴。以福州市为代表。2019 年，福州市场监督管理局发布了《关于电动自行车回收补偿的工作方案》，制定为期 1 年的电动自行车回收补贴政策，按照不同回收政策时限、不同车辆使用时间实施梯度补贴标准，补贴方式包括现金发放、公交卡充值两种，补贴额度在 600 ~ 900 元/辆或 500 ~ 1000 元充值额度/辆。还有一种情况是在城市电动自行车销售点，在车主置换、报废电动自行车时由政府提供回收补贴。以浙江省海盐县为代表，2022 年，浙江省在海盐县试点实行电动自行车淘汰置换财政补贴政策，补贴对象是登记备案未满 7 年、置换回收的超标电动自行车，补贴分为三个阶段：2 ~ 3 月，每辆超标电动自行车回收可获得 200 元补贴；4 ~ 5 月，补贴退坡至 180 元/辆；6 ~ 9 月，补贴继续退坡至 150 元/辆。

2）由生产销售企业提供补贴促进超标车辆“以旧换新”

2021—2024 年期间，各地设置的过渡期密集结束，市场将迎来一轮超标电动自行车存量替换需求的强劲增长，预计到 2024 年将新增 5100 万辆存量超标车的换购需求[7]。电动自行车生产和销售市场也将出现相应调整，其中，生产销售企业提供“以旧换新”购置补贴将成为最普遍采用的置换推广策略。如北京于2021年10月31日过渡期结束，同年全市有821家电动自行车销售门店提供了“以旧换新”购置补贴，超标、废旧电动自行车可折算300～1000元/辆的新车抵扣价格，提升车主置换标准车辆的积极性。

3）由回收企业提供补偿推进超标车辆拆解利用

电动自行车的回收包括拆分回收和整车回收两种途径。其中，拆分回收主要是电动自行车的车架和蓄电池由不同的回收企业分类回收，车架经拆解后金属及塑料制品可资源再利用，每辆回收费用大致在100～500元；而废旧蓄电池属于危险废物，须由具备相应资质的企业回收、处置，根据蓄电池型号每块回收费用大致在50～500元。整车回收是电动自行车由具备再生资源和废旧蓄电池回收资质的企业回收，每辆回收费用大致在200～1000元。

值得注意的是，电动自行车的废旧蓄电池回收及无害化处理是一项极具挑战的任务。我国电动自行车蓄电池平均使用寿命为2～3年[7]，每年产生废蓄电池数量过亿块；更重要的是，目前存量电动自行车铅酸蓄电池的使用占比超过80%[7]，废旧铅酸蓄电池若处置不科学，极易产生周期长、隐藏性大、不可逆的生态污染。2020年，《中华人民共和国固体废物污染环境防治法》修订施行，规定建立铅酸蓄电池生产者责任延伸制度，铅酸蓄电池生产者以自建或者委托等方式建立与产品销售量相匹配的废旧产品回收体系，并向社会公开，实现蓄电池有效回收和利用。在法律框架下，针对电动自行车蓄电池回收问题，山东、湖南、云南、西藏在政策规章层面明确蓄电池回收责任主体，由车辆及蓄电池生产者、销售者负责废旧蓄电池更换、回收工作，并要求建立蓄电池回收台账；北京由政府统筹，2021年交通综治领导小组制定发布《淘汰超标电动自行车回收处置工作方案》，在全市设置92个废旧电动自行车回收服务网点，健全电动自行车及蓄电池集中、高效的回收体系。

3.2 车辆管理的困境

3.2.1 顶层政策设计经历了阶段性调整

在顶层设计层面，我国电动自行车相关技术标准、政策行动、法律法规，整体上经历了从宽松到严谨、从推荐倡导到严格强制、从平稳过渡到长效监管三个阶段性调整。

1）车辆政策围绕车辆属性、车型界定进行探索规范

1995—2004年是电动自行车初步规模化阶段[8]，电动自行车行业处于技术探索阶段，车辆续行里程较短、蓄电池寿命较短、爬坡能力较差，车辆市场规模较小、电动自行车保有量在1000万辆左右。这一阶段，政策制定主要围绕电动自行车车辆属性、车型界定进行了探索规范。技术标准方面，1999年，《电动自行车通用技术条件》（GB 17761—1999）制定出台，为电动自行车生产使用提供了基本技术规范，但因相关技术指标阈值设定较低、约束作用有限，没有发挥应有的政策支撑、市场导向作用。相关管理部门制度体系衔接不顺畅、措施推进不同步，电动自行车从生产、销售到车辆登记管理再到路面交通执法，各个监管环节单独设定目标、相互割裂，难以从全国层面统一政策取向和管理定位。直至2004年，《中华人民共和国道路交通安全法》规定了电动自行车的非机动车属性，及相关骑行年龄、路权要求，才给予了电动自行车合法地位。但对于电动自行车的车型要求存在广泛争议、莫衷一是，特别是同期电动自行车、超标电动自行车、电动轻便摩托车、电动摩托车快速普及，但车型难以清晰界定、车辆登记管理无章可循，车辆管理的约束作用严重削弱，为此后超标电动自行车的爆发式增长提供了“土壤”。

2)车辆政策明晰了严格注册登记、强化源头监管的管理导向

2004—2018 年是电动自行车高速增长阶段[8],这一阶段,电动自行车保有量从 1000 多万辆增长至 2.9 亿辆,千人电动自行车保有量从 10 辆左右增长至 200 多辆,电动自行车成为中短距离主要出行工具。整体上看,电动自行车治理在政策层面得到了空前重视,严格车辆管理、强化源头监管的导向越来越明晰。法律法规方面,各省、各城市也纷纷针对电动自行车制定相关管理条例。技术标准方面,《电动自行车通用技术条件》(GB 17761—1999)几经修订、未能出台,《电动摩托车和电动轻便摩托车通用技术条件》(GB/T 24158—2009)一出台就被暂缓实施,电动自行车车型分歧始终未有定论。在管理政策方面,2011 年,公安部、工信部、工商总局、质检总局联合发布《关于加强电动自行车管理的通知》(公通字〔2011〕10 号),将强化监管作为着力点,兼顾考虑促进市场发展和严格车辆管理,推进市场监管、车辆登记、路面管理等环节由各部门、各环节分而治之向全过程、全周期协同治理转变。但是,由于缺乏相应标准支撑,政策措施不够清晰有力,多以鼓励性措施、倡导性建议为主,给予了各地较大的治理空间,而对生产企业监管手段、超标电动自行车退出机制、车辆注册登记等管理路径、技术细节缺少具体、有力的规范。

3)车辆政策统筹各个环节、各个部门推进车辆全周期治理

2018 年至今是电动自行车规范发展阶段[8]。2018 年,《电动自行车安全技术规范》(GB 17761—2018)、《电动摩托车和电动轻便摩托车通用技术条件》(GB/T 24158—2018)修订出台,为电动自行车市场治理、交通治理注入了一剂良药,超标电动自行车车型界定至此有了明确依据。同年,国家认监委正式实施《电动自行车强制性产品认证实施规则》,电动自行车正式由生产许可转变为强制性产品认证管理。2019 年,国家市场监管总局、工信部、公安部联合发布《关于加强电动自行车国家标准实施监督的意见》(国市监标创〔2019〕53 号),部署从源头生产环节加强强制性产品认证管理,从中间销售环节加强监管和违法查处,从车辆登记环节加快健全车辆登记管理制度、引导超标车辆逐步退出。技术标准的统一为破解电动自行车治理困境发挥了关键作用,国家层面和更广泛城市层面的制度体系得到了统筹建立,电动自行车治理迈入了规范化发展阶段。各省、各城市针对超标电动自行车加大治理力度,设置过渡期、发放临时牌照、加强路面执法,电动自行车车辆注册登记管理得到了有力推进。

3.2.2 政策执行层面出现偏差、滞后问题

城市电动自行车治理是在顶层政策框架下进行的管理实践,随着顶层政策经历的漫长调整,各类城市在电动自行车政策制定过程中也遭遇了普遍困境。剖析这样的治理困境,需要从车辆市场变化、骑行需求变化、监管执法约束等多个视角去观察,才能真正理解电动自行车问题形成、发展和演变的脉络,找到电动自行车治理的症结、难点所在。

1)长期治理目标屈服于短期市场利益

从 1995 年开始初步规模化到 2018 年,电动自行车经历了高速增长阶段,我国电动自行车年产量从不足 30 万辆增长至超过 3000 万辆,生产上下游相关企业从 1 万多家增 70 多万家[9],车辆市场规模从不足 3.5 亿元[5]增长至接近 1000 亿元,我国电动自行车保有量占全球总量的 90% 以上[10]。但要看到,电动自行车市场快速扩张的同时,超标车辆的问题随之显现,每年生产的电动自行车大多不符合车辆技术标准。截至 2018 年底,我国超标电动自行车保有量超过 2 亿辆。而同时源头生产销售监管困难重重,电动自行车市场覆盖数十万家生产企业,容纳上千万就业人口,涉及众多部门、企业、团体及社会面的广泛利益,部门与部门之间、部门与市场之间、团体与企业之间出现了不同意见、产生利益冲突。在面临车辆技术标准近 20 年未修订完善、市场中大量车型与标准车型不匹配的现实矛盾,在面向服务于经济发展、解决就业的现实需求,部分城市在电动自行车治理决策上往往让步于利益的调和,模糊了车辆技术标准红线,超标电动自行车泛滥,市场尾大不掉,越来越偏离健康发展、稳健发展的长远治理目标。

2)先放后管的时序导致电动自行车问题积重

监管更有效,市场才放得更开。但是,电动自行车治理显然颠倒了管理逻辑,在尚未有健全的市场监管体系和严格的车辆管理措施时,就给予了电动自行车过于宽松的发展和使用条件,导致道路交通秩序、交通安全产生了诸多弊端。

首先,车辆注册登记制度的建立健全较慢。2004 年《中华人民共和国道路交通安全法》规定了电动自行车的非机动车属性,但对其是否需要注册登记没有作明确要求。部分城市在面对电动自行车是否需要注册登记问题时,为避免产生政策风险、增加管理成本、出现社会矛盾,普遍持观望、迟疑的态度,缺乏政策突破性、实践主动性,电动自行车登记管理长期缺位,但居民电动自行车购买使用需求却越来越大、存量电动自行车越来越多,导致了后续治理越来越被动。值得关注的是,具有典型示范作用的超大城市,在电动自行车注册登记制度上却采取了截然不同的管理方式,因有其特定的历史渊源和现实条件,管理效果的好坏无法一概而论,让其他城市在政策措施的选取和跟随上更无所适从。

(1)北京。2002 年 8 月 5 ~ 31 日,北京市交管局对全市电动自行车发放临时牌证,有效期至 2005 年 12 月 31 日,此后不再发放电动自行车牌证,并决定从 2006 年 1 月 1 日起,禁止电动自行车上路骑行。当时电动自行车保有量仅几万辆[11]。但在市场和使用需求推动下,电动自行车并没有退出市场,反而出现保有量持续、快速增长。2006 年 1 月,北京市恢复电动自行车注册登记制度,原登记车辆牌照到期后继续有效,新注册登记车辆必须符合相关车辆标准。2018 年 11 月,《北京市非机动车管理条例》正式施行,通过立法明确电动自行车注册登记制度,规定电动自行车须取得行驶证、号牌,方可上路骑行,并对超标电动自行车设置 3 年过渡期、发放临时牌证。截至 2021 年 11 月过渡期结束后,北京原有 230 万辆超标电动自行车基本清零,全市电动自行车保有规模为 379.3 万辆[12]。

(2)上海。近 30 年,上海一以贯之地实施电动自行车登记上牌制度。2001 年 9 月,《上海市非机动车管理办法》正式施行,规定电动自行车(助力自行车)经公安交管部门检验合格、注册登记,并取得有效牌证后,方准上道路行驶。2014 年 3 月,《上海市非机动车管理办法》修订施行,制定了电动自行车强制上牌和产品目录管理制度。同年,上海公安局发布《关于电动自行车登记有关事项的通告》,对未纳入产品目录的电动自行车设置 2.5 年过渡期、发放临时牌照[13]。当时,全市注册登记的电动自行车为 437 万辆[6]。2021 年 5 月,《上海市非机动车安全管理条例》正式施行,该条例加强电动自行车强制产品认证管理,要求电动自行车自购车之日起 15 日内申请登记上牌。截至 2021 年底,上海全市电动自行车保有规模为 1158.4 万辆。

(3)广州。2006 年 11 月,广州市公安局发布《关于对电动自行车和其他装有动力装置的非机动车不予登记、不准上道路行驶的通告》,明确在全市范围内对电动自行车不予登记、不准上路行驶。2011 年 11 月、2016 年 11 月,广州市政府分别发布通告,继续实施禁止电动自行车登记及上路行驶政策。虽然,广州一直延续"禁电"政策,但在即时配送行业快速发展趋势下,电动自行车数量不断增长,据估算已超过 300 万辆。2021 年 11 月,广州公安交管部门正式实施电动自行车登记上牌措施,结束了为期 15 年的"禁电"政策。

(4)深圳。2012 年,深圳市公安局交通警察局对电动自行车实行备案登记制度。2016 年 3 月,深圳市公安局交通警察局组织开展了史上最严"禁摩限电"整治行动,引起了社会广泛关注[14]。2020 年 4 月,深圳实施了电动自行车备案试点工作。2020 年 8 月,《深圳市电动自行车管理规定(试行)》正式施行,明确电动自行车注册登记制度,对超标电动自行车设置 1 年过渡期、发放临时牌照。此时,深圳全市备案登记的电动自行车 235.8 万辆,其中 72.6% 的车辆为超标车辆[15]。

其次,超标电动自行车淘汰制度的建立健全较慢。在 2018 年《电动摩托车和电动轻便摩托车通用技术条件》(GB/T 24158—2018)出台前,超标电动自行车的车型分歧一直存在、没有定论,并且超标电动自行车逐渐成为市场中的主要车型,给电动自行车注册登记管理带来了极大的障碍。部分城市没有严格落实电动自行车上路前的车型把关,甚至没有朝着正确的方向发展。有的城市在电动自行车注册登记制度实施开始,就放开了车型要求,对标准车型、非标准车型的车辆无区别登记管理;在后续严格车型要求时,往往注重于增量车辆的管理,对于已具备有效牌照的存量超标车,因强制淘汰会触动庞大车主群体利益,果断采取措施引导其退出又面临较大阻力、极为困难,超标车辆治理的问题一再被搁置、积重难返。有的城市采取了“一刀切”的禁止政策,没有实行电动自行车注册登记制度,但当大量电动自行车出现在市场、涌向道路的时候,监管又没有跟上,出现放任其发展的状态;而再想严格执行禁止政策时,存量电动自行车已规模巨大,并且电动自行车生产销售市场、出行市场已发展较为成熟,全面清理、强化监管就非常被动。

3)传统车辆管理手段在处理新业态、新问题时失效

外卖电动自行车、共享电动自行车随着互联网经济的蓬勃发展应运而生,保有规模已突破千万辆,而其带来的行业车辆管理、交通违法和交通事故多发的问题已成为各个城市面临的共同治理痛点。在车辆政策方面,不同于机动车按照使用性质将营运车辆单独管理,电动自行车因其非机动车属性,大部分城市将私人车辆、行业运营车辆按照同一模式进行登记管理。在这样的传统车辆管理模式下,相关企业、行业平台利用骑手自行配备车辆或自行租赁车辆等制度设计,规避了车辆安全监管责任,将安全风险分散由骑手个人承担;而外卖行业骑手接近千万人,每日骑行距离达 120 ~ 150km[16],为了适应行业逐利模式,在追求速度、时效的压力下又产生了极大的违法风险、事故风险,在个人骑行安全、道路交通秩序、城市环境治理、行业健康发展等方面都产生了连锁负面效应。为应对这些负面效应,上海、深圳、福州先试先行,针对民生行业营运电动自行车实施了专门号牌管理,通过制度创新补齐车辆管理制度短板,虽然这样的车辆管理经验仍处于探索阶段,是否具有普遍适用性还需实效检验,但可预见,唯有将营运车辆登记管理与行业发展、企业责任紧密结合起来,协同联动改善平台监管机制、车辆运营环境、道路骑行环境,才能寻找并创造解决电动自行车新业态、新问题的“新可能”。

3.3 国外车辆管理特征

3.3.1 美国分类管理

美国联邦政府在 2002 年颁布了 HB727 法案,从生产标准和安全性能两方面明确定义了电动自行车,即最高行驶速度不超过 20mile/h①,且装配有踏板和低于 750W 功率电动机的两轮或三轮车辆[17],如图 3-5 所示。美国联邦政府在这一法案中首次将电动自行车与汽车、摩托车、轻便摩托车等机动车辆区分开来,将其界定为一种装配辅助动力的自行车,车辆的安全性能要求应符合自行车安全标准。美国联邦政府仅在生产、销售环节对电动自行车进行监管,对于电动自行车使用、上路行驶的问题则由各州立法解决。

在联邦 HB727 法案颁布实施后,随着电动自行车的生产和销售进一步合法化,电动自行车的保有和使用也日渐增多,仅在 2014—2018 年期间美国电动自行车就增加了 70 万辆,年均增幅超过 14 万辆,越来越多的州开始重视电动自行车对道路交通通行秩序和安全影响。2015 年以来,美国 49 个州先后制定或修订了相关法案,通过立法明确了电动自行车的车辆定义和车辆属性。截至 2020 年初,美国除南卡罗

① 1mile/h = 1.61km/h。

莱纳州还未对电动自行车立法外，其余 49 个州均已通过立法界定了电动自行车的性质，如图 3-6 所示。

a) b)

图 3-5 美国 HB727 法案规定的电动自行车车型示意图

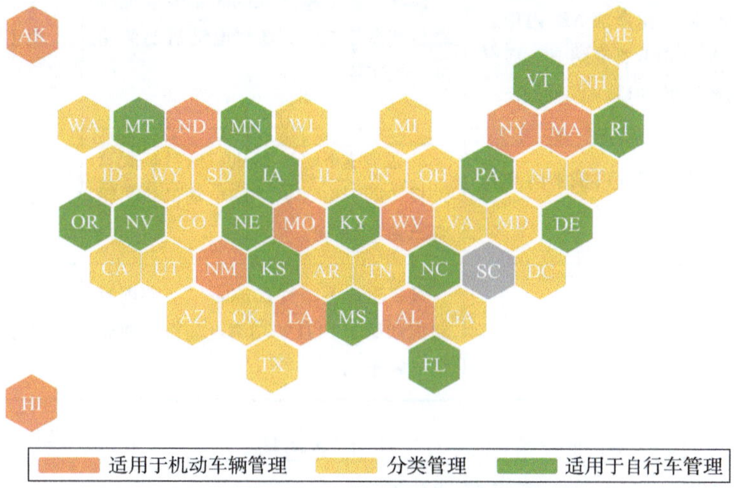

图 3-6 美国各州对电动自行车立法的相关情况

注：图中各州缩写如表 3-3 所示。

美国 49 个州电动自行车定义及注册许可相关法律要求 表 3-3

管理类型	各州	电动自行车车辆要求	注册、许可要求
适用于机动车辆管理	亚拉巴马 AL；阿拉斯加 AK；夏威夷 HI；路易斯安那 LA；马萨诸塞 MA；密苏里 MO；纽约 NY；北达科他 ND；新墨西哥 NM；西弗吉尼亚 WV	最高车速不超过 20mile/h	在指定部门进行车辆注册、办理骑行许可
		最高车速不超过 25mile/h	
		最高车速不超过 30mile/h	
		禁止骑行电动自行车	—
		归类为机动化自行车	在指定部门进行按照机动车辆进行注册、办理骑行许可
		归类为轻便摩托车	
分类管理	亚利桑那 AZ；阿肯色 AR；加利福尼亚 CA；科罗拉多 CO；康涅狄格 CT；佐治亚 GA；爱达荷 ID；印第安纳 IN；缅因 ME；马里兰 MD；密歇根 MI；新罕布什尔 NH；俄亥俄 OH；俄克拉何马 OK；南达科他 SD；田纳西 TN；得克萨斯 TX；犹他 UT；弗吉尼亚 VA；华盛顿 DC；威斯康星 WI；怀俄明 WY	1 级电动自行车：带辅助力的自行车，骑行者踩踏板时才有助力，当车速超过 20mile/h 停止提供助力； 2 级电动自行车：带辅助力的自行车，当车速超过 20mile/h 停止提供助力； 3 级电动自行车：电机驱动自行车，骑行者踩踏板时才有助力，当车速超过 28mile/h 停止提供助力	免于注册、许可

续上表

管理类型	各州	电动自行车车辆要求	注册、许可要求
分类管理	新泽西 NJ;伊利诺伊 IL	1 级电动自行车:带辅助力的自行车,骑行者踩踏板时才有助力,当车速超过 20mile/h 停止提供助力; 2 级电动自行车:带辅助力的自行车,当车速超过 20mile/h 停止提供助力; 3 级电动自行车:电机驱动自行车,骑行者踩踏板时才有助力,当车速超过 28mile/h 停止提供助力	1 级、2 级电动自行车免于注册、许可,3 级电动自行车在指定部门进行车辆注册、办理骑行许可
			1 级、2 级、3 级电动自行车在指定部门进行车辆注册、办理骑行许可
适用于自行车辆管理	特拉华 DE;艾奥瓦 IA;肯塔基 KY;密西西比 MS;内布拉斯加 NE;内华达 NV;蒙大拿 MT;北卡罗来纳 NC;宾夕法尼亚 PA;佛罗里达 FL	最高车速不超过 20mile/h,且装配有踏板和低于 750W 功率电动机的两轮或三轮车辆	免于注册、许可
	堪萨斯 KS;佛蒙特 VT;俄勒冈 OR;明尼苏达 MN	最高车速不超过 20mile/h,且装配有踏板和低于 1000W 功率电动机的两轮或三轮车辆	免于注册、许可
	罗得岛 RI	最高车速不超过 25mile/h,且装配有踏板和低于 1491W 功率电动机的两轮或三轮车辆	免于注册、许可

如表 3-3 所示,电动自行车管理政策呈现了三个主要趋势。

1)将电动自行车归类于轻便摩托车或机动化自行车

规定电动自行车在上路行驶前,骑行者需要获得相关管理机构的许可,并对电动自行车进行注册,包括亚拉巴马、阿拉斯加等 10 个州。其中,北达科他、新墨西哥、西弗吉尼亚等州要求将电动自行车按照机动车类别进行登记注册。另外,纽约州虽然立法将电动自行车归类于机动车,但禁止对电动自行车进行登记注册,也是美国唯一禁止电动自行车上路行驶的州。

2)将电动自行车按照动力装置类型、最高行驶速度划分为三个等级

每个等级分别设置了骑行者年龄、头盔佩戴、道路使用等要求,包括亚利桑那、阿肯色等 24 个州。其中,新泽西州将 1、2 级电动自行车归类于自行车管理,免除电动自行车的登记注册和骑行许可;将 3 级电动自行车作为机动化自行车,规定骑行者需要获得相关管理机构的许可,并对电动自行车进行注册。伊利诺伊州规定 1、2、3 级电动自行车上路前,骑行者需要获得相关管理机构的许可,并对电动自行车进行注册。除上述两个州外,其余 22 个州均将电动自行车归类于自行车管理,免除电动自行车的登记注册和骑行许可,但要求电动自行车必须贴上车辆标签,并标明车辆等级分类编号和最高辅助行驶速度等信息。

3)将电动自行车归类于电力辅助自行车

适用于自行车管理,免除电动自行车的登记注册和骑行许可,包括特拉华、艾奥瓦等 15 个州。其中,堪萨斯、佛蒙特、俄勒冈、明尼苏达等 5 个州在联邦 HB727 法案基础上,将电动自行车的电机功率要求由低于 750W 扩大为低于 1000W;罗得岛州将电动自行车的电机功率要求扩大为低于 1491W。除上述 6 个州外,其余 9 个州电动自行车分类要求与联邦 HB727 法案保持一致。

3.3.2 加拿大类比自行车管理

加拿大交通部在2001年修订的《机动车安全法》(MVSR)中,首次在联邦法律层面对电动自行车进行了定义,即最高行驶速度不超过19.9mile/h,且装配有踏板和低于500W功率电动机的两轮或三轮车辆,如图3-7所示。在加拿大联邦法律中,电动自行车是一类带有辅助动力的自行车(Power-Assisted Bicycle,PAB),它的车辆属性仍是自行车,因此,联邦政府对电动自行车的骑行许可和车辆注册不做法律要求。

a) b)

图3-7 加拿大MVSR中规定的电动自行车车型示意图

加拿大10省和3个地区在MVSR的基础上,通过电动自行车立法,进一步明确了电动自行车的定义、骑行许可要求等规定,如表3-4所示。从各省和地区立法情况看,对电动自行车的定义主要分为三类。

1)将电动自行车定义为带有辅助动力的自行车

艾伯塔、马尼托巴、安大略、魁北克、萨斯喀彻温、育空等6个省和地区,与联邦法律保持一致,仍将电动自行车归类于自行车进行管理,不需要骑行许可和车辆注册。其中,萨斯喀彻温、育空区2个省和地区在联邦法律基础上进一步要求电动自行车的辅助动力只能是电力。

2)将电动自行车完全等同于自行车

新不伦瑞克、纽芬兰、西北、新斯科舍、努纳武特等5个省和地区,延续之前各省和地区的法律规定,将电动自行车作为自行车管理,不需要骑行许可和车辆注册。

3)将电动自行车定义为机动力辅助的车辆

不列颠哥伦比亚省对于电动自行车的管理仍与自行车的管理保持一致,不需要骑行许可和车辆注册;爱德华王子岛省对电动自行车的管理与机动车的管理保持一致,需要骑行者到指导部门申请骑行许可,并对电动自行车进行登记注册。

加拿大各省和地区电动自行车定义及注册许可相关法律要求 表3-4

各省和地区	电动自行车定义	注册、许可要求	法律法规依据
艾伯塔	有辅助动力的自行车	无要求	Alta Reg 304/2002; Alta Reg 122/2009
马尼托巴		无要求	CCSM CH60
安大略		无要求	RSO 1990,CH.8; O Reg 369/09
魁北克		无要求	CQLR CC-24.2; CQLR CV-1.2
萨斯喀彻温		无要求	SS 2004,CT-18.1
育空		无要求	RSY 2002,C153

续上表

各省和地区	电动自行车定义	注册、许可要求	法律法规依据
新不伦瑞克	自行车	无要求	RSNB 1973,CM-17
纽芬兰		无要求	RSNL 1990,CH-3
西北		无要求	RSNWT 1988,CM-16
新斯科舍		无要求	RSNS 1989,C293
努纳武特		无要求	RSNWT (Nu) 1988,CM-16
不列颠哥伦比亚	机动力辅助的车辆	无要求	BC Reg 151/2002
爱德华王子岛		在指定部门注册车辆、申请骑行许可	RSPEI 1988,CH-5; PEI Reg EC642/75

3.3.3 欧盟以车型标准为导向严格管理

欧盟地区是继亚太地区之后全球电动自行车生产销售和出行使用的第二大市场。近 10 年,欧盟地区的电动自行车销售数量年均增长 20.1%,特别是 2014—2018 年期间,平均每年欧洲市场销售的电动自行车达到 185 万辆,约占全球电动自行车销售市场份额的 20%[18],如图 3-8 所示。

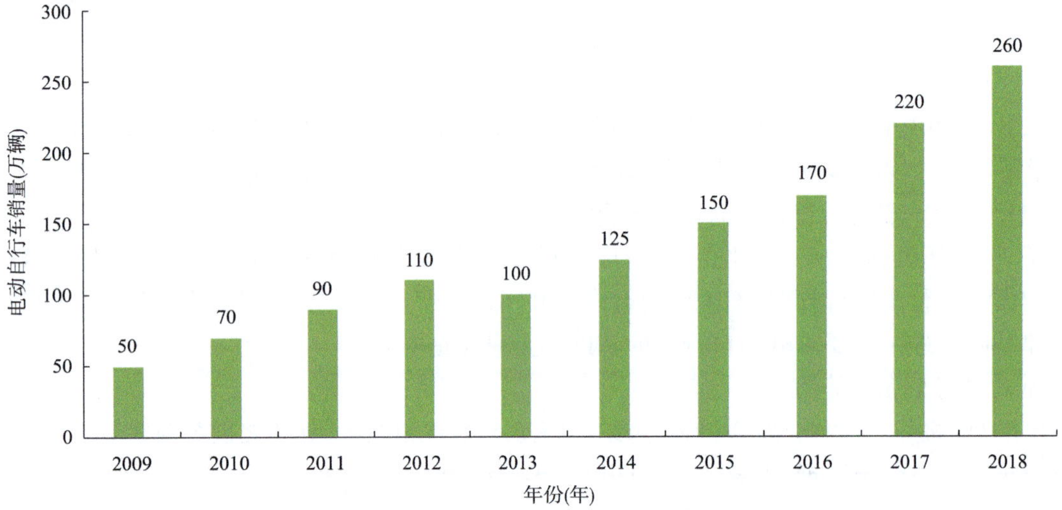

图 3-8 欧盟地区 2009—2018 年电动自行车市场销量变化情况

在欧盟地区中,德国是电动自行车增长最快的国家,每年德国自行车销售数量占欧盟地区总量的 45%左右,德国每千人电动自行车保有量达到 4.6 辆,电动自行车已不仅是人们运动和休闲的交通方式,而是逐渐成为城市交通清洁、安静和节省空间的替代交通方式。2018 年,德国电动自行车销售数量在整个自行车市场中占据了 23.5% 的份额,即每售出 4 辆自行车中有 1 辆是电动自行车。从电动自行车市场的车型分布看,德国 99.5% 的电动自行车是踏板电动自行车,即最高行驶速度不超过 25km/h,且装配有踏板和电动机功率低于 250W 的自行车;动力辅助或机动化类别的电动自行车市场份额不足 0.5%,且车辆销售必须经过欧盟车辆型式认证。

面对市场上日益增长的电动自行车需求,欧盟 2016 年修订了 168/2013 法规,将电动自行车定义为三种类型[19]。

1)动力辅助电动自行车

即车辆最高行驶速度不超过 25km/h,且装配有踏板和电动机功率低于 1000W 的两轮或三轮车辆,如图3-9a)所示,车辆属性为机动车,型式认证类别为L1E-A。按照欧盟主要成员国,如德国、法国、意大利等国规定,最高行驶速度不超过25km/h动力辅助电动自行车的骑行者,无须获得机动车骑行许可,但应按要求为电动自行车缴纳机动车保险。同时,动力辅助电动自行车在道路上的通行规则适用于轻便摩托车通行规则。

2)机动化电动自行车

即最高行驶速度高于25km/h但不超过45km/h,且电动机功率在1000~4000W之间的两轮车辆,如图3-9b)所示,车辆属性为机动车,型式认证类别为L1E-B,即轻便摩托车。按照欧盟主要成员国,如德国、法国、意大利等国规定,机动化电动自行车的骑行者,必须获得机动车骑行许可,且应按要求为电动自行车缴纳机动车保险。与动力辅助电动自行车一样,机动化电动自行车道路通行规则适用于轻便摩托车通行规则。

3)踏板电动自行车

装配有踏板且电动机功率低于250W的自行车,骑行必须通过踩踏踏板才能获得助力,当车辆行驶速度超过25km/h,车辆无法再提供助力,如图3-9c)所示。此类电动自行车的车辆属性为自行车,车辆生产销售无须通过型式认证。踏板电动自行车骑行者无须获得骑行许可,也不需要缴纳机动车保险。踏板电动自行车道路通行规则与自行车一致。

a)动力辅助电动自行车示例图

b)机动化电动自行车示例图

c)踏板电动自行车示例图

图3-9 欧盟地区电动自行车分类及示例

欧盟的电动自行车管理政策是以类型为判断依据,动力辅助电动自行车、机动化电动自行车在欧盟法规上被归类为机动车,但在骑行者使用条件、道路通行路权等方面又有明显区别;踏板电动自行车在欧盟法规上被归类为自行车,骑行者使用条件、道路通行权利基本与自行车一致。

3.3.4 国外电动自行车管理综述

电动自行车在北美地区并不普遍,由于长期机动化交通发展形成的道路格局、城市郊区化蔓延形成的空间格局等因素，自行车、电动自行车在北美地区不属于主要的交通方式，而只是作为休闲健身的交通工具存在。但需看到，北美地区交通法律法规中并没有忽视电动自行车，而是在电动自行车市场发展初期，就开始修订法律法规，并以清晰、具体的法律条款明确了车辆属性、通行路权和骑行者条件等内容，为管理提供了充足法律保障。

电动自行车在欧盟地区的发展又是截然不同的。欧盟地区是除亚太地区以外电动自行车最主要的生产、销售、使用市场。欧盟通过修订168/2013法案，在区域层面统一了电动自行车的分类、属性和技术要求；各成员国也积极立法推动电动自行车的发展，将电动自行车作为绿色、低能耗、高效的城市物流运输方式或居民出行方式加以推广和鼓励，同时，立法明确电动自行车道路通行权以及骑行者安全防护要求。

结合北美和欧盟电动自行车相关法律法规，可以看出，分类管理、细化管理、安全管理成为电动自行车政策的共同管理取向。同时，对电动自行车的定义并不是一概而论的，既没有简单地将电动自行车完全等同于自行车，也没有将电动自行车完全归类于机动车管理，而是通过立法明确了电动自行车的类型、属性和骑行者要求。

1）对装有踏板，行驶速度较低、电动机功率较低的电动自行车，归类于自行车管理

如加拿大《机动车安全法》（MVSR）中规定，电动自行车最高行驶速度不超过19.9mile/h，装配有踏板和低于500W功率电动机的两轮或三轮车辆，车辆属性为自行车。又如美国新泽西州在州政府交通法案中规定，电动自行车划分为1、2、3三个等级，1、2级电动自行车最高行驶速度不超过20mile/h，归类于自行车管理，3级电动自行车最高行驶速度不超过28mile/h，归类于机动车管理。再如欧盟§168/2013法案中规定，电动自行车装配有踏板和功率低于250W的电动机时，骑行必须通过踩踏踏板才能获得助力，最高行驶速度不超过25km/h，车辆属性为自行车，无须进行车辆型式认证。

2）对行驶速度较高、电动机功率较大的电动自行车，等同于轻便摩托车，归类于机动车管理

如美国马萨诸塞、路易斯安那州在州政府交通法案中规定，电动自行车最高行驶速度不超过25mile/h，归类于机动车管理；纽约州在州政府交通法案中规定，电动自行车车辆属性为机动车，并且禁止电动自行车上路行驶。如欧盟168/2013法案中规定，最高行驶速度不超过25km/h，且装配有踏板和电动机功率低于1000W的两轮或三轮车辆，即为动力辅助电动自行车，车辆属性为机动车，型式认证类别为L1E-A；最高行驶速度高于25km/h但不超过45km/h，且电动机功率在1000～4000W之间的两轮车辆，即为机动化电动自行车，车辆属性为机动车，型式认证类别为L1E-B。

3.4 相关启示及建议

3.4.1 推动加快登记管理制度体系的优化创新

电动自行车登记管理需在法律政策的框架下，明确规范化管理取向，具体到注册登记环节，即须加强电动自行车车型认证、信息登记、使用性质、骑行技能、安全防护等方面的把关。在车型认证方面，建立强制性产品认证（CCC认证）与电动自行车注册登记信息共享机制，推进企业落实产品缺陷责任和召回义务；同时，严格按照国家标准界定电动自行车、电动轻便摩托车、电动摩托车、超标电动自行车车型。在信息登记方面，严格依据车主身份证明、车辆合法来源证明、车辆合格证明进行登记，创新便民服务登记方式，可依托社区、行业协会、销售企业等设立车辆登记点，可推广带牌销售等措施。在使用性质方面，区别

个人车辆与从事民生行业营运车辆的登记管理，可通过号牌颜色、号段、样式进行差异化登记管理。在骑行技能方面，在车辆注册登记时应同等注重骑行者交通安全教育和安全意识的强化，增加规范法律法规学习时间、合理规定骑行规则和技能学习内容。在安全防护方面，鼓励推广安全头盔、车辆保险的同步销售措施，严格查处改装、拼装车辆及加装调速器车辆的销售使用，最大限度做好骑行者安全保障制度设计。

3.4.2 重视强化车辆标准的规范、指引、协调作用

从以往电动自行车车辆管理历程来看，车辆标准体系对电动自行车治理具有至关重要的规范、指引、协调作用。标准若是出现缺失或滞后，电动自行车车辆管理就失去了技术依据，管理措施实施就会困难重重；标准若是健全和完善，电动自行车车辆管理在探索的过程中就会有一个相对明确、一致的方向，促进管理汇聚合力、激发效能。从目前电动自行车标准体系看，车辆号牌、登记系统、车辆回收报废等方面均存在标准空白，也是未来需要重点关注的技术领域。一是对电动自行车号牌的规范，应从技术要求层面规范号牌材质、大小、颜色、信息载体功能，为车辆登记管理、执法管理提供基础识别条件。二是对电动自行车登记系统的规范，应推进各个城市建立完善的电动自行车登记系统，规范数据格式、编码规则、系统接口形式等技术要求，推进登记系统与公安交通管理综合应用平台的关联融合。三是对电动自行车回收报废的规范，应在标准层面统一车辆使用年限、车架和蓄电池回收、蓄电池梯次利用及无害化处置要求，加强补齐车辆管理的最后一环。此外，还应注重推动车辆标准与车辆技术、蓄电池技术的创新互动发展，提升新技术、新车型标准供给能力。

3.4.3 融合数字化力量解决车辆登记管理痛点、难点

在数字化的浪潮下，依靠数字技术的力量，探索应用数字号牌、电子备案凭证、RFID 芯片、注册登记与管控服务平台等新管理技术手段，有效破解车辆登记信息错漏重复、利用率低、采集共享难、异地牌照管理混乱等问题，建立车辆管理与道路交通设施、道路交通执法的信息链接，从而实现电动自行车更安全、更有序的治理目标。数据的汇聚是电动自行车实现智能化登记管理的基础，数字号牌、电子备案凭证的推广应用将大幅提升车辆信息的精确度和完备度，进一步提升车辆管理的“智力”；信息的关联匹配是电动自行车实现全生命周期管理的依托，RFID 芯片技术的推广应用将精准链接沉睡在管理系统内的静态数据与路面车辆使用的动态情况，进一步激活车辆管理的“生命力”；信息的融合利用是电动自行车实现全链条管理的关键，注册登记与管控服务平台技术的推广应用将对无序、浩瀚的车辆信息进行有序、客观的融合治理，不断丰富增强车辆信息在执法管理、便民服务等方面的应用价值。

3.4.4 科学、精细设置超标车辆登记退出的时限和方式

自《电动自行车安全技术规范》(GB 17761—2018)实施以来，截至 2022 年底，已有 15 个省(区、市)在省级层面统一设置了超标电动自行车过渡期，时限普遍在 3 年左右。然而，超标电动自行车保有量庞大，对于实现其有序稳妥的退出，则需要更为精细的制度设计来保障。一方面，需要区分不同登记注册情况的超标车辆。针对已注册登记、取得正式号牌的超标车辆，可通过引导更换临时号牌或设置车辆使用期限，规范退出路径；针对申请临时号牌的超标车辆，可设置车辆使用过渡期，过渡期满后不得上路骑行；对于未注册登记、未申请临时号牌的超标车辆，可通过在执法环节加强无牌车辆管理引导车辆置换或报废。另一方面，需要区分不同使用性质的超标车辆。针对从事民生行业营运的超标电动自行车进行专门

管理。不同于个人超标电动自行车,营运超标电动自行车应加快淘汰置换进度,特别是督促企业落实车辆监管职责,可采用政府回收补贴、企业税费优惠、批量“以旧换新”购置补贴等方式提升企业淘汰超标电动自行车的积极性。

3.4.5 以规则先行探索强化新业态电动自行车治理和发展

目前,外卖行业的电动自行车通行秩序混乱、安全隐患突出已成为城市治理的共同难题,共享电动自行车的快速增长也为城市治理带来了新挑战。客观来看,这既是数字技术发展及其产业化过程中不可避免衍生的电动自行车交通安全问题,也反映了现有电动自行车管理法律法规、制度框架对新业态、新模式的约束引导作用甚微、前瞻性设计考虑缺乏等问题。要摆脱新业态电动自行车“成长的烦恼”,亟须坚持规则先行,让新业态模式下的电动自行车在规范约束中安全使用、健康发展,同时也让数字产业发展带来的电动自行车新问题推动现有制度规则不断完善、调整、优化。

1)用好总量约束措施,因地制宜、因城制宜制定准入和退出机制

一方面,要在车辆注册登记环节管理好行业增量电动自行车,确保车型符合标准、骑行者安全意识和骑行技能培训达标、企业平台监管责任落实到位。另一方面,要在执法环节管理好行业存量电动自行车,建立交通事故、交通违法与企业车辆指标控制的浮动管理机制,确保行业平台、相关企业在追求发展的过程中同等、同步重视安全监管。

2)用好开放共治措施,协同治理求解良性发展解决方案

新业态电动自行车治理包括车辆配备租赁管理、注册登记管理、骑行使用管理、淘汰报废管理等环节,涉及市场监管、工信、公安交管、消防、行业协会、平台企业、骑行者等多部门、多方面。提升治理成效,既需要管理部门建立健全联动治理机制,开展联合执法、联动惩戒、多方宣传,实现严格、有效监管;也需要新业态内部发挥生态自愈和自治功能,充分调动行业协会、平台企业、骑行者的共治积极性,建立健全行业规范和社会公约,加快协调盈利模式与车辆安全使用的关系,共同守护安全、共同促进发展。

3)用好前瞻管理措施,预留制度空间适应发展的不确定性

强化新业态电动自行车发展态势研究研判,兼顾数字技术产业环境和道路交通环境发展,尽可能综合考虑电动自行车车辆增长的变化、使用模式的变化、安全风险的变化,为电动自行车管理政策的制定提供方向依据。如电动自行车租赁、共享及即时配送等模式的出现都将对行业的车辆使用管理、个人的车辆保有结构、部门的车辆执法监管带来深层次的影响变化。在制度设计时,需要考虑的不是避免出现变化,而是变化到来的时间以及应对的治理措施,如可前瞻性地针对租赁电动自行车采取专门车辆登记措施,为引导其有序发展提前搭建制度框架。

本章参考文献

[1] 中工网. 焦点访谈:电动自行车因何引灾祸[EB/OL]. (2024-04-04)[2024-04-15]. https://www.workercn.cn/c/2024-04-04/8211318.shtml.

[2] 陈艳艳,刘小明,洪峰,等. 电动自行车在北京发展策略研究[J]. 道路交通与安全,2002,4:14-17.

[3] 张飞. 我国电动自行车发展状况及管理对策研究[D]. 郑州:郑州大学,2006.

[4] 罗江凡. 电动自行车交通安全相关问题及管理研究[D]. 成都:西南交通大学,2008.

[5] 美团研究院. 2020 年骑手就业报告[R]. 北京:美团,2020.

[6] 俞雪雷. 上海电动自行车发展历程及运行特征与管理策略[J]. 交通与运输,2020,S2:219-222.

[7] 申建国. 电动两轮车行业深度——被忽略的千亿市场:新国标新经济加速行业发展[R]. 长沙:方正

证券,2020.

[8] 前瞻产业研究院. 2022 ~2027 年中国电动自行车行业市场前景预测与投资战略规划分析报告[R]. 北京:前瞻产业研究院,2022.

[9] 朱珠. 电动两轮车行业大起底:市场规模近千亿,我国连续 3 年新增 10 万家相关企业[EB/OL]. (2021-6-30)[2023-11-01]. https://baijiahao.baidu.com/s?id=1703988655838647097&wfr=spider&for=pc.

[10] E-Bicycles. E-Bike facts & statistics for 2024[EB/OL]. (2021-11-12)[2023-12-1]. https://www.ebicycles.com/ebike-facts-statistics/.

[11] 陈田树. 北京给电动自行车上临时牌证[J]. 道路交通管理,2002,8:13.

[12] 赵静. 北京:电动自行车带牌上路将成为现实[J]. 电动自行车,2016(6):23.

[13] 邵丹. 上海电动自行车发展政策[J]. 交通与运输,2017,3:29-31.

[14] 欧晓玲. 深圳市政府禁摩限电政策变迁研究[D]. 深圳:深圳大学,2017.

[15] 深圳市公安局交通警察局. "电动自行车新规"8 月实施! 上牌时间、限行路段……你关心的都在这里[EB/OL]. (2021-07-29)[2021-07-29]. http://szjj.sz.gov.cn/.

[16] 徐小丽. 新国标催生国内替换需求,海外打开新的增长空间[R]. 福州:兴业证券,2020.

[17] National Institute for Transportation and Communities. Regulations of E-bikes in North America[R]. Portland:National Institute for Transportation and Communities,2014.

[18] Statista Research Department. Number of e-bikes sold in Europe from 2009 to 2019[EB/OL]. (2022-10-01)[2023-03-01]. https://www.statista.com/statistics/276036/unit-sales-e-bikes-europe/.

[19] Bike Europe. White Paper:Rules and Regulations on Electric Cycles in the EU[R]. Netherlands:Bike Europe,2017.

第 4 章
Chapter 04

电动自行车通行环境

经历了长时间以机动化主导的道路交通设施建设，城市道路非机动车的通行空间逐渐被压缩、通行条件较为窘迫。在城市交通进入高质量发展阶段后，改善非机动车通行环境品质成为优化交通秩序、提升交通安全的必然选择。《“十四五”全国道路交通安全规划》提出“努力压降非机动车和行人事故，改善人行道、非机动车道通行条件”。电动自行车既有非机动车属性，也有别于自行车、人力三轮车等传统非机动车的通行特征。在电动自行车保有规模庞大的今天，电动自行车骑行需求应被充分重视、亟待纳入非机动车通行环境建设提升工作中。

4.1 路段

4.1.1 非机动车道

1）非机动车道设置形式

非机动车道的设置不仅给予了非机动车专用、指定的通行空间，也是对非机动车路权范围的限定和约束。可以说，非机动车道是城市道路上电动自行车路权最为直观的表达，其设置形式主要包括无隔离设施的单向非机动车道、有隔离设施的单向非机动车道、有隔离设施的双向非机动车道、与人行道共板的非机动车道、单行道双向设置的非机动车道、非机动车专用道[1]，如表 4-1 所示。在设置有非机动车道的路段，电动自行车路权最明显的特征即为非机动车道的宽度和隔离设施的设置。

城市非机动车道设置形式示例　　表 4-1

设置形式	适用场景	示例
无隔离设施的单向非机动车道	非机动车道与机动车道共板的路段，常设置于车流量较小的支路周边	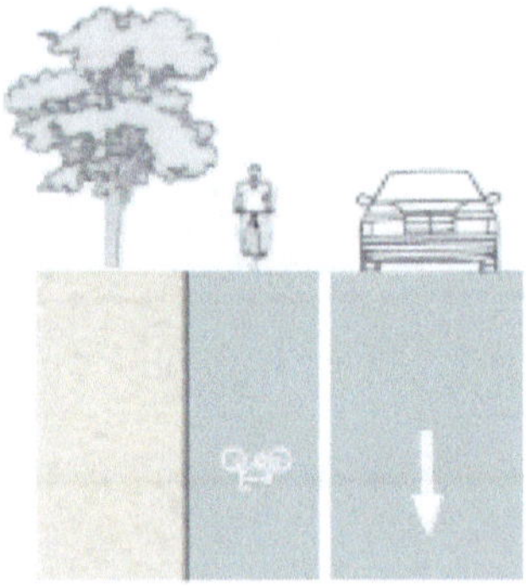
有隔离设施的单向非机动车道	常设置于车辆较大的支路或次干路等级以上的道路两侧	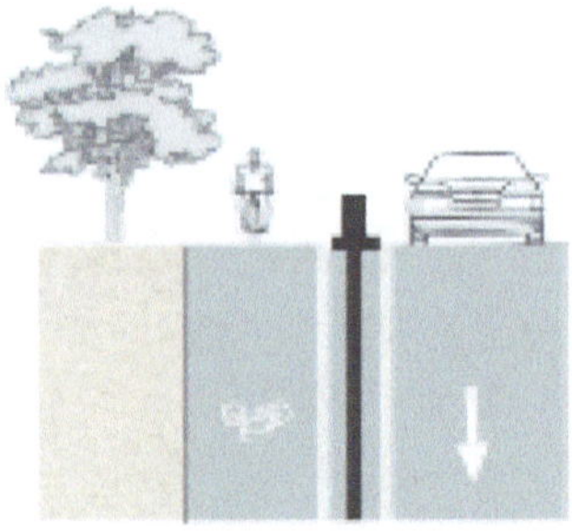

续上表

设置形式	适用场景	示例
有隔离设施的双向非机动车道	道路空间较为充裕，可根据非机动车流量允许双向骑行，单侧设置双向非机动车道时，对侧也应设置非机动车道	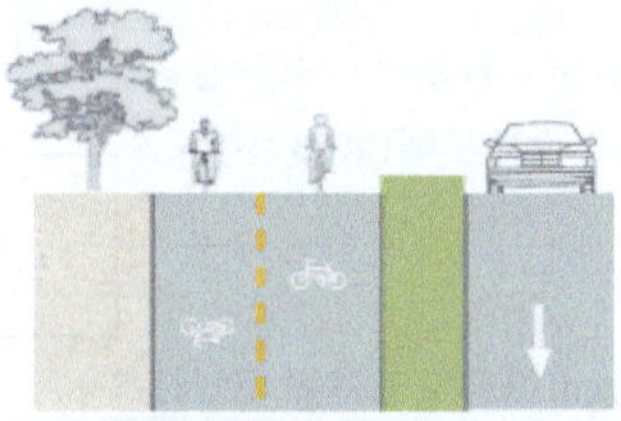
与人行道共板的非机动车道	由于道路空间有限，特殊情况采用非机动车道与人行道共板，非机动车道与人行道之间需设置隔离设施	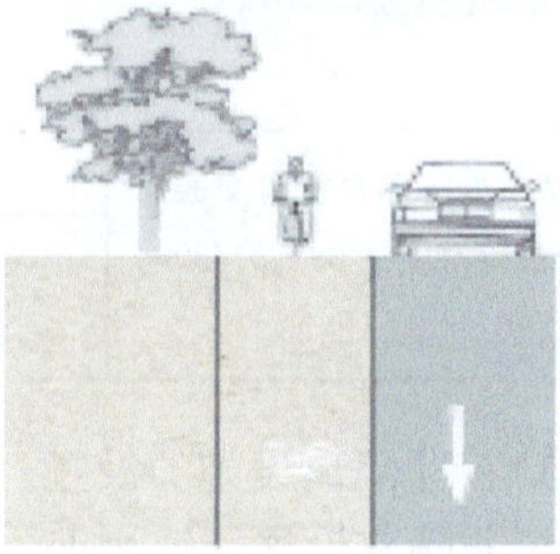
单行道双向设置的非机动车道	适用于机动车单向行驶的路段，或须局部设置对向非机动车道的特殊路段	
非机动车专用道	非常规设置，应视道路周边环境、车流量设置	

2）非机动车道的宽度

在技术标准层面，我国城市道路非机动车道宽度的限值规定主要面向自行车骑行需求，如表4-2所示，但若从电动自行车骑行特征看，目前非机动车道宽度限值相对偏低。据统计，自行车车身平均宽度为0.5～0.6m，骑行时需要左右各0.2m的摆动宽度，整体上骑行最小有效宽度约为1m[2]；而电动自行车车身平均宽度为0.6～0.7m[2]，平均骑行速度是自行车的1.4～1.5倍[3]，电动自行车骑行最小有效宽度约为1.2～1.5m[4]，明显宽于自行车。结合路面实际通行情况，电动自行车在城市非机动车流量中的占比高、增长快。如南宁、海口、昆明等电动自行车发展较快的城市，电动自行车出行比例已高达30%～40%，路面流量已占道路非机动车交通总量的80%以上。再如上海、杭州等电动自行车治理情况较好的城市，电动自行车出行分担率在20%左右，已超过自行车比例。调研显示，我国城市电动自行车流量已普遍相当或高于自行车流量[2]。也就是说，骑行在非机动车道上的车流量中至少一半为电动自行车。但目前单向非机动车道2.5m的最小宽度限值，几乎不能满足两辆电动自行车并行的需求，加之非机动车道被路内停车、公交停靠占用频繁，骑行空间较为逼仄、狭窄，且时常被阻断，电动自行车占用机动车道、人行道骑行的现象也就非常普遍。

城市非机动车道宽度标准限值概览　　表 4-2

规定名称	非机动车道类型	非机动车道最小宽度(m)
《城市步行和自行车交通系统规划设计导则(2013 年)》	Ⅰ级	快速路(辅路)3.5～4.5;主干路 4.0～6.0;次干路 4.0～5.5;支路 3.5～5.0
	Ⅱ级	快速路(辅路)3.0～3.5;主干路 3.5～5.0;次干路 3.5～4.5;支路 3.0～3.5
	Ⅲ级	快速路(辅路)2.5～3.0;主干路 2.5～3.5;次干路 2.5～3.5;支路 2.5～3.0
《城市综合交通体系规划标准》(GB/T 51328—2018)	Ⅰ级	3.5～6.0,其中单向通行不宜小于 3.5,双向通行不宜小于 4.5
	Ⅱ级	3.0～5.0
	Ⅲ级	采用物理隔离的道路上不应小于 3,与机动车道混合设置的道路上不应小于 2.5
《城市步行和自行车交通系统规划标准》(GB/T 51439—2021)	Ⅰ级	一般值 4.5,最小值 3.5
	Ⅱ级	一般值 3.5,最小值 2.5
	自行车专用道	双向一般值 4.5,最小值 3.5;单向一般值 3.5,最小值 2.5

3)机非隔离设施的设置

机非隔离设施能够物理分隔机动车、非机动车通行空间,向道路交通参与者清晰传递各车道通行权范围信息,保障车辆分道行驶、非机动车专用路权不被侵占。目前,政策标准层面关于机非隔离设施的设置条件主要集中在车道数、设计速度、非机动车道类型等方面,如表 4-3 所示。然而,实际城市道路上机非隔离设施缺失或设置不合理的现象仍较突出,电动自行车骑行缺少完备的设施安全屏障。2020 年,全国 78% 的电动自行车骑行者伤亡事故发生在没有设置机非隔离设施的路段上,59% 的电动自行车骑行者死亡事故发生在机动车道上[5]。机非隔离设施对减少机非冲突、降低事故伤害程度具有重要作用,目前机非隔离设施问题的症结或许不在于是否需要设置,而是在于选用何种设施、以何种形式设置,才能最大限度保障路权。机非隔离设施往往被局限或误解为隔离护栏,因隔离护栏建设成本较高、移动灵活性较低、影响整体环境美观,很多城市出现了拆除隔离护栏的潮流,但却没有采用其他替代型的机非隔离设施,导致机动车流、非机动车流相互交织、冲突,容易引发交通事故。如广州中心城区约 20% 的道路设置了非机动车道,其中仅 2% 的道路设置机非分隔护栏。其实,除隔离护栏外,机非隔离还包括绿化带、隔离墩、阻车桩、隔离块、振动标线、反光道钉等多种形式,每种设施的设置都有其特定的适用条件,只有与道路断面布局、交通标线设施精确匹配才能较好地发挥隔离效能,如图 4-1 所示。

城市非机动车道机非隔离设施设置相关规定　　表 4-3

文件名称	文件类型	设置条件	具体要求
《城市道路交通设施设计规范》(GB 50688—2011)	国家标准	车道数	双向四车道及以上的道路,机动车道和非机动车道为一幅路设计,应设置机非隔离设施
《上海市非机动车安全管理条例》	规章		同方向有两条以上机动车道且具备条件的,应当设置机动车道与非机动车道隔离设施或者隔离警示标志
《湖南省电动自行车管理办法》	规章		城市主要道路(双向四车道以上道路)以及有条件的其他城市道路,机动车道与非机动车道应当设置隔离设施或者隔离警示标志
《城市道路工程技术规范》(GB 51286—2018)	国家标准	设计速度	在设计速度大于 40km/h 的道路上,非机动车道与机动车道之间必须设置安全隔离设施
《城市综合交通体系规划标准》(GB/T 51328—2018)	国家标准	车道类型	Ⅰ级非机动车道应设置物理隔离,并禁止机动车进入和停放;Ⅱ级非机动车道应设置物理隔离或采取机动车交通稳静化措施;Ⅲ级非机动车道应采用物理隔离或采取稳静化措施

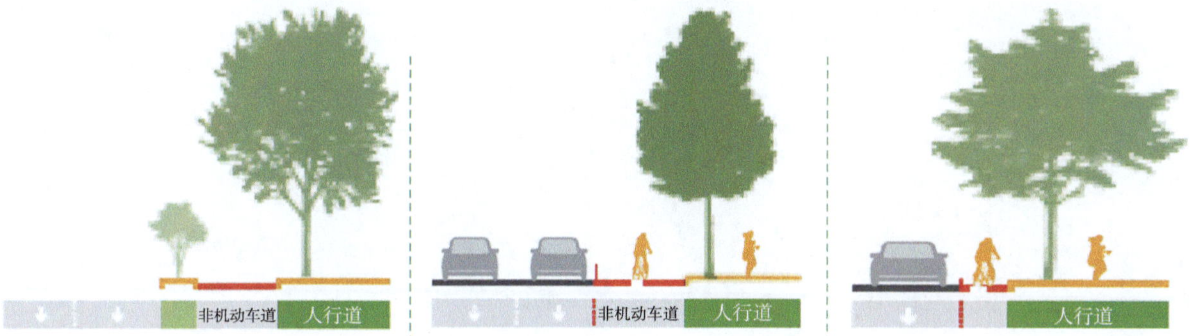

非机动车道与机动车道不共板的路段

可采用硬质隔离：
- ◆绿化带(可选用乔木和灌木，避免对视觉通透造成障碍)
- ◆隔离墩(宜选较矮、体积较小的设施，避免对视觉通透造成障碍)

非机动车道与机动车道共板，同向机动车道在两条以上

可采用硬质隔离：
- ◆隔离护栏(宜选较矮的设施,避免对视觉通透造成障碍)
- ◆隔离墩(宜选较矮、体积较小的设施，避免对视觉通透造成障碍)
- ◆隔离块(可按2m间距沿行车方向布置，可向机动车道方向偏转15°)

非机动车道与机动车道共板,同向机动车道仅1条

可采用硬质或软质隔离：
- ◆隔离护栏(宜选较矮的设施，避免对视觉通透造成障碍)
- ◆隔离块(可按2m间距沿行车方向布置，可向机动车道方向偏转15°)
- ◆阻车桩(可与交通标线配合使用，沿行车方向间隔设置阻车桩)
- ◆振动标线(白色实线，凸起部分高度为3~7mm)
- ◆反光道钉(可与交通标线配合使用，在车行道边缘线上间隔设置)

图 4-1 城市非机动车道机非隔离设施设置适用条件示例

4.1.2 机非混行的路段

在机非混行、没有设置非机动车道的路段上，电动自行车与其他车辆共享路权，其骑行范围应介于人行道边缘左侧、机动车通行空间右侧之间。部分省(区、市)在法规条例层面，通过通行空间宽度的限制来明确电动自行车路权范围。如内蒙古、黑龙江、广东、四川、陕西要求在没有设置非机动车道的路段，电动自行车应行驶在距离道路右侧边缘线 1.5m 的范围内；安徽要求在机非混行路段上，电动自行车应行驶在距离道路右侧边缘线 2.2m 的范围内。而在实施层面，机非混行路段因没有施划相关交通标线、设置相应隔离设施对通行空间宽度进行区分界定，电动自行车路权无法清晰、直观体现，骑行空间范围限制就更无从实现。电动自行车骑行时一方面要与右侧路内停放的车辆、进出车站的公交车争夺路权，另一方面又要避免与左侧机动车发生通行冲突，常常穿插骑行、出现蛇形轨迹，在骑行速度较快、来不及减速避让时，就往往会发生交通事故。同时，电动自行车、机动车混行时，谁具有优先路权、谁应减速避让在法规层面尚未有明确解答。部分城市通过交通标志标线的创新设置，明确非机动车路权优先于机动车，机动车在路段行驶时不得超越前方非机动车，如图 4-2 所示。但因交通参与者对此类交通标志标线不熟悉、不理解，优先路权信息难以精准传递，在道路空间本就较为狭窄的条件下，机动车与电动自行车、电动自行车与行人常常发生抢行冲突的情况。

4.1.3 典型城市经验

北京自 2020 年 10 月至 2021 年 7 月，对二环辅路慢行系统进行优化改造，从以车优先转变为以人优先，从道路红线管控转变为街道空间整体管控，形成了一套卓有成效的非机动车道建设及交通组织方法，进一步保障了非机动车包括电动自行车的路权。

图 4-2　城市行人自行车优先相关交通标志示例

1)创立平台统筹管控的共治模式

北京市政府高度重视且持续优化慢行出行环境,综合考虑实施难易、示范效应等因素,连续 3 年制定了慢行系统品质提升年度工作方案,统筹市级、区级层面实施主体,明晰了 16 个主管部门、8 个专业公司具体权责,并构建了以出行效果为导向的慢行交通服务评价考核体系。在完善的机制体系保障下,70 余项慢行系统建设任务得到推进,二环路慢行系统优化改造、"健步悦骑"高品质慢行廊道建设、平安大街道路功能转型等系列精品工程顺利完成,城市慢行系统建设形成了良性工作闭环。

2)制定与时俱进的专项规划

聚焦步行、自行车友好城市的发展定位,北京近年来编制出台了《北京市慢行系统规划(2020—2035年)》《北京市"十四五"时期慢行交通品质提升规划》《北京市城市河湖滨水慢行系统规划》等系列规划,明确了建设连续安全、便捷可达、舒适健康、全龄友好的慢行系统发展目标,围绕提高骑行比例、强化路权保障、提升环境品质等多方面制定了重点任务和规划目标,并针对北京 7 类慢行系统特色分区进行分类规划引导,为城市慢行空间精细化设计、建设提供了清晰指引。

3)编制系统完备的标准规范

为顺应北京城市道路交通治理从以车优先向以人优先转变的需要,各级各类道路非机动车交通设施的设置要求和适用条件得到了深入研究。《北京市步行和自行车交通设施改善技术指南》《城市道路非机动车道交通组织设计指南》《北京自行车道彩铺设计导则》等 10 余项地方标准陆续编制发布,统一了步行和自行车优先的道路空间分配原则,创新提出了自行车优先标志设置、交叉口慢行优先组织、缩减机动车道来拓宽慢行空间等系列措施要求,为城市慢行系统优化改造提供了标准化解决方案。

4)落实慢行优先的交通组织

(1)减少路内停车位。北京市东、西城率先在二环路内开展停车治理,坚持路内停车有偿使用、严格控制和减量设置原则,所有路内停车位实现电子收费,设置停车严格控制区,组建静态停车管理队伍,严格路内停车执法,主要道路非机动车道内的违停车辆基本得到清理。

(2)推进交叉口精细化治理。市交管局以月坛南桥等 50 多个交叉口为试点,在交叉口交通组织、设施保障、信号控制方面深耕细作,如图 4-3 所示,创新采取非机动车一次左转交通组织,使左转非机动车平均等候时间减少了超过 30s。

(3)压缩机动车道、拓宽非机动车道。通过二环路慢行系统改造,机动车道宽度最低压缩至 2.8m,非机动车道宽度平均拓宽 0.5m、普遍达到 3m 以上,二环辅路非机动车道通行效率提高 25%,骑行系统连续性、安全性、舒适性得到全面提升。

(4)加强配套设施建设。在二环路沿线 51.7km 道路上设置了 1 万多个反光道钉,在 30 处主路进出口增设了柔性隔离柱,在 18 处港湾式公交站点施划了公交港湾专用标线,如图 4-4 所示。通过交通设施的精细化改造、推进骑行空间从“有”向“优”转变。

a) 非机动车信号灯

b) 右转非机动车提前分流

c) 非机动车进口道

d) 非机动车左转等候区

图 4-3　典型交叉口非机动车交通组织情况

a) 反光道钉

b) 阻车桩

图　4-4

c) 自行车优先标志

d) 公交停靠站点处交通标线

图 4-4　路段上非机动车相关标志标线设置情况

5) 深化绿色骑行的出行理念

结合丰厚的历史文化资源，北京市交通委、北京市文旅局等部门打造特色文旅探访骑行线路，点亮老城文化、塑造交往空间，引导鼓励市民、游客骑行逛京城；按照季节特点、每隔一段时间推广“漫步北京”系列骑行线路，在京郊生态廊道配套设置自行车驿站、特色文化驿站，满足市民和游客的骑行健身需求。此外，依托全国“9・22 无车日”“绿色出行宣传月”等系列活动，开展骑行安全知识宣传推广；依托北京慢行出行碳普惠激励机制，引导更多市民选择步行、骑行、公交等绿色出行方式。

4.2 交叉口

区别于路段，交叉口是电动自行车通行交通组织难度最大、路权最易混淆的区域，交叉口电动自行车路权管理不仅包括通行空间、通行时间的划定，还包括优先通行次序、让行规则的明确，深入理解交叉口交通标志、交通标线、信号灯等设施所蕴含的通行规则是路权研究的前提。

4.2.1 过街通道

交叉口处的非机动车道将非机动车流与机动车流进行空间上的分离，使非机动车与机动车分道行驶，减少机非交通流之间的冲突，如图 4-5 所示。从非机动车道设置条件看，交叉口内的非机动车道宽度不宜小于路段非机动车道宽度，不宜小于 2.5m；在交叉口空间充足的情况下，非机动车进口道宜与机动车进口道进行隔离，路段有机非隔离设施的，应延伸至交叉口；交叉口内的非机动车道宜采用施划地面图形标记、铺设彩色沥青等方式，突出非机动车通行路径。从电动自行车路权看，在直行或右转时，电动自行车应在非机动车道内骑行通过交叉口；在左转时，按逆时针方向先直行、后左转，采用二次过街的方式通过交叉口。在设置有非机动车道的交叉口，电动自行车路权得到保障、享有专属骑行空间，特别是左转电动自行车较好避免了与直行机动车的通行冲突，减少了安全隐患。但同时，电动自行车骑行者和机动车驾驶人的路权意识尚未普及、根植，电动自行车在交叉口内逆行、违反交通信号通行等交通违法行为还很突出，机动车、电动自行车的通行冲突较为普遍。研究显示，交叉口内约 3/4 的机动车与电动自行车通行冲突是机动车行驶过程中没有避让有路权的电动自行车导致，1/4 的通行冲突是由电动自行车违反交通信号等交通违法行为导致[3]。

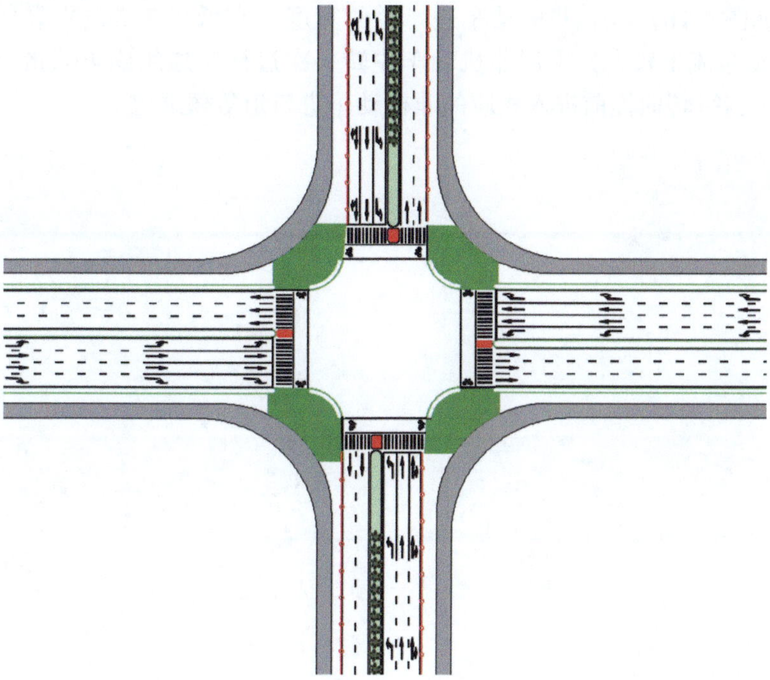

图 4-5 设置非机动车道的城市交叉口示例

4.2.2 左转交通组织

交叉口的非机动车左转交通组织方式主要包括非机动车左转一次过街、左转二次过街两类，如图 4-6 所示。其中，非机动车左转一次过街交通组织常常出现在设置了机动车左转专用信号相位或非机动车左转信号相位的交叉口。电动自行车左转时应沿地面交通导向线或图形标记指示的路径骑行，左转骑行空间位于对向机动车左转行驶轨迹外缘线之间，通行空间宽度不应小于 4m，极限情形下不小于 3.5m[6-7]。电动自行车左转一次过街可减少骑行距离，但左转转弯半径大、骑行速度相对较快，在交叉口内易与左转机动车发生通行冲突。特别是在相同的信号相位条件下，左转电动自行车与同向和对向的直行、右转机动车均存在路权交叉，左转电动自行车在驶入交叉口、加速穿越、跟随驶离交叉口整个骑行过程中，至少需要穿越 4 股机动车流，存在较为突出的交通安全风险[8]。非机动车左转二次过街交通组织常常出现在非机动车信号灯与行人信号灯相位相同的交叉口。电动自行车左转时，应先逆时针方向直行、在交叉口内施划的二次过街等候线处左转等候过街，左转等候区的宽度不应低于 2m；再在进口道信号放行时骑行通过交叉口。电动自行车左转二次过街可避免与直行机动车的通行冲突，同时交叉口内设置的二次过街等候区，为右转机动车腾出了通行空间，减少了右转机动车与电动自行车通行冲突；也为电动自行车通行赢得了时间优势，可先于直行机动车驶入交叉口，减少了同向机非通行干扰。但在这种交通组织方式下，电动自行车交叉口逆行现象非常普遍，骑行者并不是严格按照逆时针方向骑行，往往是看哪边绿灯信号先亮往哪边骑行，极易造成交叉口内骑行秩序的混乱。特别是在路段过街设施的间距超过 400m 时，电动自行车逆行交通违法行为更为突出[9]。

在交叉口面积较小、非机动车流量较大的情况下，常常在进口道进行交通组织、为非机动车开辟等候区域。譬如将进口道机动车停止线后退，如图 4-7a）所示，后退距离不宜超过 6m[6]，适用于设置了专门非机动车信号灯的交叉口。电动自行车在进入交叉口前，红灯信号时，可在机动车停止线前、非机动车等候空间内等候通过；绿灯信号时，已在等候区的电动自行车可先进入交叉口，避免与机动车流交织、冲突，但未进入等候区的电动自行车不应再驶入等候区，避免对机动车通行造成干扰。又譬如在非机动车进口道内开辟左转等候区，如图 4-7b）所示，非机动车进口道的宽度不宜低于 3.5m，左转等候区宽度不宜低于 2m，适用于左转非机动车流量较大且采用非机动车左转一次过街交通组织方式的交叉口。电动自行车在进入交叉口前，可按骑行转向提前进入相应的非机动车进口道等候通过。

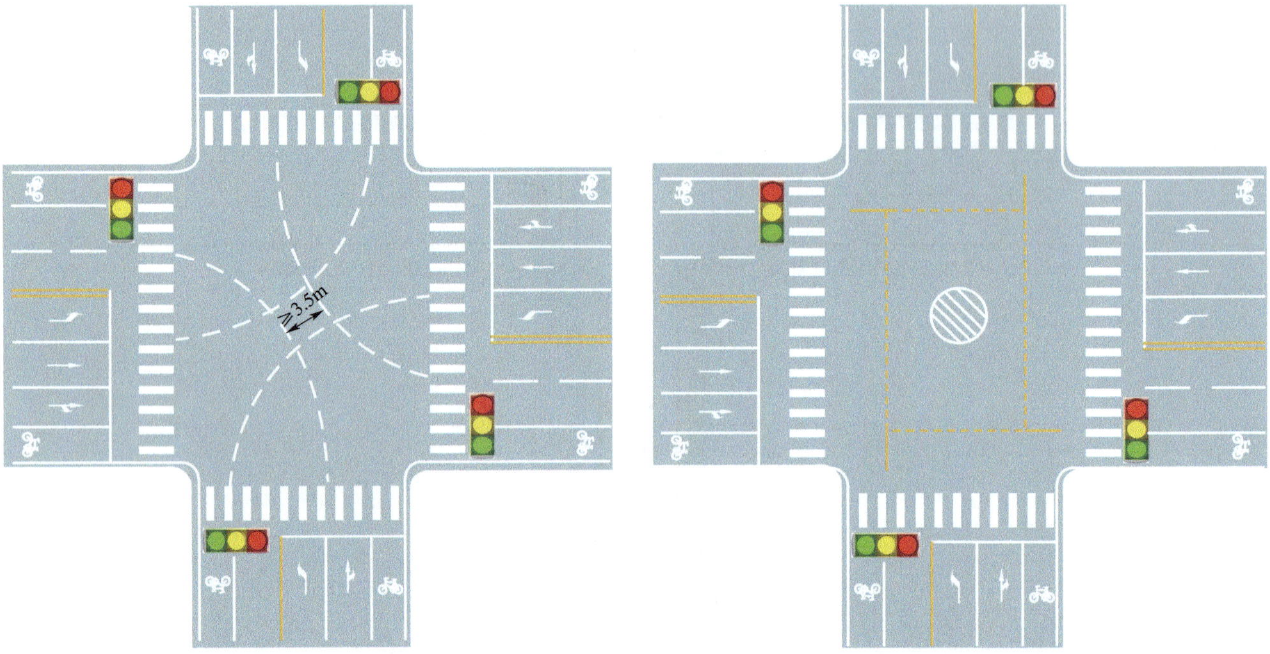

a) 非机动车左转一次过街　　b) 非机动车左转二次过街

图 4-6　非机动车左转交通组织的交叉口示例

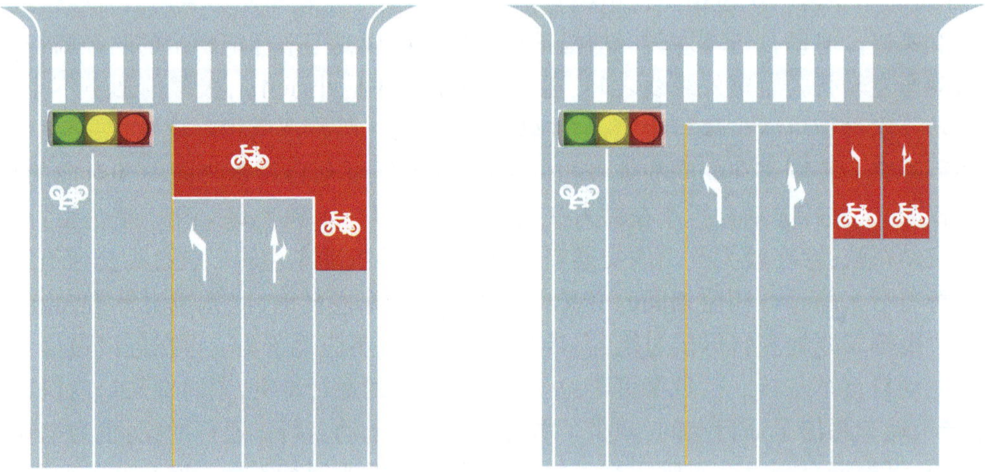

a) 进口道机动车停止线后退　　b) 进口道非机动车左转等候区设置

图 4-7　进口道非机动车等候区设置的城市交叉口示例

4.2.3　与行人同流线组织

在没有设置非机动车道，也没有进行非机动车交通组织的交叉口，非机动车与行人共享路权。《中华人民共和国道路交通安全法实施条例》规定，驾驶电动自行车横过机动车道，应下车推行，有人行横道或行人过街设施的，应从人行横道或行人过街设施通过；没有人行横道、没有行人过街设施或不便使用行人过街设施的，在确认安全后直行通过。若沿用路段电动自行车过街路权原则，在设置了人行横道、行人信号灯的交叉口，电动自行车的路权范围应在人行横道内，遵照行人信号绿灯通行，并应履行避让行人的义务，行人路权优先于电动自行车。电动自行车左转时，应按人行横道设置形式，采用逆时针二次过街或斜穿式过街，如图4-8所示。在非机动车、行人混行的交叉口，电动自行车路权的管理和界定变得较为困难。一方面，电动自行车骑行者通常不会下车推行而是普遍选择骑行通过人行横道，而因电动自行车骑行速度较快，行人来不及避让，常常会发生车辆与行人之间的通行冲突。另一方面，在行人流量较大时，人行横道不具备骑行条件，电动自行车往往在交叉口内靠近行人横道的区域骑行，与机动车通行空间出现部分重叠，机动车、非机动车通行冲突较多，存在较为突出的交通安全风险。

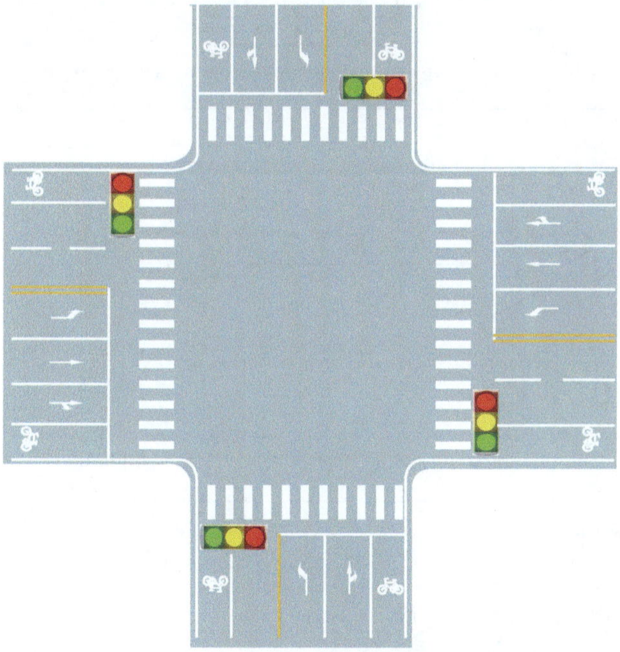

a) 一般人行横道设置

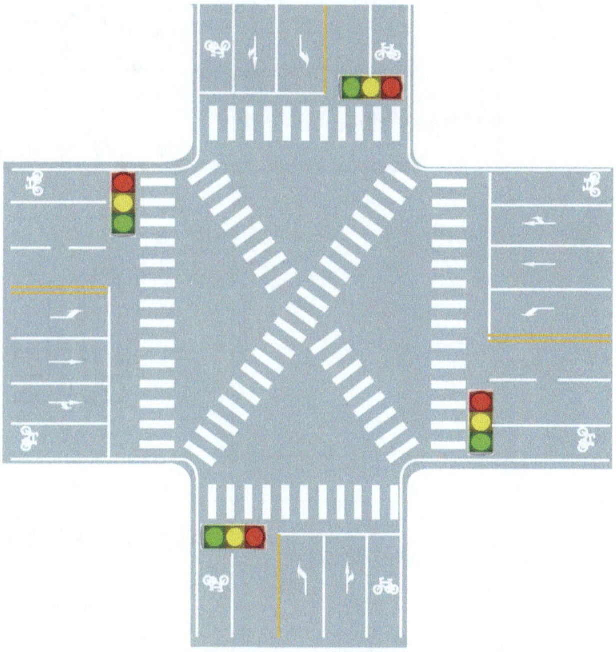

b) 斜穿式人行横道设置

图4-8 不同形式人行横道设置的城市交叉口示例

4.2.4 典型城市经验

长沙市电动车登记上牌的数量已接近100万辆，共享电动自行车也已突破30万辆，优化非机动车出行环境，俨然已成为一个民生问题。2020年，长沙集中改造了85个样板交叉口，主要对交叉口非机动车等候区、通行区、衔接段进行精细化设计，重点明确了非机动车在交叉口的等候空间、通行路径、左转车辆路权和信号相位设置等问题，让行人、非机动车、机动车路权清晰、各行其道，有效保障了非机动车的通行安全和通行秩序，交叉口通行效率得到了明显提升。

1）制定专门的非机动车交通组织规范

2019年，为进一步改善非机动车通行环境，长沙市公安交管部门与住建部门联合发布了《长沙市非机动车交通组织设计指南》，明确了非机动车三类重点标线的设置规范，如表4-4所示。白色非机动车组合箭头：用于指示非机动车行驶方向，一般设置在非机动行驶车道起始端和终止端。蓝色非机动车导流标线：用于指示非机动车行驶路径，一般设置在路口和机非混行路段用于非机动车的通行路径引导。非机动车道彩色铺装，用于安全警示，一般设置在路口非机动车等候安全岛、导向车道和路段非机动车专用道。

长沙非机动车重点标线形式 表4-4

标线名称	示例图
非机动车组合箭头	设置于路段非机动车道起点 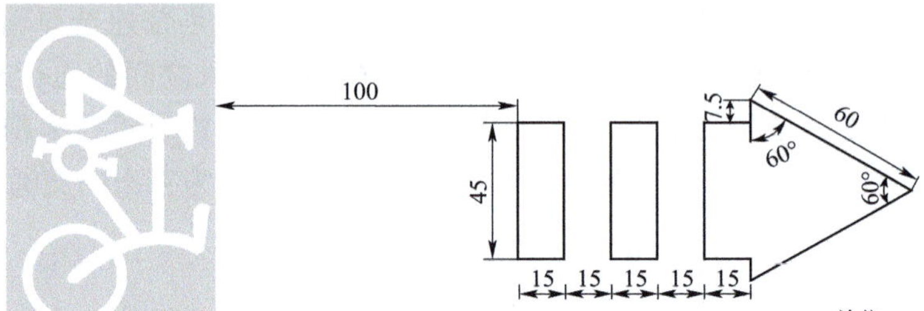 单位:cm
	设置于路段非机动车道终点 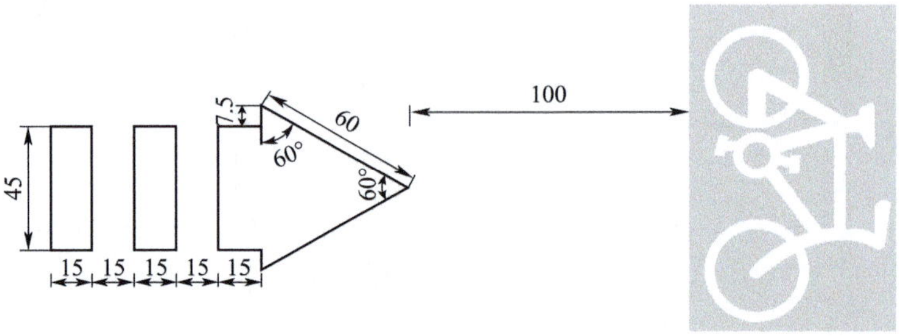 单位:cm
非机动车导流标线	设置于机非混行路段右侧位置 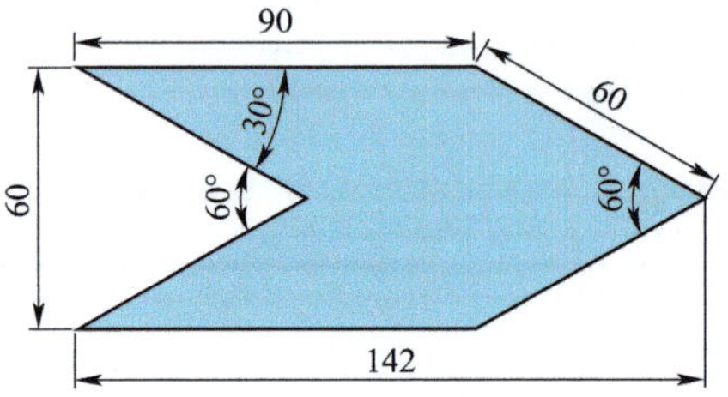 单位:cm
非机动车道彩色铺装	设置于非机动车道起点、终点、机非交织区域 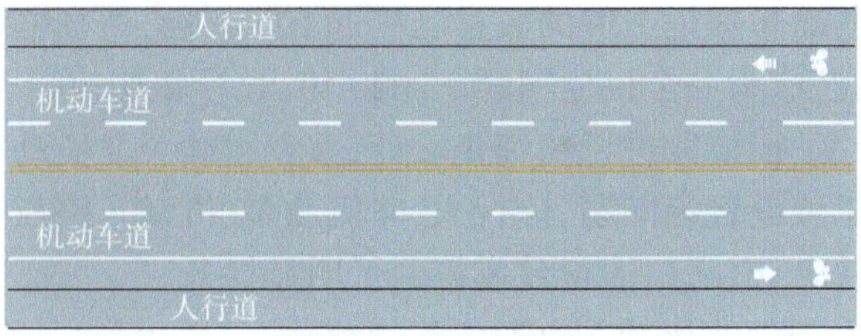

2）规范设置交叉口非机动车等候空间

长沙市在交叉口改造过程中，通过实践创新总结了安全岛等候型、专用导向车道型、蓄水池等候型三类非机动车的等候空间形式，如表4-5所示。

长沙交叉口非机动车等候空间设置形式 表4-5

等候空间类型	设置特点	示例图
安全岛等候型	在交叉口四个拐角处设置导流岛形状的非机动车和行人一体化等候空间，并采用红色铺装标示等候区域，该方式适用于非机动车流量较大的交叉口	
专用导向车道型	在交叉口进口道处，设置非机动车导向车道，并采用红色铺装标示导向车道，该方式适用于非机动车流量较小的路口	 
蓄水池等候型	在交叉口人行横道线前，设置蓄水池式非机动车等候区，并采用红色铺装标示等候区，该方式仅适用单个进口道放行的交叉口	

4.3 通行环境现状问题

电动自行车具有非机动车属性，但其通行速度、所需空间宽度明显区别于其他非机动车。城市现有非机动车道不能满足电动自行车骑行需求，电动自行车占用机动车道、人行道骑行的现象非常普遍，电动自行车路权的争议广泛存在，概括来看，主要集中在以下方面。

4.3.1 电动自行车通行空间匮乏

因大量超标电动自行车的存在，电动自行车的通行特征已非常接近机动车，因此，虽然电动自行车在法律层面被赋予了非机动车属性，但在实际城市交通管理中很难将电动自行车简单地划为非机动车。在我国城市非机动车道的建设过程中，电动自行车一直是被忽略或避而不谈的交通方式，非机动车道主要面向自行车进行空间设置，对于电动自行车来说通行空间就显得有些局促。路段上，非机动车道宽度2.5m的标准阈值尚不能满足两辆电动自行车并行的通行需求，电动自行车骑行缺少足够宽度的道路空间；实际城市道路上普遍没有形成较为完善、连续的非机动车道网络，电动自行车骑行缺少连续且足够长度的道路空间；此外，目前仅城市主次干道上明确了机非隔离设施设置要求，而大量支小巷道上的非机动车道是机非共板、人非共板设置，电动自行车骑行缺少独立安全的道路空间。以深圳为例，全市非机动车道里程仅1759km，占城市道路总里程的13.7%；同时超过40%的非机动车道缺乏清晰规范的交通标志标线，超过50%的非机动车道为人非共板的断面设置[10]。交叉口内，在没有设置非机动车道的交叉口，电动自行车应从人行横道或行人过街设施通过交叉口，与行人共享路权，而骑速较快的电动自行车在人流间隙中穿插、骑行，对行人的正常通行造成了较为严重的影响和干扰，发生人与车的路权冲突。电动自行车路权在道路设施条件上难以得到准确的划分和界定，电动自行车与自行车、机动车、行人容易产生相互干扰、难以实现分离，电动自行车占道行驶就较为普遍。

4.3.2 电动自行车交通组织混乱

城市交叉口是路权界定最为困难、最为复杂的节点，而电动自行车路权问题更是这些节点中的症结。以没有设置非机动车道或非机动车信号灯的交叉口为例，电动自行车路权的界定出现了明显分歧。在交叉口没有设置非机动车信号灯时，电动自行车是按照人行横道信号灯还是机动车信号灯通行，在标准政策层面还没有统一论断。若是按照人行横道信号灯通行，电动自行车在人流间隙中穿越骑行，对行人造成较大干扰，若按照机动车信号灯通行，左转电动自行车与直行机动车同时放行，电动自行车需要在车流间隙中寻找空当快速穿越，穿越时间短、骑行速度快，机动车来不及避让，就极易发生碰撞交通事故。研究显示，76.1%的机动车与电动自行车通行冲突是因为转弯的机动车没有按照交通规则避让直行的电动自行车，23.9%的机动车与电动自行车通行冲突是因为电动自行车骑行者自身的交通违法行为或冒险骑行行为导致[3]。在没有设置非机动车等候区域的交叉口时，电动自行车交通量较大时就出现排队溢出，占用人行横道或交叉口内部空间，对行人及右转车辆造成较大干扰。特别是在电动自行车交通流量较大时，当交通信号相位切换或放行时，进口道处、交叉口内会出现电动自行车大量积聚的现象，如南宁某些城市主干道上的交叉口电动自行车已占交通流总量的60%以上，占据了交叉口通行大部分时空资源，机动车、行人与电动自行车的路权出现庞杂的重叠或冲突。在设置了非机动车道的交叉口，电动自行车左转应在非机动车道内按逆时针方向二次过街通过交叉口，但因缺乏充足的、专属的停车等候区域，等候二次过街的电动自行车往往会与直行车辆发生路权冲突，影响交叉口内车辆通行秩序。

4.3.3 路内停车对电动自行车路权的影响最为显著

通过对电动自行车骑行者的社会调研发现，41.3%的骑行者认为，在城市道路上骑行最直观的感受是非机动车道被路内停车占用，电动自行车骑行时与机动车混行存在较大的交通安全风险。在技术标准层面，对非机动车道内的停车位设置已做出明确要求，非机动车道的剩余宽度不应小于2.5m[11]，而对电动自行车而言，在通行空间宽度本就较为局促的条件下，加上路内停车进出停车位、开关车门的影响，电动自行车骑行流线的顺畅性、安全性都会受到显著干扰。在实际道路上，除了停车位内的停车，还有大量机动车违法侵占非机动车道停放。2020年，全国重点城市查处的交通违法行为中，违法停车查处量位居第一，占比为27.7%[12]。因此，城市道路上出现外侧机动车道几乎均被电动自行车骑行占用，部分人行道被电动自行车骑行占用的问题就不足为奇。从路权角度看，路内停车侵占了电动自行车路权，电动自行车占用其他道路空间骑行，进一步侵占了机动车、行人路权，由此引发了连锁负面效应。电动自行车骑行秩序混乱只是表象，透过表象看实质，问题还是在于路内停车侵占了电动自行车路权，要厘清电动自行车路权，源头上还应解决好路内停车问题。

4.4 典型城市非机动车交通设施

随着“完整街道”“健康街道”“道路瘦身”等理念在世界范围内的推广、实践，保障非机动车通行空间、改善非机动车通行环境成为重要趋势。

4.4.1 非机动车道网络

1）依托紧凑型城市形态拓展非机动车道网络

具有较高人口密度、较紧凑用地形态的城市，往往保持了适宜慢行交通的城市街区尺度和路网格局，为发展自行车交通奠定了本底优势。如丹麦哥本哈根依托“指状”城市形态，通过“网路+”和“捷径”建设构建了高密度的非机动车道网络。“网路+”是建设覆盖全面、功能高效的非机动车道网络。截至2022年底，哥本哈根沿着城市5条通道建成了60km自行车高速路，以及相连接的388km自行车道、65km自行车绿色线路以及18座专门服务于自行车和行人通行的桥梁[13-14]。“捷径”是在城市中心区域建立非机动车路径直联通道、缩短自行车骑行时间，包括主干道之间建立非机动车道联络线，在单行道上设置非机动车逆行道，在跨越水域、铁路、广场区域建立桥梁或地下通道，减少自行车绕行距离。2021年，哥本哈根自行车平均骑行速度达16.2km/h[13]，成为较快的城市出行方式，城市居民可通过自行车道网络抵达城市和街道更多的地方。

2）分层级构建不同密度的非机动车道网络

非机动车道网络密度即可供非机动车通行的道路长度占城市单位面积土地的比值[14]，是衡量城市非机动车交通可达性的重要指标。非机动车道网络密度需分类型来衡量，如高速公路、城市快速路等机动车辆行驶速度快、交通量大的道路不适宜设置非机动车道，而主次干路、社区街道等适宜骑行的城市道路上应尽可能多地设置非机动车道。如荷兰代尔夫特设置了城市级、分区级、社区级非机动车道网络间隔标准。城市级非机动车道连接城市主要的活动中心，非机动车道网络间隔为400～600m；分区级自行车道主要服务于短距离出行，连接区级教育、商业设施和承接其他路网非机动车道交通流，非机动车道网络间隔为200～300m；社区级非机动车道连接住宅和社区，非机动车道网络间隔100～150m。

3）按照交通功能建立多类型的非机动车道

类似城市道路，非机动车道也有多种设置类型、承担着多类交通功能。纽约将非机动车道划分为受保护的自行车道、自行车道、混行车道三类车道[15]，如表4-6所示。其中，受保护的自行车道为1级非机动车道，采取物理方式隔离机动车道和自行车道，适用于机动车流量大、车速快、有多条车道以及自行车交通量较大的道路，在纽约非机动车道网络中的里程占比为12%。自行车道为2级非机动车道，设置专用自行车道标志标线或进行彩色铺装，适用于社区间机动车交通量超过3000辆/日、车速限制超过40km/h的道路，在纽约非机动车道网络中的里程占比为50.5%。混行车道为3级非机动车道，以自行车标志标识和“共用标记”划分，为自行车与机动车或行人的共用道路，适用于社区内车速限制不超过40km/h、较为狭窄的道路，在纽约非机动车道网络中的里程占比为37.5%[16]。

美国纽约三级非机动车道分类设置情况　　表 4-6

类型	1 级车道:受保护的自行车道	2 级车道:自行车道	3 级车道:混行车道
示例			
特征	采用物理方式与机动车道隔离,包括设置隔离桩、路缘石、绿化带、外侧机动车停车带等。适用于自行车通行量较大的街道,以及机动车通行量大或车速较快的街道	设置专用自行车道标志标线,通常位于道路右侧、车行道与路缘石或停车道之间,包括双向自行车道和单行道上的逆向自行车道。有些自行车道会划设缓冲区,将自行车流与机动车流分隔	混行车道供自行车与汽车共同使用。以自行车符号和"共用标记"符号标示

4.4.2 非机动车道

近年来,北美、欧洲地区兴起了城市街道改造运动,如美国有 89 个城市开展了完整街道改造项目[17]。通过街道更新改造,非机动车道路交通设施的每处细节都精心设计,保障和优化了骑行过程中动、转、停、穿等行为的空间秩序,营造了安全和舒适的骑行环境。

1)面向不同断面形式的非机动车道宽度设置

综合国内外城市的街道设计导则,通常情况下,非机动车道等级越高、通行能力越大,非机动车道也越宽,如自行车专用道或高速公路的车道宽度要明显宽于沿着城市道路铺设的非机动车道;其次,为降低路内停车对自行车通行的影响,设置了路内停车道路上的非机动车道要比没有相邻路内停车的非机动车道宽出 0.5m 左右;再者,为减少机非冲突和干扰,没有进行机非物理隔离的非机动车道往往通过更宽的车道来换取缓冲空间。考虑自行车和电动自行车等非机动车交通量较大的现实,我国城市道路规划设计标准中要求自行车道最小宽度不应低于 2.5m,明显宽于美国的 0.9m、欧洲城市的 1.5m,如表 4-7 所示。

国内外部分街道设计导则中非机动车道宽度设置情况　　表 4-7

街道设计导则	非机动车道设置形式	车道宽度
中国住建部《城市步行和自行车交通系统规划标准》(GB/T 51439—2021)	1 级自行车道	≥3.5m/条车道,一般值为 4.5m/条车道
	2 级自行车道	≥2.5m/条车道,一般值为 3.5m/条车道
	自行车专用道(单向)	≥2.5m/条车道,一般值为 3.5m/条车道
	自行车专用道(双向)	≥3.5m/条车道,一般值为 4.5m/条车道
美国国家城市交通官员协会《城市自行车道设计指南》(2011 年)	自行车道相邻车道设置了路内停车位	≥1.5m/条车道
	自行车道相邻车道没有设置路内停车位	≥0.9m/条车道,推荐值为 1.5m/条车道
	与机动车道物理隔离的单向自行车道	推荐值为 1.5m/条车道,自行车交通量较大时宜为 2.1m/条车道
	与机动车道物理隔离的双向自行车道	≥2.4m/两条车道,推荐值为 3.7m/两条车道

续上表

街道设计导则	非机动车道设置形式	车道宽度
阿联酋阿布扎比市政府《阿布扎比街道设计手册》(2009年)	城市主、次干道自行车道	≥2m/条车道
丹麦哥本哈根技术和环境管理局《关注自行车：哥本哈根道路设计导则》(2013年)	自行车道相邻车道设置了路内停车位	≥2m/条车道，推荐值为2.5m/条车道
	自行车道相邻车道没有设置路内停车位	≥1.5m/条车道，推荐值为2.5m/条车道
	自行车高速路	根据自行车交通量确定，推荐值为2.5～3.5m/条车道
荷兰交通与道路研究中心(CROW)《自行车交通设计手册》(2017年)	限速为50km/h的城市道路上自行车道	≥1.5m/条车道，推荐值为2m/条车道
	与机动车道物理隔离的单向自行车道	根据自行车交通量确定，推荐值为2～4m/条车道
英国伦敦交通局《伦敦骑行设计标准》(2019年)	单向自行车道	≥1.5m/条车道
	双向自行车道	≥2m/两条车道

2)设置高辨识度、易识别的非机动车标志、标线

交通标志标线是非机动车交通设施的重要组成部分。完善的交通标志标线可以让驾驶人、骑行者、行人等不同道路使用者都能一目了然地知悉路权，尽可能减少因人为失误导致的通行冲突。以美国为例，自行车交通指引系统不仅包括自行车道行驶标志、注意自行车标志等，还包括自行车确认指引、转向指引、选择指引等指路标志，及停车让行、减速让行标志，如表4-8所示。交通标志与地面交通标线相互配合、风格统一，发挥着连续的引导功能，提示骑行者何处转弯、何处不能转弯、何处应该让行，同时也告知骑行者道路的名称及最佳的骑行路线。此外，标志标线精细化的管理和维护值得借鉴。如纽约街道的交通标志数量超过100万块，每块交通标志都被纳入城市资产管理。在标志使用前，由纽约运输部提出具体道路位置的安装需求，经管理部门批准后安装；在标志使用后，由纽约规划部门调查道路使用者对交通标志传递规则的遵守情况，由警察局调查交通标志所在路段的车辆行驶状况，交通标志的显示内容和设置位置需根据调查反馈情况进行微调，并且每块交通标志都有管理档案，被定期记录使用时长和维修状况。

美国部分自行车交通标志标线设置示例 表4-8

类别	标志标线名称	设置要求
交通指路标志	确认指引标志	指示道路名称和目的地距离，沿着自行车道每400～800m设置一处，且在主要道路交叉口两侧均应设置
	转向指引标志	指示自行车道从当前车道转入另一条道路，设置于道路交叉口附近，如自行车道终点或转弯处
	选择指引标志	在多条自行车道的交汇处指示道路名称和方向，设置于交汇处交叉口前
让行标志	停车让行标志	安装在慢行道上、要求自行车骑行者停车的位置处
	减速让行标志	安装在慢行道上、自行车骑行者在靠近标志时可充分观察冲突交通流位置
交通标线	白色单实线	应用白色单实线划分机动车道与自行车道，不允许机动车跨越
	白色单虚线	应用白色单实线划分机动车道与自行车道，允许机动车跨越
	白色双实线	白色双实线、并以对角线或V字形填充方式划分缓冲隔离区
	黄色双实线	黄色双实线划分机动车道与逆向自行车道
	黄色单虚线	黄色单虚线作为双向自行车道的中央标线、区分不通过方向上的自行车道

续上表

类别	标志标线名称	设置要求
彩色铺装	冲突区域铺装	在机非冲突区域铺设以凸显自行车道和骑行优先路权
	混行区域间隙铺装	在机非混行区域进行条纹铺设以显示自行车与机动车共享路权
	车道连续铺装	在城市绿道或观光线路上对整条自行车道铺装以凸出骑行廊道

3)广泛设置机非物理隔离设施

机非隔离设施的设置对减少道路交通事故具有显著作用。近年来,欧美城市着力推进建设受保护型的自行车道,包括采取建设路缘、种植低矮植物、设置路内停车带等物理隔离方式来保障骑行者有顺畅的骑行空间、避免机动车随意闯入侵占,如图 4-9 所示。丹麦哥本哈根最早采用路内停车带进行机非隔离,将原来紧挨着人行道的路内停车位与非机动车道交换了位置,减少了机动车违法侵入非机动车道的可能性,让非机动车道更好地服务骑行者。荷兰大约 3.5 万 km 的非机动车道已与机动车道进行了物理隔离,相当于整个国家公路网的 1/4。此外,在一些城市次干路、支路上,交通护柱、可移动花坛、凸起路标等柔性隔离设施因成本较低、灵活性较大也被普遍采用。

4.4.3 交叉口过街设施

根据美国运输部统计,60% 的自行车骑行伤亡事故发生在交叉口,其中 23% 的事故是在车辆转弯时发生的、16% 的事故涉及机动车驾驶人未按规定让行[18]。城市道路交叉口是机非通行冲突较为严重的区域,也是非机动车交通事故的高发地点。从欧美城市经验看,实施一些低成本的交通工程措施,对降低车辆转弯速度、减少机非冲突具有显著效果。

a) "哥式停车"隔离设施

b) 交通护柱隔离

图 4-9

c) 凸起路标隔离

图 4-9 国外部分城市机非物理隔离设施

1) 缩小交叉口转角半径

在满足车辆通行条件的基础上，较小的路缘石转角半径对应较低的转弯车辆速度，如当路缘石转角半径由 15m 缩小为 10m 时，右转机动车的通行速度也会由 20km/h 降低至 15km/h[19]；同时，缩小路缘石转角半径还可以减小交叉口面积、缩短骑行者过街距离，提供相对自行车、行人友好的通行环境。伦敦、纽约、芝加哥等城市均采用了较小的路缘石转角半径[20]，如表 4-9 所示。此外，当工程改造困难时，在路缘石转角处通过设置隔离桩、导流岛来缩小转弯半径也是有效做法；对于大型车辆，可以在导流岛外侧增加缓冲带，在降低转弯车辆车速的同时对大型车辆转弯行驶路径起到警示作用，如图 4-10 所示。值得关注的是，我国国家标准《城市步行和自行车交通系统规划标准》(GB/T 51439—2021) 中将路缘石半径推荐值由过去的 5～25m 缩小为 5～10m；北京、上海、深圳、南京、武汉等城市在地方标准中进一步缩小了路缘石半径要求。

国内外城市道路交叉口路缘石转弯半径最小值对比 表 4-9

国内城市	路缘石转弯半径最小值	国外城市	路缘石转弯半径最小值
北京	5～8m	洛杉矶	4.6m
上海	5m	伦敦	3m
深圳	5m	波士顿	1.5m
南京	5m	纽约	尽可能小
武汉	≤5m	芝加哥	尽可能小

a) 缩小路缘石转弯半径

图 4-10

b) 设置隔离桩

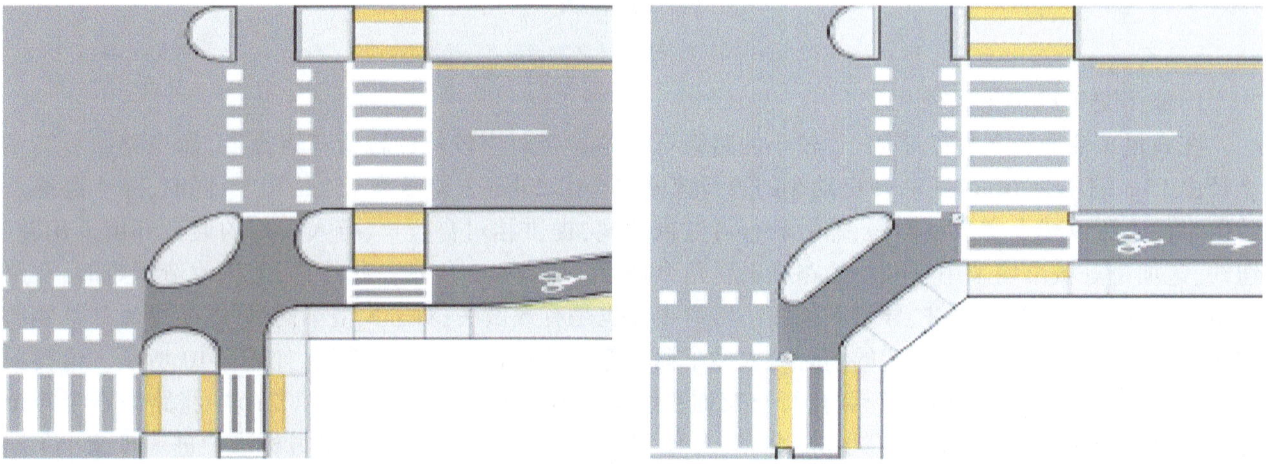

c) 设置导流岛

图 4-10 国外城市缩小交叉口转角半径的示例

2) 设置非机动车停车等候区

在城市信号控制交叉口，非机动车停车等候区需具有足够的安全性和较高的辨识度，确保非机动车在停车等候时能够被机动车驾驶人看到、不会被机动车通行所侵袭，具有代表性的是荷兰和美国两种设置方式，如图 4-11 所示。荷兰围合式等候区，在交叉口转角处设置梭形或纺锤形导流岛，开辟非机动车等候区，分流直行和右转非机动车流，将非机动车停止线前置、缩短非机动车过街距离。这种设置方式将等候的非机动车与交叉口内的机动车流物理分隔，让骑行者等待信号灯时能停靠在机动车驾驶人视线的前方，机动车转弯时能有足够的让行空间，骑行者和机动车驾驶人都能以更加方便和直观的方式观察到对方，具有较好的安全性。美国“盒子”式等候区，在机动车停止线前设置彩色铺装的“自行车盒子”，通常与非机动车信号灯搭配使用，使骑行者能够在绿灯信号内优先于机动车通过交叉口，有效阻止机动车侵占人行横道；在交叉口内设置左转二次过街等候区，通常位于路边停车带或非机动车道缓冲带旁边，防止左转非机动车聚集在行车道或人行横道上。

3) 保证转弯机动车驾驶人的视距范围

城市交叉口转角处，转弯车辆特别是大型车辆的驾驶人存在内侧视野盲区，若在转弯时驾驶人忽略了对后视镜和视野盲区的观察，极易与骑行者发生碰撞交通事故。荷兰《自行车交通设计手册》中，通过设置合理的进口道长度，以保证机动车驾驶人和自行车骑行者在进入交叉口前能够互相识别、有足够的反应时间。按照机动车驾驶人的反应过程，将机动车在交叉口的转弯行驶路径划分为认知区域、决策区域和让行区域[21]，其中，认知和决策区域包括机动车进口道及机动车停止线至导流岛外侧边缘的区域，其长度与道路车辆行驶速度密切相关，如图 4-12、表 4-10 所示。

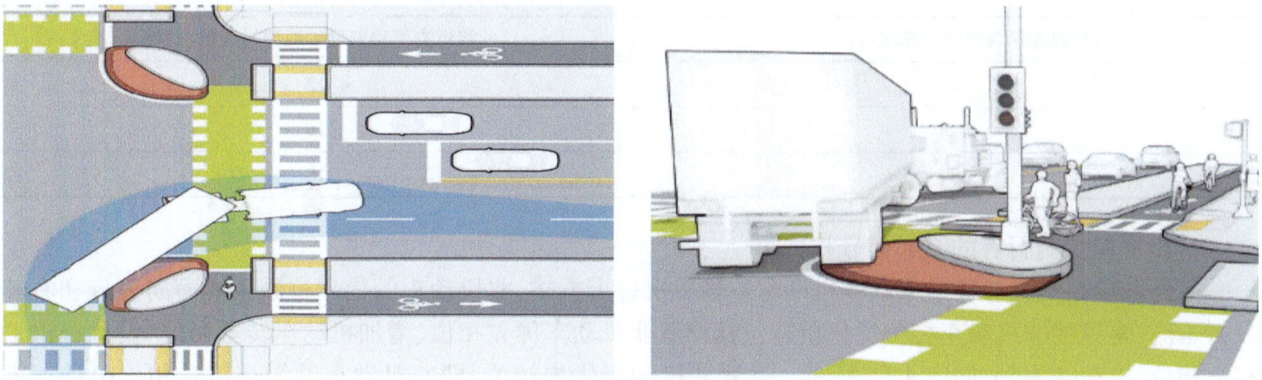

a) 荷兰围合式的非机动车等候区

b) 美国“盒子”式的非机动车等候区

图 4-11 国外城市设置交叉口非机动车等候区的示例

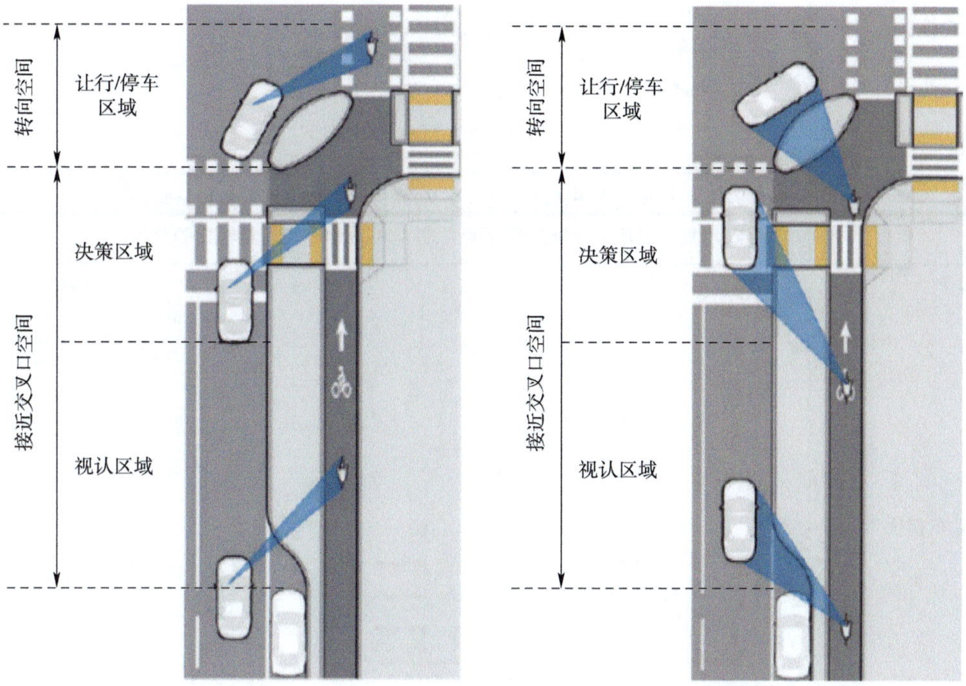

图 4-12 荷兰城市交叉口机动车驾驶人与自行车骑行者互相识别区域示例

荷兰城市接近交叉口空间的距离设置推荐值 表4-10

道路车辆转弯设计车速(km/h)	接近交叉口空间的距离推荐值(m)
15	12
24	15
32	18

4)设置保护骑行者的交通信号相位

国外城市在交叉口普遍采取非机动车左转二次过街方式,非机动车的信号控制主要面向直行和右转自行车流,常见的非机动车相位优化措施包括设置非机动车优先相位、增加机动车转弯相位、设置非机动车全相位,以荷兰为例,如表4-11所示。设置非机动车优先相位,即非机动车的绿灯信号相比机动车提前3~7s,使得非机动车优先进入交叉口,转弯机动车须让行。设置机动车转弯相位,非机动车直行与机动车直行信号相位同周期变化,专门设置转弯机动车信号相位,避免了转弯机动车与直行非机动车的通行冲突。设置非机动车全相位,适用于非机动车流量较大的交叉口,给予非机动车和行人单独的绿灯时间,非机动车可实现与机动车通行的完全分离。

荷兰城市交叉口非机动车信号相位设置示例 表4-11

<table>
<tr><th>优化方式</th><th>信号相位图示</th></tr>
<tr><td rowspan="2">非机动车
优先相位</td><td>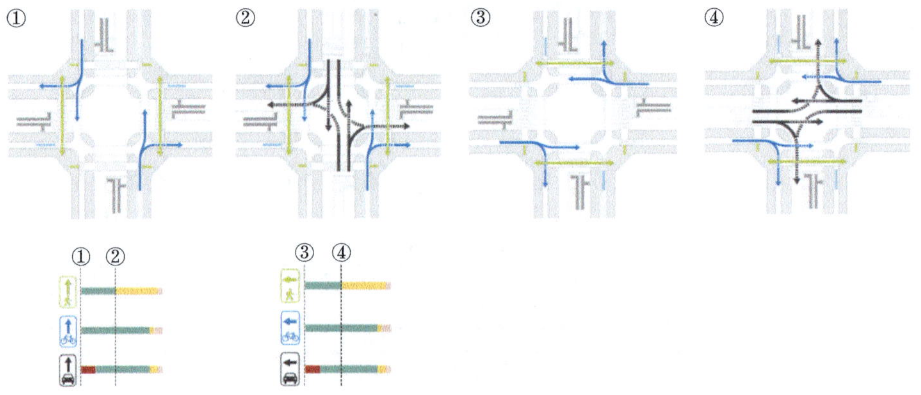</td></tr>
<tr><td>优点:非机动车优先于机动车进入交叉口,以便驾驶人更好地视认骑行者;
缺点:增加了机动车的排队等候延误,并且不适用于交通量较大的交叉口</td></tr>
<tr><td rowspan="2">转弯机动车相位</td><td>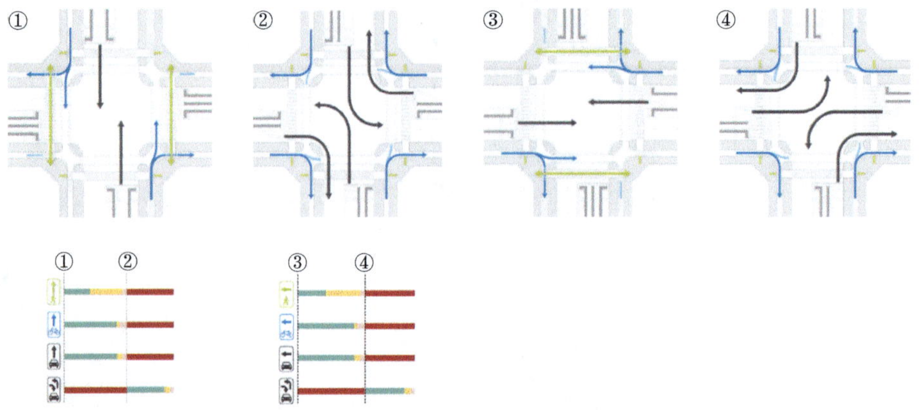</td></tr>
<tr><td>优点:将转弯机动车与非机动车完全分离,转弯车辆驾驶人避免让行;
缺点:增加了信号相位可能增加排队等候延误,同时需要设置专门的机动车转向车道来匹配</td></tr>
</table>

续上表

优化方式	信号相位图示
非机动车全相位	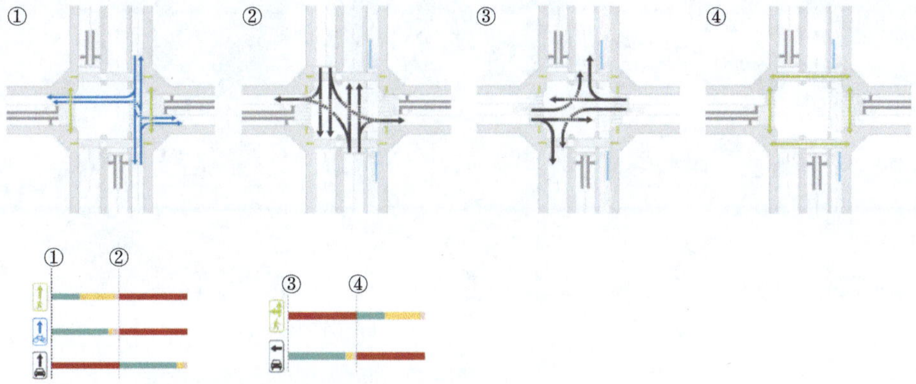
	优点：最大限度分离非机动车与机动车，允许非机动车借用机动车道转弯； 缺点：增加了机动车、非机动车的排队等候延误

4.4.4 非机动车停放设施

完备、安全、便利的停放设施可促进非机动车的使用；反之，停放设施匮乏或布局不合理会导致非机动车出行比例的降低、城市公共空间的混乱。从国外经验看，非机动车停放设施既须与城市多样化的骑行需求匹配，也须与城市交通系统、道路环境充分融合。

1）与瞬时、长期停放需求的匹配

哥本哈根无处不在的自行车停放区域、多样化的自行车停放设施是其创建骑行友好环境的关键。自行车停放设施既需满足游客访客短时停放需求，也需满足社区居民全天候长时停放需求。一方面，科学测算自行车停放规模。按照工作区、居住区分别统计既有停放自行车总量，并在现有总量基础上增加25%的预留量作为自行车停放设施的建设规模。另一方面，按照不同区域功能设置了多类型的停放设施。在停放需求时长不超过30min的商业区，建筑物周边15m范围内设置有无车架停车区，部分停车区提供可锁定的支架；在停放需求时长1～4h的商业区、交通枢纽、公共活动中心，建筑物周边100m范围内设置有车架停车区；在停放需求时长较长的学校、办公区、居住区，设置专门的自行车停车场，并配备了锁车架和车棚，如图4-13所示。

a) 无车架停车区

图 4-13

b) 有车架停车区

图 4-13　哥本哈根自行车停车设施

2) 与公交系统的整合

对于非机动车与公共交通接驳比例较高的城市,在公共交通站点周边提供充足的非机动车停放设施尤为重要。如东京地区的非机动车与轨道交通接驳的比例为 21.7% ~37.2%,为适应自行车接驳需求、缓解地面空间紧缺问题,东京在 11 个轨道站点周边构筑了 31 个地下多层机械式自行车停车库,利用竖向空间创造了 6000 多个自行车停车位,每个自行车停车库直径在 6 ~8m、深度约为 15m,每个柱状空间可容纳 180 ~200 辆自行车[22],如图 4-14 所示。这些自行车停车库多分布于轨道交通站点出口处,停车和取车全程采用自动化方式,使用者最快 8s 就可完成停车或取车的过程,为出行者在自行车与轨道交通的换乘提供了极大便利。

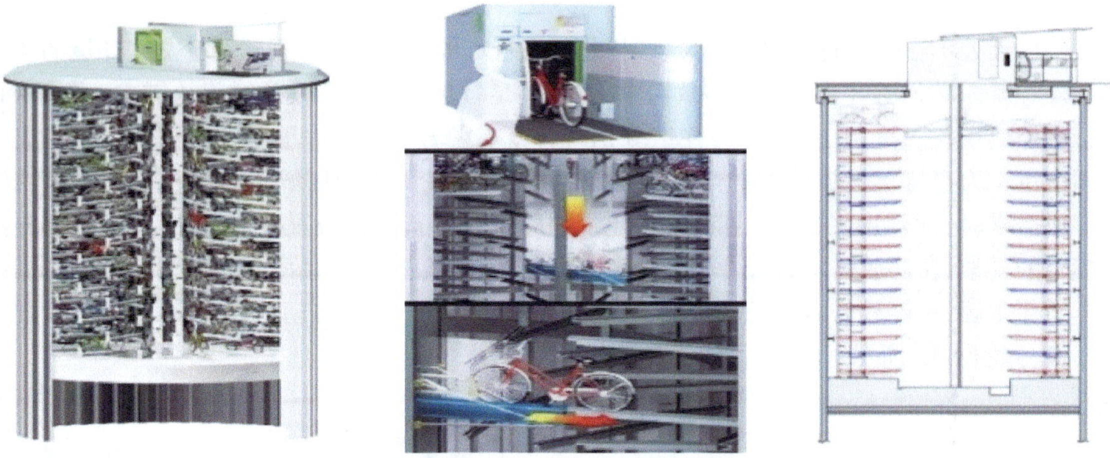

图 4-14　东京地下自行车停车库示例

3) 与道路环境的融合

为满足非机动车停放的便利性需求,城市道路周边大多分散、密集设置了非机动车停放区域,非机动车停放直接影响城市空间秩序,因此停放设施与周边道路环境、公共设施的协调就显得非常重要。《伦敦骑行设计标准》专门对自行车停放设施的位置做出要求,提倡将自行车停放设施设置在树木、公交站点、座椅等街道公共设施之间,降低自行车停放设施的视觉影响,使其更好地融入公共设施区域。同时,在不影响自行车进出便利性、安全性的前提下,可利用道路中央分隔带设置自行车停放设施,有助于降低人行道的杂乱性,如图 4-15 所示。

图 4-15 伦敦自行车停放设施设置示例

4.5 国内外非机动车交通设施对比分析

我国非机动车发展特征与国外有明显区别，同时受区域气候、城市规模、经济文化等方面影响，我国各区域、各类型城市之间的非机动车发展特征都不尽相同。国外城市自行车发展路径和推广措施并不完全适用于我国城市，需要有区别、有选择地加以借鉴，而前提是须对国外城市和我国城市非机动车发展的不同点和相同点有深入理解。

4.5.1 非机动车通行环境的不同点

我国非机动车种类繁多、数量庞大、构成复杂，自行车保有量接近 4 亿辆、电动自行车保有量约 3.5 亿辆，还有相当数量的超标电动自行车、三轮车、残疾人机动车轮椅车行驶在城市道路上，相对国外城市以自行车为主的非机动车发展情况要复杂很多。

1）非机动车发展定位不同

在自行车出行比例较高的哥本哈根、阿姆斯特丹等欧洲城市，城市机动化已进入平稳发展阶段，千人汽车保有量在 400～500 辆、汽车增长速度缓慢，自行车被定位为城市主要交通方式被推进发展；此外，对数量较少的电动自行车，其被定位为绿色、低能耗、高效的城市物流运输方式或居民出行方式加以推广和鼓励。在自行车出行比例较低的纽约、芝加哥等北美城市，自行车被定位为低碳、健康的交通方式，近年来城市管理部门通过大幅改善非机动车道网络、增加交通设施供给，着力推广自行车出行、减少私人汽车出行。相较而言，我国城市机动化起步较晚，但发展迅速。以北京为例，城市居民小汽车出行比例由 20 世纪 80 年代的 5% 增长至目前的 30% 以上，同期自行车出行比例由 60% 以上减少至目前的 12% 左右。截至 2022 年底，全国千人汽车保有量达 226 辆，参照欧洲、北美城市 400 多辆的千人汽车保有水平，我国大多数城市的汽车保有量在未来较长时间内仍将快速增长，但同时自行车回归城市的趋势更为明朗，非机动车重要的交通功能、减碳效能将愈发明显。对于自行车，国家政策层面将其定位为绿色交通方式、慢行交通系统的重要组成部分。对于电动自行车，不同城市采取了差异化的发展定位。如上海，在电动自行车出现伊始，将其作为燃油助力车的替代方式规范发展，自 2001 年开始并持续至今实施电动自行车登记上牌制度；又如广州，在 2006 年至 2021 年期间实施了城市“禁电”政策，自 2021 年 11 月起恢复电动自行车登记上牌，实施过渡性电动自行车限行管理。

2）道路交通设施条件不同

欧洲很多城市历史悠久，经历了长时间土地混合利用和有机更新，形成了紧凑、高密度的城市形态，较大程度保持了适宜非机动车骑行的城市街区尺度和路网密度，易于形成连通性好、直达性高的非机动车交通网络。哥本哈根、阿姆斯特丹城市中心区域的非机动车道可穿行公共建筑、交通枢纽内部，非机动车道网络密度超过 $10km/km^2$，比城市道路网密度还高。相较而言，我国城市形态经历了快速扩张、大规模改造，城市路网密度整体偏低，截至 2022 年底，我国 36 个主要城市的道路网平均密度为 $6.3km/km^2$[23]。而非机动车道大多沿着既有城市道路铺设，既有城市道路网存在结构不完整、连通性较差等基础性问题，加之相当比例的城市道路没有设置非机动车道或非机动车道宽度不足，我国城市非机动车道网络密度距离标准推荐值 $8 \sim 10km/km^2$ 尚有较大距离，非机动车交通设施短板较为突出。此外，在宽道路、疏路网现实局限下，城市部分主次干路、高架桥下区域的过街绕行距离过长、交叉口面积过大，给非机动车交通设施的设置和交通组织均带来了较大困难。

3）路权界定和管理方式不同

欧洲、北美部分国家近年来重视非机动车通行空间的保障。如比利时于 2005 年颁布了《街道法规》，明确行人、骑行者等道路各使用者的平等地位，取消了小汽车交通的优先地位[24]。又如荷兰、丹麦、德国在城市道路上广泛推进设置非机动车道和非机动车交通信号，在路段上推广设置路内停车隔离带，在交叉口普遍采用非机动车二次左转组织方式，骑行者与行人同样享有优先路权。再如美国重视道路出入口、交叉口、环岛等特殊情境的交通设施建设，通过完善的物理隔离设施、让行标志标线，向驾驶人、骑行者清晰、准确传递自行车优先路权。相较而言，我国城市中机非混行的道路和交叉口较多，非机动车路权管理的挑战性更大。路段上，非机动车道内施划了大量路内停车位，机动车长时间、长距离占据非机动车道停放，此外还有大量违停车辆，非机动车的通行与机动车的停放产生路权冲突，骑行者只能占道骑行，进一步侵占机动车、行人路权，由此引发了连锁负面效应。交叉口内，不同于国外城市二次过街组织方式，我国城市非机动车的通行流线与机动车、行人的通行空间普遍存在交织冲突，因缺少相匹配的交通标志标线、非机动车信号灯等交通设施，右转机动车与直行非机动车、左转非机动车与直行机动车的路权难以得到准确的划分和界定，机非冲突、人车冲突较为严重。城市道路出入口、立交桥下区域非机动车通行流线往往被进出或转弯的机动车隔断，非机动车路权缺少系统的、匹配的交通设施和交通执法保障，非机动车通行安全隐患较多。

4.5.2 非机动车交通设施建设的相同点

我国北京、上海、杭州、长沙、南宁等城市大力倡导和推进非机动车骑行环境建设改善，着力保障非机动车路权，形成了卓有成效的非机动车治理经验方法，与国外部分城市的管理理念有异曲同工之处。

1）加快完善城市非机动车交通设施

利用城市街道更新治理契机，国内外城市均把非机动车交通设施的建设、通行空间的保障作为建设改造的重点内容，为调整优化城市道路空间资源、重新划分路权创造了有利条件。与哥本哈根类似，北京近年推进了二环路慢行系统改造，通过压缩机动车道为非机动车通行预留空间，非机动车道宽度平均拓宽 0.5m、普遍达到 3m 以上；广泛设置隔离设施，二环路沿线 51.7km 道路上设置了 1 万多个反光道钉，在 30 处主路进出口增设了柔性隔离柱，在 18 处港湾式公交站点施划了公交港湾专用标线，全面改善了非机动车通行条件，二环辅路非机动车道通行效率提高 25%。深圳近 5 年新增了 2200km 城市非机动车道，构建了由“自行车快速路 + 主廊道 + 连通道 + 休闲道”组成的非机动车道网络。对于新建道路，在建设审批环节同步审核非机动车道的设置情况，并要求非机动车道与机动车道之间进行物理隔离；对于存量道路，优先通过压缩机动车道宽度、取消路侧停车位、减少机动车道数量、压缩路侧富余绿化带等方式设置具有物理隔离的非机动车道。

2）将精细化的交通组织作为减少机非冲突的有效手段

从国内外典型城市看，在机非冲突最为集中的交叉口开展面向骑行者安全的交通设施改造和交通组织优化是通用做法，这不仅提高了非机动车通行效率，也有效降低了非机动车通行安全风险。北京以月坛南桥等50多个交叉口为试点，设置非机动车信号灯和LED（发光二极管）提示板，施划非机动车引导线和地面标识，创新采取非机动车一次左转交通组织，使左转非机动车平均等候时间减少了30多秒。长沙在老城区179个交叉口开展交通设施改造，根据非机动车和交叉口通行特点，因地制宜选用实施导向车道式、行人安全岛等候式、二次过街式等三类交通组织方式，相应增设了非机动车信号灯及非机动车组合箭头、蓝色导流标线等地面标识，非机动车路权得到了进一步明确和保障，非机动车道路交通事故平均下降了10%。

4.6 相关启示及建议

4.6.1 构建战略规划与标准规范互为支撑的政策体系

美国、澳大利亚、日本、新加坡、欧盟等国家和地区将促进自行车发展纳入了国家或区域发展战略中，同时专门面向自行车骑行者制定了系列道路交通设施标准规范、设计导则，如表4-12所示。这对我国非机动车通行管理政策体系的构建有很好的启示，在战略规划层面确定发展策略和方向、明确资金支持和保障机制，在标准规范层面提出更加细致的、更具针对性的实践措施，互为支撑、互为依托。

部分国家和地区促进自行车发展的相关战略规划与标准规范　　表4-12

国家和地区	文件名称及主要内容	颁布时间
美国	**战略**：美国运输部颁布《关于面向自行车和行人的政策纲领》，强调美国的道路交通系统必须整合步行和自行车设施元素，改善自行车和步行出行环境，以减少骑行者与步行者的交通事故	2010年
	导则：美国国家城市交通官员协会发布《城市自行车道设计指南》	2011年
澳大利亚	**战略**：澳大利亚道路交通与运输部颁布《国家自行车交通发展战略（2011—2016）》，提出文化培育、设施建设、规划整合、安全保障、监测评估、规范指导六大自行车发展战略	2011年
	导则：澳大利亚道路交通与运输部的交通组织发布《澳大利亚自行车指南》	2017年
日本	**法律**：日本颁布了《自行车活用推进法案》，通过法律的形式巩固了自行车交通在其交通体系中的地位，充分发挥自行车在环境保护、缓解交通拥堵、减少交通事故、增进民众健康、灾害逃生等方面不可比拟的优势	2017年
	规范：日本国土交通省和警察厅交通局制定了《安全舒适的自行车使用环境创造指南》，对自行车网络构建、自行车通行空间设置、自行车通行规则进行了详细说明	2017年
新加坡	**法律**：新加坡颁布了《慢行交通法案》，规定了步行、骑行、公交出行等交通方式的道路设施环境、通行规则和路权，以及相应的执法、教育策略，确保慢行交通安全、促进慢行交通发展	2017年

续上表

国家和地区	文件名称及主要内容	颁布时间
新加坡	**规划**：新加坡发布了《新加坡城市总体规划 2040》和《新加坡陆路交通规划 2040》，提出发展“走—骑—搭”城市出行模式	2019 年
	规范：新加坡陆路交通局发布了《建设项目交通影响评估指南》，将自行车规划纳入建设项目交通影响评估严格审查	2019 年
欧洲	**政策**：欧洲运输、健康和环境计划部长级会议发布了《维也纳宣言》，旨在推动交通系统向更加清洁、安全、健康和包容转型，支持泛欧地区所有国家努力促进自行车出行	2021 年
	规划：欧洲运输、健康和环境计划部长级会议发布了《泛欧促进自行车出行发展总体规划》，旨在为应对新冠疫情影响，强化自行车出行在公共卫生领域所发挥的重要作用，推动各国政府明确自行车在交通体系中的重要性，并提供相应政策支持	2021 年

1）强化交通规划先导作用

对应衔接《“十四五”全国道路交通安全规划》，推动编制城市非机动车交通专项规划，突出非机动车慢行特征、为非机动车赋能赋权，推动将其纳入城市综合交通系统规划，强化与公共交通、步行等方式系统的融合，推进非机动车交通设施与城市交通基础设施的协同建设、一体化发展。

2）完善非机动车相关标准体系

建立与城市道路交通实际相匹配的非机动车交通标准体系，结合非机动车交通结构和出行需求，提出不同城市道路上非机动车道的分类分级、设置宽度和隔离要求。推进非机动车交通组织、执法取证、骑行者安全防护、骑行信息系统等方面的标准制修订工作，进一步强化非机动车道设计、通行秩序管理相关技术要求。

3）健全综合协调机制

厘清城市道路非机动车交通设施规划、建设、管理、维护所涉及的部门权责，在市级、区级、街道层面建立统筹协调机制，推进非机动车交通设施持续更新优化。建立部门综合执法机制，密切协作规划建设、交通运输、城管、园林、水务等部门，协调推进非机动车道、绿道、沿河通道的衔接，提升非机动车骑行空间品质。

4.6.2 将保障电动自行车路权作为交通组织管理的重要方面

电动自行车已成为城市道路交通运行中一类较为混乱的车流，与其他车辆、行人出现了较为频繁的路权冲突。交通组织是在有限的道路空间上，科学合理地对交通流进行时间组织、空间组织、车种组织、流向组织、速度组织等，使道路交通流处于有序、高效的运行状态[25]。从城市交通组织方面厘清电动自行车路权，是缓解电动自行车通行问题的根本之道。在宏观交通组织层面，判别电动自行车在城市交通出行结构中所承担的作用，在政策层面明确采取抑制、规范或鼓励电动自行车的管理取向，寻找电动自行车骑行需求与城市道路设施供给的平衡。在中观交通组织层面，以区域道路网为研究对象，在措施方面适时优化、调整电动自行车限行范围、限行时间，引导电动自行车交通流在空间上控密补稀、在时间上削峰填谷，将瓶颈路段、重点交叉口的电动自行车通行压力疏解分散。在微观交通组织方面，以电动自行车交通流量为依据，合理设置非机动车道或电动自行车车道，推进骑行车道贯通成网，保障路段上电动自行车的骑行空间；科学优化交叉口骑行流线，设置与通行需求相适应的非机动车进口道等候区，确定左转交通组织方法和交通信号控制方案，通过交通标志标线、渠化岛等交通设施，物理分离电动自行车与其他车流、人流的通行冲突，合理分配和保障电动自行车路权。

4.6.3 善用交通工程措施，提升非机动车通行条件

结合城市建设和更新行动，立足已有城市道路网络，重新分配城市道路空间、合理划分各交通方式路权，推进道路资源向非机动车倾斜、保障非机动车通行安全。

1）通过“微更新”“微改造”织补非机动车道网络

开展城市非机动车道交通设施情况排查，识别非机动车道缺失、中断或宽度过窄的路段点位，推进非机动车指示标志、标线规范设置，通过工程量小、性价比高的局部改造和局部连通手段消除非机动车道系统障碍，构建级配清晰、贯通连续的非机动车道网络。在城市主、次干路上，适当缩小非机动车过街设施间距，在主干路之间建立非机动车道联络线，减少非机动车绕行距离。在城市支路上，探索通过缩减机动车道宽度增加非机动车通行空间，提升非机动车道网络密度，增加骑行便利性。有条件的城市可探索建设自行车专用道，电动自行车出行量大的城市可设置电动自行车车道。

2）持续接长非机动车道设施短板

兼顾自行车、电动自行车混行的交通特征，优化道路接入口、公交站台、桥下区域非机动车道的设置形式，规范设置让行标志、标线，可彩色铺装机非交织冲突区域，凸显机动车让行规则，保证非机动车优先通行。加快设置机非隔离设施，加强机非隔离设施对减少机非冲突、降低事故伤害程度的重要作用，如纽约曼哈顿区的第八大道和第九大道上通过路内停车泊位、隔离桩、缓冲带等隔离设施将自行车与机动车物理分隔，措施实施后道路交通事故受伤人数分别减少了35%和58%[26]。对于中长距离骑行通道，推进机非物理隔离设施的设置，优先采用隔离带；对于短距离骑行连通路径，结合道路断面形式灵活设置柔性机非隔离设施，可选用阻车桩、振动标线、反光道钉等。

3）优化交叉口非机动车交通组织

优化交叉口渠化设计，根据道路交通流量和交通结构，确定非机动车进口道数量、宽度和行驶方向，确保交叉口非机动车道与路段非机动车道相匹配。对于非机动车流量较大、道路较宽的交叉口，采取改动小、易实施、效果好的交通工程措施，如设置导流岛、非机动车前置等待区、左转弯待转区，实施非机动车左转“二次过街”“蓄水式”放行等交通组织。缩小交叉口转角转弯半径，保证右转机动车驾驶人有足够的安全停车视距，降低右转机动车对非机动车的安全威胁。规范设置非机动车信号灯，在非机动车流量较大、机动车流量相对较小的交叉口，可采取非机动车信号灯早启早断的控制方式，减少机非交织冲突；在非机动车左转交通流量较大且设置了机动车左转相位的交叉口，可设置专门的非机动车左转相位，实现非机动车左转“一次过街”。

本章参考文献

[1] 北京市规划和自然资源委员会，北京市城市规划设计研究院. 北京街道更新治理城市设计导则[R]. 北京：北京市规划和自然资源委员会，2018.

[2] 罗淼平. 市政道路非机动车道设置研究[J]. 交通世界，2021，31：27-28.

[3] 柏璐. 城市道路电动自行车交通特性与安全影响研究[D]. 南京：东南大学，2017.

[4] 王丹. 路段非机动车交通流特性研究[D]. 西安：长安大学，2014.

[5] 朱新宇，褚昭明，朱建安，等. 中国电动自行车交通事故析因及对策建议[J]. 城市交通，2021，19(6)：64-70.

[6] 孙正良，顾金刚，刘东波. 城市道路平面交叉口渠化设计手册[M]. 北京：机械工业出版社，2021.

[7] 戴帅,马万经,毛志坚.城市交通组织管理实用手册[M].北京:人民交通出版社股份有限公司,2017.
[8] 卢艺.信号交叉口右转机动车与非机动车交通冲突分析[D].北京:中国人民公安大学,2021.
[9] 边扬,杨家夏,赵晓华,等.基于轨迹数据的共享电动自行车逆行风险行为影响因素研究[J].中国公路学报,2021,34(12):262-275.
[10] 深圳市城市交通规划设计研究中心.深圳市电动自行车交通管理关键问题及应对策略探讨[EB/OL].(2021-08-06)[2023-11-01].http://www.sutpc.com/news/jishufenxiang/806.html.
[11] 中华人民共和国公安部.城市道路路内停车位设置规范:GA/T 850—2021[S].北京:中国标准出版社,2021:1.
[12] 李瑞敏.城市道路交通管理[M].北京:人民交通出版社,2009.
[13] The City of Copenhagen. The Bicycle Account 2022: Copenhagen city of cyclists[R]. Copenhagen: Technical and Environmental Administration of the City of Copenhagen,2022.
[14] 赵禅琴.基于骑行环境分析的自行车友好城市建设策略研究[D].深圳:深圳大学,2019.
[15] New York City Department of Transportation. Street design manual [R]. New York: New York City Department of Transportation,2015.
[16] New York City Department of Transportation. Safe streets for cycling: How street design affects bicycle safe and ridership [R]. New York: New York City Department of Transportation,2021.
[17] 何卓书.国外自行车友好设施规划设计的研究与实践[J].上海城市规划,2020,(4):113-119.
[18] New York City Department of Transportation. Green Wave: A plan for cycling in New York City[R]. New York: New York City Department of Transportation,2019.
[19] 马强,韦笑,任冠南.街道设计导则与城市道路系统的优化提升——从通行能力到空间品质的转变[J].城市交通,2021,19(5):1-16.
[20] 申凤."密路网,小街区"规划模式在昆明呈贡新区核心区的适用性研究[D].昆明:昆明理工大学,2014.
[21] Massachusetts Department of Transportation. Separated bike lane planning & design guide[R]. Boston: Massachusetts Department of Transportation,2015.
[22] 夏佳,郑晏群,丁亚民.城市慢行系统完善与品质提升方法及实践[M].北京:人民交通出版社股份有限公司,2021.
[23] 住房和城乡建设部,城市交通基础设施监测与治理实验室,等.中国主要城市道路网密度与运行状态监测报告[R].北京:住房和城乡建设部城市交通基础设施监测与治理实验室,2022.
[24] 魏泽崧,汪霞,孙石村.智慧城市慢行交通系统规划与设计[M].北京:中国建筑工业出版社,2019.
[25] 陈艳艳,刘小明,陈金.城市交通需求管理及应用[M].北京:人民交通出版社,2009.
[26] New York City Department of Transportation. Measuring the street: New Metrics for 21st Century Streets [R]. New York: New York City Department of Transportation,2012.

第 5 章 Chapter 05

电动自行车通行管理

电动自行车在城市道路交通系统中的功能定位正在发生深刻变化，从通勤方式到行业工具、从自有自用到共享出行，骑行需求更加多元、使用模式更加丰富，但城市道路上电动自行车的通行秩序和交通安全问题依旧。因此，需要重新理解和认识电动自行车的通行管理问题，深层次探究电动自行车通行管理对策、执行效果、提升途径。

5.1 电动自行车通行安全风险

5.1.1 道路交通事故多发

我国电动自行车交通事故连年快速增长。虽然非机动车交通事故在全国道路交通事故总量中的占比不足 10%，但 2016—2020 年非机动车交通事故的年平均增长率达 14%，接近机动车交通事故增速的 7 倍。其中，电动自行车交通事故占非机动车交通事故总量的 70% 以上，且电动自行车交通事故的年均增长速度较快，如图 5-1a) 所示。同时，非机动车交通事故的伤亡比例高。在所有交通方式中，电动自行车骑行者是继行人、摩托车骑行者之后最主要的道路交通事故受伤害群体。我国道路上，平均每 10 位道路交通事故死亡人员中有 1 位就是电动自行车骑行者，每 6 位道路交通事故受伤人员中有 1 位就是电动自行车骑行者。而且 5 年间电动自行车交通事故伤亡人数还在以 7.1% 的年平均速度增长，增长速度明显快于其他交通方式，如图 5-1b) 所示。

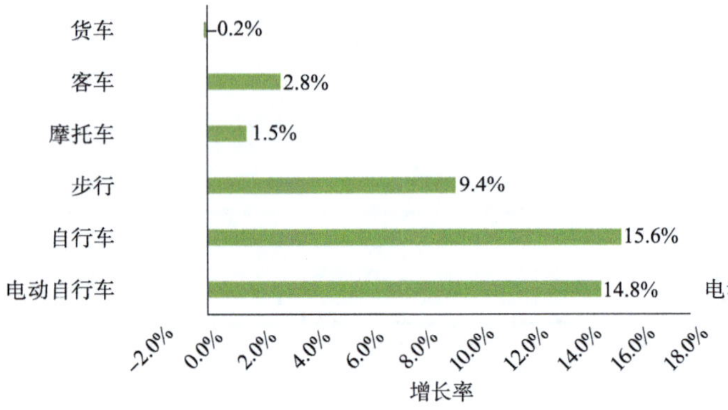

a) 道路交通事故年均增长率分布

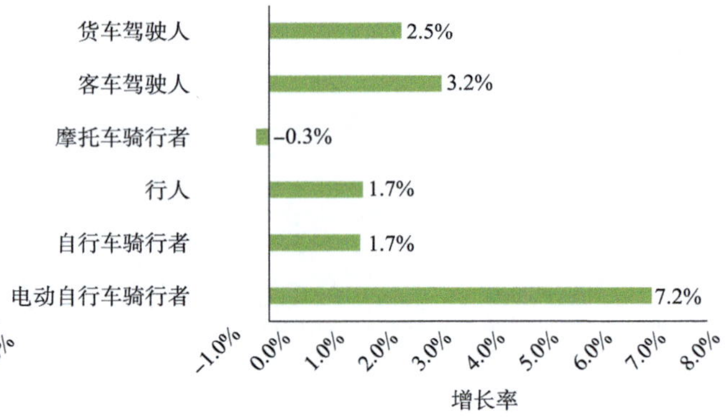

b) 道路交通事故伤亡人员年均增长率分布

图 5-1 2016—2020 年各类交通方式交通事故及伤亡人员数量变化情况分布

数据来源：国家统计局。

5.1.2 机非通行冲突严重

1) 非机动车与路内停车的“抢街”

非机动车道内设置了大量的路内停车位，非机动车通行宽度本就较为局促，加上路内停车进出停车位、开关车门的影响，骑行流线的顺畅性、安全性受到了严重干扰。

非机动车与路内停车的路权冲突带来的安全隐患主要体现在三个方面：①冒失的机动车驾驶人或乘客突然开门下车，忽略了观察后方的自行车，或者由于视线盲区未看到后方的自行车，导致骑车人撞上机动车门，或被撞倒。②机动车从停车位驶出，驾驶人常常由于视线盲区无法观察到后方正在驶来的自行车，造成与自行车侧面相撞。③非机动车道上停放机动车，使自行车无路可走，而被迫驶入机动车道，增加骑行风险。

案例1

2014 年 11 月，李某骑电动自行车行驶到北京市海淀区田村路时，一辆路边停靠的车辆突然开启左侧车门，撞到李女士右腿膝盖致其摔倒。汽车驾驶人未观察后方来车情况就打开车门是造成本次事故的主要原因，交管部门认定，汽车驾驶人应负事故的全部责任。

2）交叉口没有明确非机动车通行空间

非机动车通过交叉口时大多与机动车或行人同流线，缺少专门的非机动车道或非机动车交通信号，机非冲突、人车冲突严重。特别在缺少充足的等候空间时，非机动车排队溢出就会占用人行道或机动车道，对行人及右转、直行车辆造成较大干扰。

案例2

2016 年 6 月 24 日，王某驾驶电动自行车通过无交通信号灯的路口时，与右方驶来的机动车相撞，造成王某受伤及两车损坏的交通事故。王某未履行让右方来车先行的义务是造成本次事故的主要原因，交管部门认定，王某应当承担部分责任，并减轻机动车驾驶人的责任。

案例3

2016 年 3 月 29 日，在哈尔滨市呼兰区，李某骑电动自行车右转弯时剐撞横过道路的行人王某，造成王某腿部骨折。李某驾驶非机动车行经人行道时未避让行人是造成本次事故的主要原因，交管部门认定，李某承担事故的全部责任。

案例4

2017 年 10 月 29 日，洛阳市洛宁县师某骑电动自行车转弯时，未按规定让行，与对向直行小轿车相撞，造成师某受伤及车辆损坏的交通事故。师某骑电动自行车向左转弯通过交叉路口时未靠路口中心点左侧转弯，并未按规定让行是造成本次事故的主要原因，交管部门认定，师某承担主要责任。

3）路侧公交站点机非冲突严重

公交车占用非机动车道进出路侧公交站，非机动车既要与公交车争夺路权，又要避免与相邻车道的机动车发生冲突，在行驶速度较快、来不及减速避让时，易发生交通事故。

案例5

2013 年 3 月 21 日，张某驾驶公交车沿淮安市清江浦区西安路由北向南行驶至老三中队南 100m 时，车辆在超越同向安某所骑电动自行车过程中，车辆右后侧与电动自行车尾部发生碰撞，造成原告受伤。经交警部门认定，张某驾驶机动车上道路行驶，疏于对路面情况的观察是造成该事故的主要原因，安某驾驶非机动车驶入机动车道是造成该事故的次要原因，张某的过错行为作用在该事故中大于安某的过错行为，安某负次要责任，张某负主要责任。

5.1.3 夜间骑行安全风险高

夜间电动自行车骑行安全应引起重视。夜间道路照明条件不佳，驾驶人视野范围较小，较难快速识别道路通行风险，加上夜间车辆行驶速度较快，一旦发生车辆碰撞的交通事故，造成的事故伤亡情况就较为严重。

2020 年，全国因电动自行车肇事导致的交通事故数为 2.3 万起[1]，其中超过 1/4 的事故发生在晚高峰至凌晨时段（18:00 ~ 24:00），考虑夜间道路交通流量相对较少，电动自行车肇事导致的交通事故占比相对较高。同时，夜间电动自行车交通事故的伤亡情况较为严重。2020 年，因电动自行车肇事导致的事故致死率平均值为 13.2%，而夜间无路灯照明情况下，电动自行车的事故致死率达 21%[1]，相比平均值高出了 7.8 个百分点。

因此，夜间让电动自行车“被看到”很重要，通常可采取主动发光和被动发光两种方式实现。主动发光方面，确保电动自行车在夜间行驶时打开车辆前灯，确保车辆后灯没有损坏、有较高亮度，警示周边的车辆和行人。《上海市非机动车安全管理条例》《南宁市电动自行车管理条例》中均规定，驾驶电动自行车在夜间或者遇有雾、雨、雪、沙尘、冰雹等低能见度情况下行驶时，应开启照明装置。被动发光方面，可在车身张贴反光标识，特别是有其他车辆靠近时，通过反光标识可提高夜间车辆的可视性，让其他驾驶人注意到道路上的电动自行车。南宁市在 2023 年为民办实事工作中，组织开展了电动自行车“荧光守护行动”，免费发放 200 多万张电动自行车反光标识，张贴在车辆尾部号牌上方、车厢后部、安全头盔后方等位置，加强“被看见才安全”理念宣传，推进减少夜间道路交通事故，如图 5-2 所示。

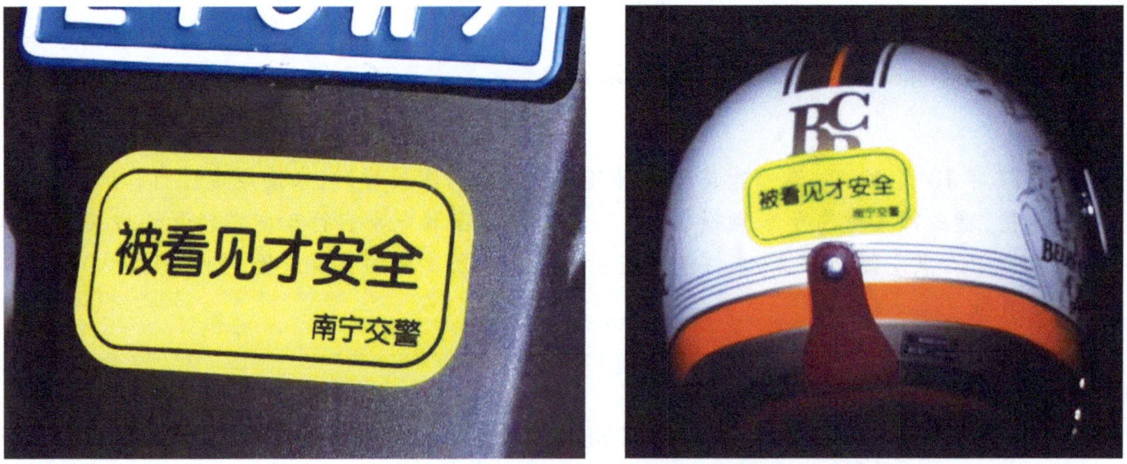

图 5-2 南宁市电动自行车反光标识粘贴示意图

图片来源：南宁市公安局交警支队。

5.1.4 骑行者安全意识薄弱

非机动车违反交通信号通行、超速骑行、违法占道骑行是城市道路上较为突出、普遍存在的危险骑行行为，其导致的非机动车交通事故占比超过30%，如表5-1所示，这与骑行者安全意识、路权意识缺乏等原因密切相关。一方面，非机动车骑行者缺乏骑行技能培训。不同于机动车驾驶人，非机动车骑行者没有骑行资格的约束，未接受系统的骑行培训，缺少对非机动车特性的了解，在遇到危险时不能采取正确的应对和处置措施。另一方面，非机动车通行安全教育体系尚未健全。非机动车骑行安全教育长时间被忽视，宣传教育素材内容有限，缺少完整的安全意识规范和通行指引。

2018—2020年城市电动自行车、自行车事故违法成因前10位分布[2] 表5-1

序号	电动自行车		自行车	
	违法成因	占比	违法成因	占比
1	未按规定让行	16.2%	违反交通信号	19.1%
2	违反交通信号	15.7%	未按规定让行	17.2%
3	逆行	14.1%	逆行	16.7%
4	违法占道行驶	11.3%	违法占道行驶	10.4%
5	酒后驾驶	5.7%	违法抢行	3.9%
6	超速行驶	4.3%	违法上道路行驶	1.6%
7	违法上道路行驶	4.1%	违法超车	1.5%
8	违法超车	3.5%	酒后驾驶	1.5%
9	违法抢行	1.5%	超速行驶	0.7%
10	违法装卸	0.5%	违法装卸	0.2%

注：违法占道行驶为非机动车未在非机动车道内行驶，违反规定使用其他车辆专用道或行人道的。

违法上道路行驶包含两种情况：一是非机动车自身不符合规定，例如超标电动自行车；二是非机动车行驶的道路类型不符合规定，例如非机动车在高速公路、快速路等非机动车禁止使用的道路类型上行驶。

案例6

2017年9月12日，在临海市杜南大道与环城北路的交叉口，一辆电动自行车闯红灯被撞，电动自行车骑车人手骨骨折。电动自行车闯红灯是造成本次事故的主要原因，交管部门认定，电动自行车骑车人对此次交通事故负全责。

案例7

2020年11月11日，华某骑自行车沿黄山锦庭小区通道由西向东行驶至小区通道尽头围墙边遇红灯停车等待。待交通信号灯变为绿灯，华某起步骑行时，适逢朱某驾驶一辆电动自行车沿西宝兴路由北向南闯红灯行驶至事发地，致华某摔倒。法院认定，朱某的行为违反了交通信号灯的指示，驶来的方向超出华某的合理预期，导致华某为避免碰撞紧急制动，失去平衡而摔倒。结合现场录像及双方当事人陈述，法院认为华某受伤与朱某的违法行为存在因果关系。对于华某的损害后果，朱某应当承担70%的责任。

5.2 电动自行车交通治理

电动自行车交通违法行为导致的交通事故数已连续5年增长、年均增幅达17.2%[2]，加强电动自行车交通治理、减少电动自行车交通事故既是公安交管部门业务急需，也是道路交通安全发展的客观需要。近年来，电动自行车治理越来越受到重视。

在国家层面，2022年7月，国务院安委会办公室印发《"十四五"全国道路交通安全规划》，将电动自行车头盔佩戴率作为"十四五"道路交通安全主要指标，提出2025年电动自行车骑行人员头盔佩戴率达到80%的预期值。2022年8月，国务院安委会印发《加强电动自行车全链条安全监管重点工作任务及分工方案》，从加强生产源头环节安全质量、强化流通销售环节执法查处、规范末端使用环节安全管理、推进拆解回收环节安全管控四个方面提出12项重点工作任务，并明确了部门责任分工。

在部门层面，公安部交管局分别于2019年、2021年下发《关于加强电动自行车安全管理工作的通知》《关于进一步加强电动自行车交通安全综合治理工作的通知》，要求加强登记管理、规范号牌管理、改善通行条件、加强路面管控、创新执法方式，进一步提升电动自行车管理水平，综合治理电动自行车交通违法乱象，切实规范通行秩序，改善交通安全状况。2020年4月，公安部在全国部署开展"一盔一带"安全守护行动，加强宣传引导，推广骑乘电动自行车佩戴安全头盔，提升电动自行车骑行安全。

在地方层面，全国21个省(区、市)相继制定出台电动自行车管理相关法律规章，立法明确电动自行车登记管理、通行管理、执法管理相关规定，为电动自行车治理提供法律支撑。各地公安交管部门在道路交通事故"减量控大""一盔一带"安全守护行动中，将电动自行车治理作为一项重要工作在持续推进，创造了很多有益的治理经验。

5.2.1 推广佩戴安全头盔

据统计，颅脑损伤是电动自行车道路交通事故致死的首要原因，67.5%的电动自行车交通事故死亡人员的死亡原因是头部损伤[1]。加强电动自行车骑乘人员的头部防护，对减少电动自行车交通事故的伤害有着重要的积极作用。自2020年"一盔一带"安全守护行动实施以来，各地广泛宣传、推广安全头盔的佩戴，从外卖行业骑手到共享车辆使用者，再到私人电动自行车骑乘人员，公众的接受度、参与度越来越高，电动自行车安全头盔佩戴的情况逐步改善，2020年电动自行车骑行者因头部损伤致死的比例与2016年相比下降了15个百分点，同时2020年电动自行车交通事故死亡人数出现了近10年的首次下降，下降比例达2%[2]。从安全头盔的佩戴推广也能看出，全社会道路交通安全、交通文明正经历一个提升过程。

全国已有14个省(区、市)在立法层面，对电动自行车骑乘人员的安全头盔佩戴要求做出了明确规定，如表5-2所示。如天津、河北、吉林、黑龙江、上海、江苏、浙江、安徽、湖南、广西、海南等11个省(区、市)要求电动自行车驾驶人、乘车人均应佩戴安全头盔；山东、贵州、新疆等3个省(区)要求电动自行车驾驶人应佩戴安全头盔。

部分省(区、市)电动自行车安全头盔佩戴相关规定概览　　表5-2

省(区、市)	法规名称	安全头盔佩戴规定	执行时间
天津	《天津市道路交通安全若干规定》	驾驶电动自行车上道路行驶时，驾驶人以及乘车人应当规范佩戴安全头盔	2020年12月1日

续上表

省(区、市)	法规名称	安全头盔佩戴规定	执行时间
河北	《河北省电动自行车管理条例》	驾驶、乘坐电动自行车应当佩戴安全头盔;使用电动自行车从事快递、外卖的经营单位应当发挥行业自律作用,要求从业人员佩戴安全头盔	2022 年 5 月 1 日
吉林	《吉林省电动自行车管理暂行办法》	电动自行车驾驶人和乘坐人员应当佩戴安全头盔	2023 年 5 月 1 日
黑龙江	《黑龙江省电动车管理条例》	电动自行车、电动摩托车的驾驶人和乘坐人员应当按照规定佩戴安全头盔	2023 年 5 月 1 日
上海	《上海市非机动车安全管理条例》	电动自行车驾驶人和乘坐人员应当佩戴安全头盔	2021 年 5 月 1 日
江苏	《江苏省电动自行车管理条例》	驾驶、乘坐电动自行车应当按照规定佩戴安全头盔	2020 年 7 月 1 日
浙江	《浙江省电动自行车管理条例》	电动自行车驾驶人及搭载人应当佩戴安全头盔	2020 年 7 月 1 日
安徽	《安徽省电动自行车管理条例》	驾驶人和搭载人应当规范佩戴安全头盔	2023 年 3 月 1 日
山东	《山东省电动自行车管理办法》	驾驶人员应当规范佩戴安全头盔	2022 年 5 月 1 日
湖南	《湖南省电动自行车管理办法》	驾驶、乘坐电动自行车应当按照规定佩戴安全头盔	2022 年 3 月 1 日
广西	《广西壮族自治区电动自行车机动轮椅车管理办法》	驾驶和乘坐电动自行车、机动轮椅车应当佩戴安全头盔	2022 年 2 月 1 日
海南	《海南省电动自行车管理条例》	驾驶人和乘车人应当规范佩戴符合相关质量标准的安全头盔并系扣牢固	2022 年 1 月 1 日
贵州	《贵州省电动自行车管理办法》	驾驶电动自行车应当戴安全头盔	2013 年 5 月 1 日
新疆	《新疆维吾尔自治区电动自行车管理办法》	超标电动自行车驾驶人上道路行驶的,应当佩戴安全头盔	2021 年 7 月 15 日

与此同时,为提高电动自行车安全头盔的佩戴率,公安交管部门针对不同骑行者群体制定了精准化的宣传教育策略。面向中小学生,公安部道路交通安全研究中心编制发布了公安行业标准《少年儿童道路交通安全文明教育指南》(GA/T 1983—2022),说明了不同年龄少年儿童在步行,骑行,乘坐公共交通、小汽车、电动自行车等交通工具时应特别关注的安全点,突出了“乘坐和骑行电动自行车应佩戴安全头盔”的知识点。以知识浸润的教育方式,在少年儿童阶段加深其对安全头盔作用的认知、培育佩戴安全头盔的习惯。面向外卖行业骑手,自 2020 年以来,公安部联合中国物流与采购联合会及主要外卖企业,在全国开展警企联合劝导活动,促进外卖行业骑手佩戴安全头盔。截至 2022 年底,美团向全国外卖行业骑手配发了 13.6 万顶智能安全头盔[3];2022 年,饿了么向全国外卖行业骑手配发 10 万顶智能安全头盔[4],智能安全头盔通过在头盔内部配置话筒和外呼设备,让外卖行业骑手在骑行时无须观看手机就可以接打电话,降低骑行安全风险,如图 5-3 所示。面向老年人,部分城市公安交管部门通过交通违法、交通事故信息排查电动自行车骑行重点老年群体,通过“上门”“入户”等方式开展交通安全宣传教育,提高老年人骑行安全意识。如河北保定市公安交管部门在 2023 年开展了“敲门行动”,发动主城区全体民警、

辅警深入社区,对驾乘电动自行车多次违法人员进行上门宣讲,用听得懂、接地气、暖人心的话语教育引导群众;用近期发生的典型交通事故案例,以案释法,警示其摒弃交通陋习。

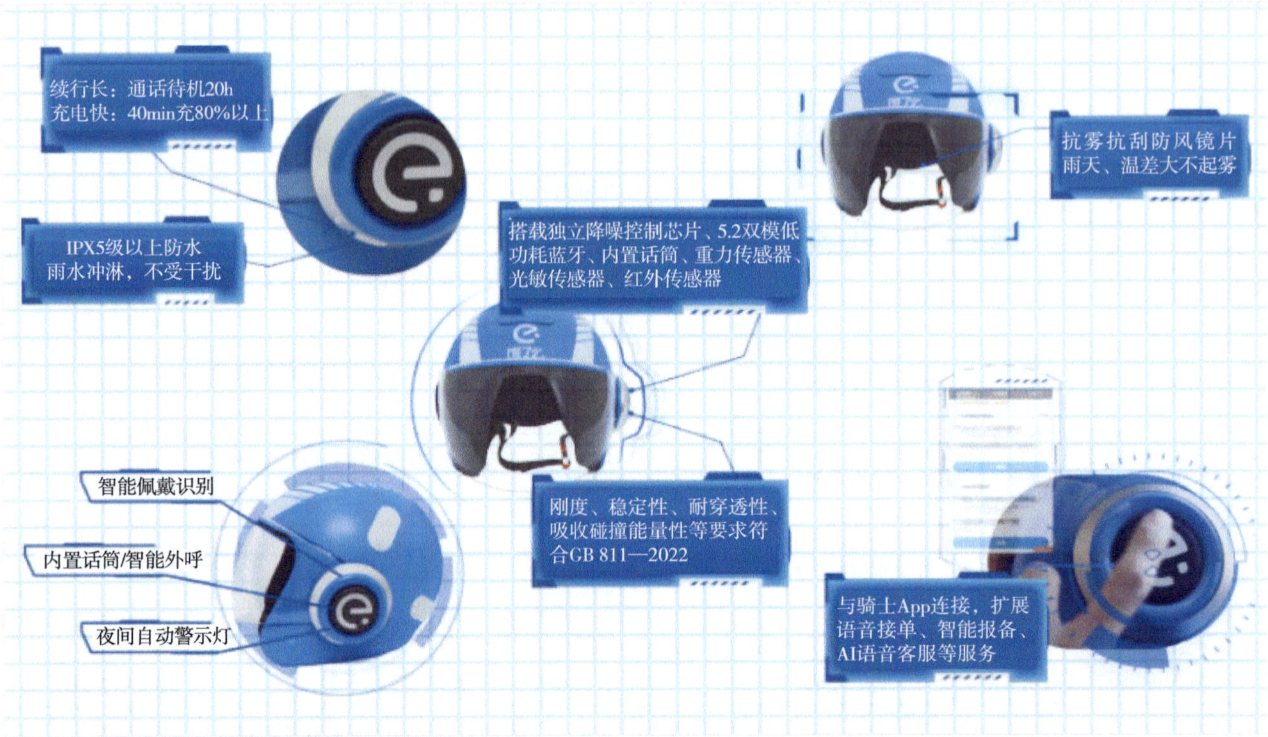

图 5-3 外卖行业智能安全头盔配置示例

图片来源:《2022 蓝骑士发展与保障报告》。

5.2.2 加大交通违法查处力度

法律政策的生命力在于执行,路面执法是改善电动自行车通行安全的关键。针对电动自行车量多面广的特点,各地公安交管部门突出重点、创新执法方式,持续加大了对电动自行车交通违法行为的整治力度,在电动自行车保有量快速增长的情况下,为强化城市道路交通安全赢得了工作主动性。

1)通过数据排查聚焦治理重点

上海通过“易的 PASS”等数据系统,梳理出了一批非机动车交通事故多发、交通违法高发的城市道路隐患点段,并根据非机动车闯红灯、逆行、闯禁“上桥入隧”、不在非机动车道内骑行、违法载人、电动自行车骑行者未按规定佩戴安全头盔等突出交通违法发生的时间特点,制定“一点一方案”,强化警力分布、提升整治频次,加大交通违法行为查处力度,及时消除交通事故风险。

天津强化警企合作,针对外卖骑手交通违法多发的情况开展“警企联控”。通过整合交通信号灯数据、平台骑手数据、GPS 行驶轨迹等信息搭建交通违法数据管理模块,对骑手的驾驶行为进行分析研判,第一时间将筛查出的闯红灯违法行为推送企业,由企业实施惩戒,推动企业加强内部管理。

2)问题导向加大路面执法力度

北京针对交叉口非机动车不在停止线内停车等候、闯红灯等突出问题,自 2023 年 11 月起在全市 161 处重点路口开展交通秩序环境专项治理行动,治理包括电动自行车在内的非机动车通行秩序。①在停止线前设置物理隔离设施。如在平安大街和赵登禹路的交叉口,非机动车骑行者在等红灯时常常会越过停止线,占用人行横道、人行道及交叉口内区域,严重影响过往行人和车辆通行。治理行动中,通过在非机动车道停止线前、在人行道与非机动车道边缘线之间设置伸缩栏杆，促使非机动车在停止线后停车、规范非机动车停车秩序。②针对群众反映强烈的快递外卖等行业从业者违法突出现状，公安交管部门深入快递、外卖企业，组织开展强化"面对面"教育，进一步促进快递、外卖驾驶员守法、规范通行，加强违法源头管理；同时会同市商务局、市邮政管理局加强与快递外卖行业主管部门信息互通，定期转递交通违法和事故数据，督促强化行业监管，加强源头约谈整改和监管处罚。

广州针对电动自行车违法加装改装现象，自 2023 年 7 月起在全市开展查处非法改装电动自行车专项行动，重点整治电动自行车非法加装、改装等违法行为。特别是对更换电动自行车蓄电池、电动机、控制器、轮胎、轮毂、减振器等大部件的行为，公安交管部门在路面加大现场查缉力度，并按《广州市非机动车和摩托车管理规定》进行扣留车辆、罚款等处罚。

厦门市公安局、市场监督管理局、城市管理行政执法局、消防救援支队于 2022 年 4 月联合发布了《关于加强电动自行车综合治理通告》，针对超标车、违法加装改装车辆、电动自行车交通违法行为等突出问题开展综合治理。自 2022 年 4 月 21 日起，厦门市公安局、市场监督管理局、城市管理行政执法局、消防救援支队组成联合执法队，展开联合执法专项行动，依法重点查处涉电动自行车违法行为。①高峰时段在关键路口开展常态化执法。全市公安交管部门于每日早、晚高峰时段，在全市 70 个关键路口设置固定执法点，重点查处电动自行车骑行违法行为。②平峰时段在辖区范围开展流动执法。工作日道路交通的平峰时段，由各交警中队分别组建执法队，同步在辖区路段进行流动执法。③夜间时段开展专项执法。工作日夜间各区交警大队分别保留两支执法队，在辖区开展电动自行车专项流动执法。

3）创新执法教育方式

针对电动自行车交通违法行为多发、非现场取证手段少、简单处罚易激化矛盾等问题，各地公安交管部门坚持"教育为主、处罚为辅"原则，进一步优化执法管理机制模式，探索优化执法教育方式，推动骑行者主动改变骑行行为。如深圳创新应用铁骑拍摄取证电动自行车交通违法行为，并通过人脸识别录入审核车辆登记备案情况，对未备案的电动自行车将现场予以查扣，已备案车辆则是跟当事人进一步确认该违法行为后，现场打印告知单，经本人确认后、缴纳罚款，逾期不处理的将会影响个人办理车驾管业务和个人征信。再如南宁结合现场执法需求设置学习点，通过对违法者采取观看教育视频、抄写法律法规、参加志愿劝导活动等教育方式，加强其对违法行为危害性的认识。

5.2.3 培育安全文明的骑行文化

针对电动自行车骑行者交通安全意识、规则意识、守法意识相对薄弱的问题，各地公安交管部门进一步加强宣传教育，引导安全骑行、守法骑行，培育安全文明的骑行文化。

江苏交警充分调动社会力量联动治理电动自行车交通，并推动将电动自行车交通违法行为纳入交通信用管理[5]。①组织志愿劝导活动。由公安交管部门、文明办、团委等部门联合发动在校学生、机关、企事业等单位工作人员以及文明交通志愿者，开展文明劝导活动。如常州组织中小学生家长志愿者在学校周边路段开展劝导，将不戴安全头盔的学生信息抄告学校共同加强教育管理。②完善信用管理制度。制定《江苏省文明交通信用管理办法（草案）》，将电动自行车严重违法行为及源头企业失信行为纳入交通信用管理。如南京成立交通信用管理中心，研发信用管理平台直接对接市信用部门，归集非机动车、行人失信数据。再如常州将电动自行车"违法大户"推送"常州市公共信用信息平台"。③推动行业示范引领。切实发挥行业自治、企业自律作用，看好自己的门、管好自己的人。常州、苏州等地联合快递外卖行业协会，引导企业按照条例规定为专兼职配送人员配备安全头盔、购买电动自行车相关保险。苏州市对外卖骑手实行"积分制"管理，及时将从业人员违法骑行情况通报企业纳入市场准入的必要条件。南通、泰州、宿迁等地将佩戴安全头盔纳入厂规公约，实行记录通报、限制进厂措施。④试行交通安全文明指数管理。将电动自行车交通安全纳入文明单位、文明家庭、文明校园、文明村镇创建评选内容。苏州、扬州、镇江等地将居民交通违法率与村文明户、文明家庭评比挂钩。苏州吴江打造“一盔一带”样板社区,在小区大门安装智能预警识别联动系统,电动自行车驾乘人员必须佩戴安全头盔后才能开启。南京、镇江对街道、乡镇试行交通安全文明指数“四色图”管理,将电动自行车交通安全状况纳入基层交通安全文明治理成效评估。

5.3 电动自行车限行措施

电动自行车限行措施是特殊的路权管理方式,通过对通行时段、通行范围的限制,对电动自行车骑行者上路行驶的权利进行约束。《中华人民共和国道路交通安全法》规定,公安机关交通管理部门根据道路和交通流量的具体情况,可对机动车、非机动车、行人采取疏导、限制通行、禁止通行等措施。须注意的是,电动自行车限行措施不是普遍适用的管理措施,而是基于电动自行车道路通行现状需要,从维护道路交通秩序、保障通行安全的角度判别是否应采取。自 2003 年以来,全国 36 个重点城市中已有 12 个城市对电动自行车进行了限行管理。限行管理措施均是在特定的发展阶段出台的,研究电动自行车限行措施需要放在城市交通整体政策环境中,综合考虑限行措施实施的阶段特征、实施的背景和效果,如图 5-4 所示。

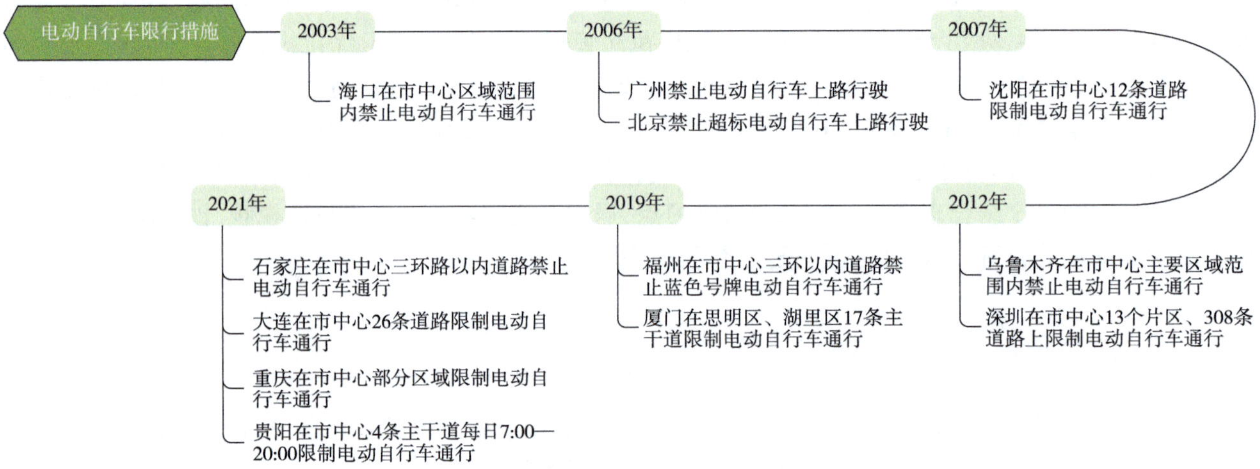

图 5-4 重点城市实施电动自行车限行措施时间轴线

5.3.1 限行措施的时序特征

不同于其他机动车通行管理措施,电动自行车车辆属性、车型认定经历了漫长的争议过程,路面通行管理缺乏明确的措施导向和充分的法律保障,电动自行车限行措施从制定到出台再到实施,往往会引起广泛的关注、讨论甚至质疑,措施的实施细节也是在城市道路交通发展演变、社会骑行需求变化过程中不断进行修正、完善。有的城市探索了短暂的、阶段性的电动自行车限行措施;有的城市坚持了长期的、延续性的严格上路骑行措施;有的城市实施了稳妥的、渐进式的扩大限行范围措施。如若从较长时间周期内回溯电动自行车限行措施的实施变化,不难发现,电动自行车限行措施与城市交通特征、车辆限行措施有密不可分的关联。

1）先禁行后限行

以北京为例。20 世纪末，电动自行车开始出现在北京道路上，当时车辆数量较少、骑行需求不高，电动自行车是作为摩托车、燃油助力车的补充替代方式存在。在 2000 年，北京进一步加大“禁摩”力度后，电动自行车出现了较快增长。截至 2001 年底，北京电动自行车保有量约 6 万辆[6]，且电动自行车尚无注册登记要求，成为处于监管空白地带的特殊交通工具。2002 年，北京市公安交管部门发布《关于加强电动自行车管理的通告》，为电动自行车发放临时牌照，并决定从 2006 年 1 月 1 日起全面禁止电动自行车上路骑行。而随着 2004 年《中华人民共和国道路交通安全法》的出台，给予了电动自行车合法地位，电动自行车被归类于非机动车，可以上路行驶。部分城市对电动自行车的管理思路也发生了转变，从禁止骑行转变为规范、限制骑行，北京也不例外。2005 年，北京市工商局、公安局、环保局、质监局联合发布《关于在北京市区域内销售电动自行车及电动自行车铅酸蓄电池产品进行登记实行目录管理的通告》，决定从 2006 年 1 月 1 日起对电动自行车进行登记，即取消实行电动自行车禁行措施，但对超标电动自行车仍禁止上路行驶。在放开电动自行车通行管理后，北京电动自行车出现了爆发式增长，截至 2015 年底，北京市电动自行车保有规模已超过 300 万辆。而这一阶段也是北京逐渐步入道路交通拥堵常态化的时期，2008 年、2011 年汽车限行措施相继出台。在城市道路网运行本就较为脆弱的形势下，电动自行车与其他交通方式的路权之争愈演愈烈，交通事故、交通违法量持续攀升，社会对电动自行车的通行乱象也达到了前所未有的关注程度。2016 年，北京公安交管部门发布通告，在长安街、府右街、正义路、复外大街、建国门外大街等 10 条机非混行区域较多的路段实行限制电动自行车通行的管理措施，在路面通行管理环节加大对电动自行车的治理力度，如图 5-5 所示。

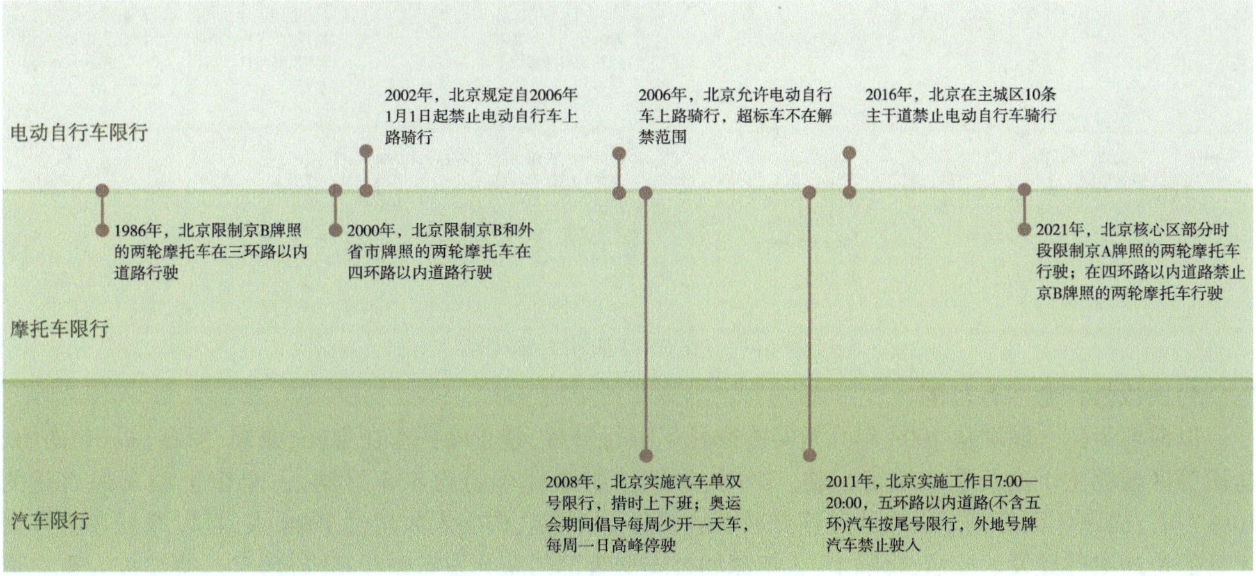

图 5-5 北京相关车辆限行措施概览

2）长期禁止上路骑行

以广州为例。自 1999 年开始，广州陆续出台摩托车限行措施，并不断扩大摩托车限行道路区域。受摩托车骑行需求管控的影响，城市居民开始选择电动自行车作为替代交通工具。而自 2000 年以来，广州小汽车、公共汽车、轨道交通进入了快速发展时期，道路资源整体向机动化出行方式倾斜，非机动车道悉数并入机动车道，非机动车交通特别是自行车呈现了萎缩态势、出行分担率下降至 10% 以下[7]。在这个阶段，电动自行车发展既不具备与骑行需求相适应的道路设施条件，也不具备良好安全性能、符合规范标准的车型条件。与此同时，电动自行车的增加却给城市交通治理带来双重挑战，若作为非机动车管理，城市道路不具备充足的通行条件；若作为机动车管理，电动自行车将会与汽车争夺路权，带来的交通问题可能不亚于摩托车。因此，限制电动自行车发展、控制骑行需求成为当时较为实际的管理选择。2006年，广州市公安局发布《关于对电动自行车和其他安装有动力装置的非机动车不予登记、不准上道路行驶的通告》，要求从2006年11月5日起，在市行政区域内，禁止电动自行车登记、上路骑行。在“禁电”措施出台前，广州市政府公布了万户电动自行车管理民意结果，近70%的受访者支持电动自行车禁止上路骑行的管理措施，也说明“禁电”措施在当时具备广泛社会共识和良好实施基础[8]。2007年，“禁电”措施实施的第二年，广州在中心区全面禁止摩托车行驶。此后，广州坚持对电动自行车、摩托车进行严格的通行管控。2011年、2016年，广州市政府分别发布《关于电动自行车和其他安装有动力装置的非机动车不准上道路行驶的通告》，决定在市行政区域内继续实施禁止电动自行车上路骑行的措施。但由于电动自行车生产、销售市场没有实行同步的监管限制，每年仍有大量电动自行车流入市场、违法上路骑行，给路面执法增加了巨大的管理成本，据统计，2011—2015年，电动自行车骑行人是广州道路交通事故中主要肇事方[9]。同时在这个阶段，慢行交通优先理念重回城市发展决策者的视野，系列支持自行车及步行交通系统建设的政策措施相继出台，广州慢行交通片区、自行车道及绿道建设得到快速推进，骑行友好的道路交通环境逐步形成。2018年，国家标准《电动自行车安全技术规范》（GB 17761—2018）正式出台，电动自行车车型在技术层面得到了统一。应该说，电动自行车的通行条件、车型条件均具备了一定的发展基础和保障。2021年11月，广州公安交管部门正式启动电动自行车上牌登记工作，取消了为期15年的“禁电”措施。广州相关车辆限行措施概览如图5-6所示。

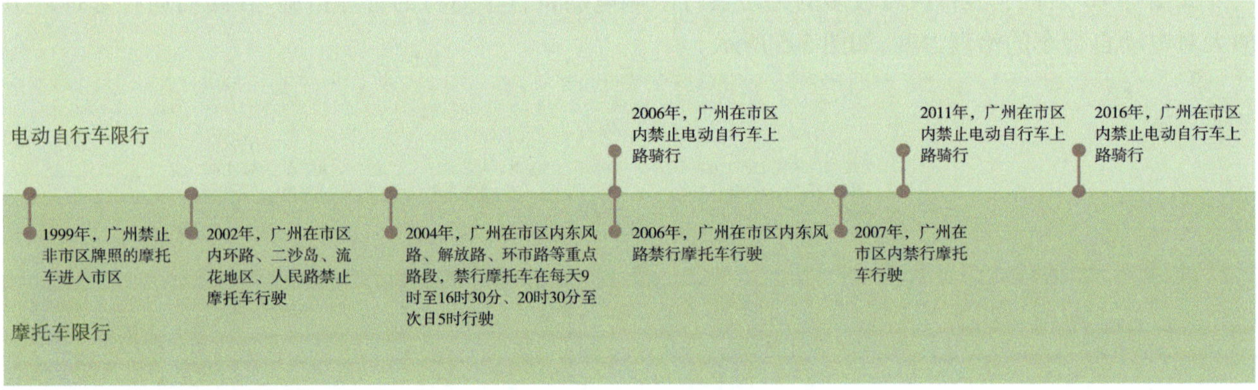

图5-6　广州相关车辆限行措施概览

3）阶段性调整限行范围

以深圳为例。深圳从2003年开始实施摩托车限行管理，禁止摩托车在宝安、龙岗、罗湖、福田、南山、盐田等区域的主干道及重点道路行驶。当时，深圳注册摩托车约为5.5万辆，占全市机动车保有量的10%左右，而每年因摩托车引发的道路交通事故超过1000起、伤亡人数超过1000人，且以摩托车为作案工具的抢劫案件频发。此后，每隔1~2年深圳公安交管部门就会发布摩托车限行公告，持续扩大重点道路摩托车限行范围。直到2010年，深圳公安交管部门发布公告，禁止摩托车在原特区范围内行驶，意味着城市中心区域全面“禁摩”。在对摩托车通行管理措施不断升级的8年期间，另一种交通方式——电动自行车迅速发展，成为摩托车的主要替代交通工具，而由其引发的城市交通治理问题愈发严重。2010年，深圳市所有道路交通事故中，电动自行车肇事导致的事故数量占比达19%，电动自行车骑行者在涉及电动自行车事故中的死亡率高达30.3%、受伤率高达72.8%[10]。而同时，道路上有近80%的电动自行车是超标车辆。2011年5月，深圳探索实行为期半年的禁止电动自行车上路行驶措施，但该措施受到了快递等民生服务行业的强烈质疑，并被暂停执行。之后，电动自行车通行管理延续了之前摩托车的管理思路，采用渐进式、逐步扩大限行范围的方式。2012年4月至2013年7月，深圳公安局连续发布了6期电动自行车限行通告，不断扩大限行片区和限行道路范围，在13个片区、308条道路上限制电动自行车通行,但民生服务行业的合规车辆不受限制[11]。2015 年 6 月,深圳公安交管部门发布电动自行车限行通告,继续扩大限行范围,在 9 个片区、664 条道路上限制电动自行车骑行[11]。2020 年 8 月,《深圳市电动自行车管理规定(试行)》正式施行,明确电动自行车注册登记制度。当时,深圳全市备案登记的电动自行车 235.8 万辆,其中 72.6% 的车辆为超标车辆[11]。随着电动自行车车辆规范化治理的推进,加之深圳城市交通目标逐步由"关注小汽车"向"关注交通弱势群体"转变,电动自行车通行管理的思路也有了相应调整。2022 年 1 月,深圳公安交管部门发布电动自行车限行通告,将原特区大范围限制电动自行车通行调整为小范围核心区域、重点路段限制电动自行车通行,在部分设置了非机动车道的道路上放开了电动自行车骑行限制,同时对民生行业电动自行车放开骑行限制。深圳相关车辆限行措施概览如图 5-7 所示。

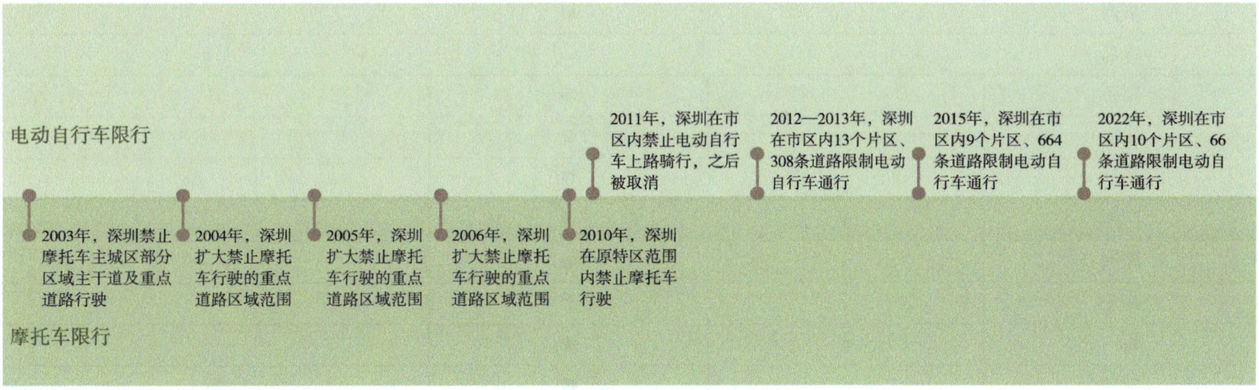

图 5-7 深圳相关车辆限行措施概览

5.3.2 限行措施的协同模式

电动自行车属于非机动车,在路权优先级上往往排列在摩托车、汽车等机动化交通方式之前。因此,电动自行车限行措施实施的时间节点通常在摩托车限行、汽车限行时间之后,影响范围、持续时间、限行力度通常也会小于摩托车或汽车限行措施。重点城市是各省(区、市)城市发展的标杆、区域发展的缩影,研究重点城市是探究电动自行车限行管理取向和效果的重点切入点,也是总结电动自行车过去发展规律、探究未来治理方向的重要基准点。从重点城市电动自行车限行措施看,主要呈现了四类模式,如表 5-3 所示。

重点城市车辆限行措施实施概况 表 5-3

重点城市	电动自行车限行管理	摩托车限行管理	汽车限行管理
北京	★	●	■
天津		●	■
石家庄	★	●	■
太原			■
呼和浩特		●	
大连	★	●	■
沈阳	★	●	
长春		●	
哈尔滨		●	
上海		●	■

续上表

重点城市	电动自行车限行管理	摩托车限行管理	汽车限行管理
南京		●	
杭州		●	■
宁波		●	
合肥		●	
福州	★	●	
厦门	★	●	
南昌		●	
济南		●	
青岛			
郑州		●	
武汉		●	
长沙		●	
广州	★	●	
深圳	★	●	
南宁		●	
海口	★	●	
重庆	★	●	■
成都		●	■
贵阳	★	●	
昆明		●	
拉萨			
西安			■
兰州		●	■
西宁		●	
银川		●	
乌鲁木齐	★	●	

注:★表示截至 2022 年 5 月,仍实行电动自行车限行措施;●表示截至 2022 年 5 月,仍实行摩托车限行措施;■表示截至 2022 年 5 月,仍实行汽车限行措施。

1)在“禁摩”措施实施基础上进一步限制电动自行车通行

北京、大连、福州、厦门、广州、深圳、乌鲁木齐等 7 个城市均是在摩托车禁行、限行措施实施一段时间后,摩托车保有量明显减少、电动自行车保有量快速增长的情况下,再探索实施电动自行车限行措施。如厦门于 1999 年开始在湖里区、思明区两个区域内禁止摩托车通行,于 2019 年开始在湖里区、思明区两个区域内 17 条主干道禁止电动自行车通行,这两项限行措施的时间跨度相隔 20 年,可见电动自行车限行措施虽是解决当下实际交通问题所需,但也是在“禁摩”措施有了明显实施效果的基础上推进的,电动自行车限行措施实施前存在缓冲带、过渡带。

2)同步推进“禁摩”“限电”措施

石家庄、沈阳、重庆、贵阳等 4 个城市对摩托车、电动自行车同步采取禁行或限行管理措施。如沈阳于 2007 年在中心城区同时采取摩托车和电动自行车限行措施,禁止摩托车在中心城区 48 条重点路段行驶,禁止电动自行车在中心城区 12 条重点路段骑行;又于 2009 年扩大摩托车限行的道路范围、延续电动自行车限行措施,禁止摩托车在中心城区三环以内道路行驶,继续禁止电动自行车在中心城区12条重点路段骑行。上述城市的电动自行车限行管理措施与摩托车限行管理措施同步实施,但摩托车限行范围要明显大于电动自行车,而且从措施延续性上看,摩托车限行管理的强度是逐渐加大的,但电动自行车限行措施没有太大变化。

3)实施摩托车限行管理、不限制电动自行车通行

天津、呼和浩特、长春、哈尔滨、上海、南京、杭州、宁波、合肥、南昌、济南、郑州、武汉、长沙、南宁、海口、成都、昆明、兰州、西宁、银川等21个城市实施了摩托车禁行或限行管理措施,但放开了对电动自行车的通行限制。其中,天津、上海、杭州、成都在主城区实施了"禁摩"措施和汽车限行措施,对个体机动化出行需求均形成了较为严格的管理取向,相对而言,电动自行车通行管理的取向偏于既不抑制、也不鼓励。呼和浩特、哈尔滨、宁波、合肥、南昌、郑州、武汉、长沙、海口、银川实施严格的"禁摩"措施;长春、南京、济南、南宁、昆明、兰州、西宁在城市中心区部分道路上禁止摩托车行驶。上述城市对摩托车采取了明确的、严格的限制通行管理措施,但对电动自行车普遍没有形成较为鲜明的通行管理导向。

4)对摩托车、电动自行车通行均不做限制

太原、青岛、西安3个城市在"禁摩"政策到期后,没有延续或发布新的摩托车限行管理措施,同时又恢复实施了对摩托车登记上牌的车辆管理措施,也体现出城市对摩托车通行限制管理有了松动的迹象;而这3个城市至今未对电动自行车通行采取限制措施。拉萨因城市机动化发展滞后的特殊性,一直未对汽车、摩托车、电动自行车等相关车辆采取限行管理措施。

5.3.3 限行措施的差异化管理方式

1)以号牌类别作为限行管理的依据

电动自行车的骑行不仅包括个体交通出行需求,也包括服务城市生产生活的民生需求;不仅包括骑行路线和时间都较为灵活的弹性出行需求,也包括骑行模式较为固定的刚性出行需求。面向确有差异的骑行需求特征,电动自行车限行措施在管理对象上会进行相应的区分、选取不同的管理措施,而此类差异化限行措施的实施依据就是车辆号牌种类。如福州,电动自行车限行措施主要针对外地号牌及蓝色号牌的电动自行车,限制外地号牌的电动自行车进入城市主城区骑行,限制蓝色号牌的电动自行车在城市三环路以内区域道路上骑行,而对注册登记要求较高、实行负面清单管理的黄色号牌的电动自行车不做通行限制。再如深圳,电动自行车限行措施是面向悬挂白色车辆号牌私人电动自行车,而悬挂蓝色号牌的民生行业电动自行车在备案登记后,骑行不受限行措施影响。

2)以区域范围作为限行管理的边界

《中华人民共和国道路交通安全法》明确了实施限行管理的依据,即公安机关交通管理部门根据道路和交通流量的具体情况,可对非机动车采取疏导、限制通行、禁止通行等措施。对于电动自行车而言,根据道路和交通流量确定限行区域范围是限行措施实施层面的首要任务,不仅需要明确道路限行管理的边界在哪里,更重要的是要体现调控道路交通流量、保障道路交通秩序的管理目标。以目前实施电动自行车限行管理的12个重点城市为研究对象,限行区域的划分主要包括三种方式:一是以路段作为限行单元,北京、大连、沈阳、贵阳、西宁将电动自行车限行范围具体划定至中心城区的主次干路路段上;二是以片区作为限行单元,石家庄、厦门、广州、海口、重庆、乌鲁木齐将城市中心区某个道路交通流量较大的区域作为电动自行车限行范围;三是综合路段和片区作为限行单元,深圳在城市各个区域内分别划定电动自行车限行的路段和禁止驶入的区域。综上,各类限行区域划分方式的适用条件存在明确区别。以路段作为限行单元,限行管理的边界更具体、更精准,适用于对电动自行车通行限制较少的管理模式;但同时也不应忽略其管理难度,特别是电动自行车骑行者往往会因骑行习惯或保持骑行不被中断,频繁地违反限行规定驶入限行区域。以

片区作为限行单元,限行范围较广、社会影响较大,适用于不鼓励发展电动自行车、严格电动自行车通行的管理模式;但在此类限行措施采取前应重视民意征集、社会舆情,避免引起管理矛盾。

3)以时间区间作为限行管理的重点

电动自行车限行管理措施既可以在空间范围上对电动自行车路权进行约束、限制,还可以在时间范围上对电动自行车路权进行管理。电动自行车限行时间通常是基于城市电动自行车骑行分布规律确定,即将道路上电动自行车交通量较多的时段作为电动自行车限行时段。相对于区域道路限行,以时间来限制电动自行车通行的管理手段较少被采用,目前仅贵阳限制电动自行车在白天时段、在划定的区域或路段行驶,自2021年起,贵阳规定中心城区的4条主干道每天7:00—20:00禁止电动自行车通行。从电动自行车限行时段来看,主要在日间限制电动自行车骑行,而在夜间取消电动自行车通行限制,由于夜间骑行需求相对很少,此类日间、夜间限行时段上的区分对电动自行车限行管理产生的影响甚微。

5.3.4 限行措施的实施效果分析

1)对抑制骑行需求的影响

2011—2021年,我国电动自行车保有量年均增长11.8%[12],仅次于汽车的年均增速12.4%,是我国增长速度较快的交通方式之一,也逐渐成为城市中主要的非机动化出行方式。然而,与汽车限购限行措施目标相似,当电动自行车出现了过快增长时,城市道路就面临路权矛盾快速积聚的压力,越来越多的城市探索通过需求管理手段调节道路上电动自行车交通量。

然而,电动自行车限行管理对抑制电动自行车骑行需求有怎样的影响、能起多大的效果,单从电动自行车保有量很难客观比较阐述,或许应该综合限行措施的实施节点、实施模式、差异化管理等多个因素,才能窥见其在千头万绪的电动自行车治理问题中发挥的局部调节作用。通过对部分城市摸底调研,得到了截至2021年底的相关电动自行车保有情况,如图5-8所示。相比较而言,电动自行车注册登记管理长期受车辆属性、车型争议的影响,管理措施缺乏法律标准保障、车辆治理问题积重难返;而电动自行车限行管理只需面向特定的道路或区域,在特定的时间禁止电动自行车骑行驶入,管理对象、管理范围、管理内容都较为明确,在执行层面也更易取得成效,对电动自行车保有需求、骑行需求的抑制效果也相对明显。

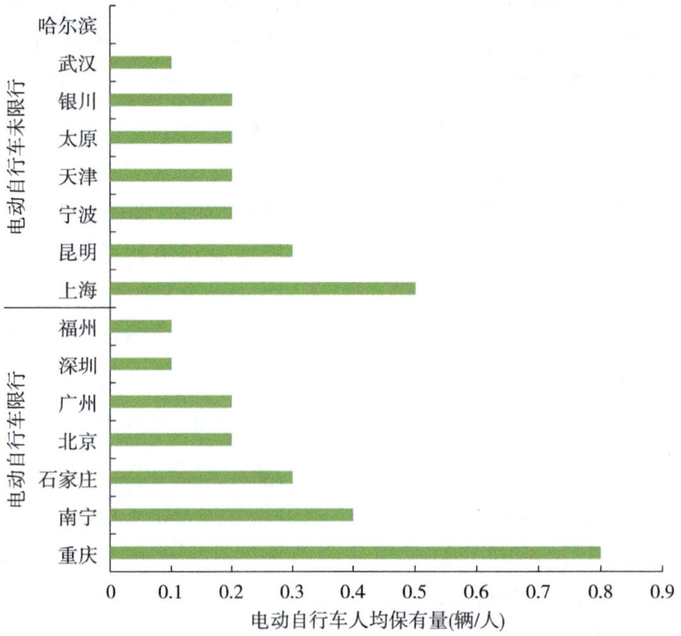

图5-8 截至2021年底部分重点城市电动自行车人均保有情况

(1)同等规模的超大城市。电动自行车通行管理越严格的城市,车辆保有水平也越低。如广州、深圳长期实行“限电”措施,人均电动自行车保有量为0.2辆、0.1辆;北京在中心区10条主干路上实施了近6年的电动自行车限行管理,人均电动自行车保有量为0.2辆;上海近30年来始终实行严格的电动自行车上牌登记制度,在路面通行管理方面未采取电动自行车限行措施,截至2021年底,上海人均电动自行车保有量0.5辆,即每两位上海市民就拥有一辆电动自行车;重庆于2021年在主城区部分道路上采取电动自行车限行措施,而在过去很长时间内都未对电动自行车通行做限制,加之其独特的山城道路交通条件,电动自行车骑行需求较为旺盛,截至2021年底,重庆人均电动自行车保有量0.8辆,接近每位市民都有电动自行车。

(2)同等规模的大城市。电动自行车保有情况不仅与通行管理措施有一定的关联,更明显的是受到区域骑行条件的影响。如昆明、宁波、哈尔滨均未实施电动自行车限行管理,但昆明、宁波道路交通条件、气候条件均适宜电动自行车骑行,昆明、宁波基本上每10位市民就拥有2辆电动自行车,而哈尔滨因气候相对寒冷、电动自行车骑行需求较少,平均1000位市民拥有仅5辆电动自行车;又如福州于2019年开始实施电动自行车限行管理,福州电动自行车限行范围广、措施力度大,南宁没有采取电动自行车限行管理,截至2021年底,福州人均电动自行车保有量为南宁的1/4。

2)对道路交通安全的影响

电动自行车骑行者是我国城市道路交通事故最主要的受伤害群体。2020年,我国重点城市中,因道路交通事故死亡的电动自行车骑行者为1641人、占道路交通事故死亡总数的20.6%;因道路交通事故受伤的电动自行车骑行者超过1万人、占道路交通事故受伤总数的24.4%[13]。电动自行车骑行者不仅自身存在较高的骑行安全风险,同时骑行者的交通违法行为也会对其他车辆、行人的通行带来严重交通安全威胁,电动自行车骑行尚未成为城市流动的风景线,却仍是城市道路上移动的“风险源”。

从道路交通事故伤亡情况看,比较未采取限行管理和采取限行管理的城市,综合限行措施采取的时长和实施的范围,基于2020年重点城市道路交通事故伤亡人员中电动自行车骑行者伤亡人数的占比数据[13],得到各城市的分布情况如图5-9所示。总体来看,同等规模、区域毗邻、骑行需求相当的城市,采取限行管理措施对电动自行车骑行安全有一定的积极效应。在未采取限行管理措施的城市中,电动自行车骑行安全与区域特征关系密切,东北、西北地区电动自行车骑行需求较小的城市,电动自行车交通事故伤亡人数相对较少;华东、华中、华南地区电动自行车骑行需求较大的城市,电动自行车交通事故伤亡人数相对较多。在采取限行管理措施的城市中,华东、华南骑行需求较大的城市,限行措施实施范围的影响比限行措施实施时长的影响更突出,即限行区域越大的城市,电动自行车交通事故相对较少。

(1)限行措施实施时间长、实施范围广。北京、沈阳均是在城市10多条主干道上限制电动自行车通行,沈阳电动自行车限行措施比北京早实施9年,2020年,沈阳电动自行车交通事故伤亡人数占比17.4%、北京为19.6%,差别较小。海口、深圳均是在城市部分片区、较多条道路上限制电动自行车通行,深圳电动自行车限行措施实施时间略长于海口,电动自行车交通事故伤亡人数占比也略低于海口。乌鲁木齐、广州均在主城区较大范围内限制电动自行车通行,广州限行措施比乌鲁木齐早6年,但电动自行车交通事故伤亡人数占比相对乌鲁木齐高出了9.3个百分点,也体现出区域骑行特征的影响更为显著,西部地区城市电动自行车骑行需求本就较少、伤亡情况相对较少。

(2)限行措施实施时间短、实施范围广。大连、重庆情况较为类似,电动自行车骑行安全情况相对较好,而近1~2年均开始探索实施电动自行车限行管理措施。2020年,大连是东北地区电动自行车交通事故伤亡人数占比最低的城市、为1.9%。2021年,大连在主城区26条道路上限制电动自行车骑行,成为东北地区继沈阳后第二个采取限行措施的城市。2020年,重庆是西南地区电动自行车交通事故伤亡人数占比最低的城市,为4.9%。2021年,重庆在九龙坡区划定电动自行车限行区域。福州、厦门均是华南地区、规模相近的城市,均是于2019年开始实施电动自行车限行措施,限行范围、实施力度较为接近,但福州电动自行车交通事故伤亡人数占比相对厦门高出了 10 个百分点。究其原因,可能体现在城市交通出行结构的区别,福州电动自行车出行意愿较为强烈、接近 40% 的城市居民倾向出行骑行电动自行车;厦门电动自行车骑行需求相对较低,在城市交通结构中的出行分担率为 19%[14]。石家庄 2020 年电动自行车交通事故伤亡人数占比达 32.3%,相比于同等规模的其他重点城市,电动自行车骑行安全问题较为突出;石家庄于 2021 年起在主城区三环路以内限制电动自行车通行,也是继北京后第二座采取电动自行车限行的华北城市,而且限行范围明显大于北京。

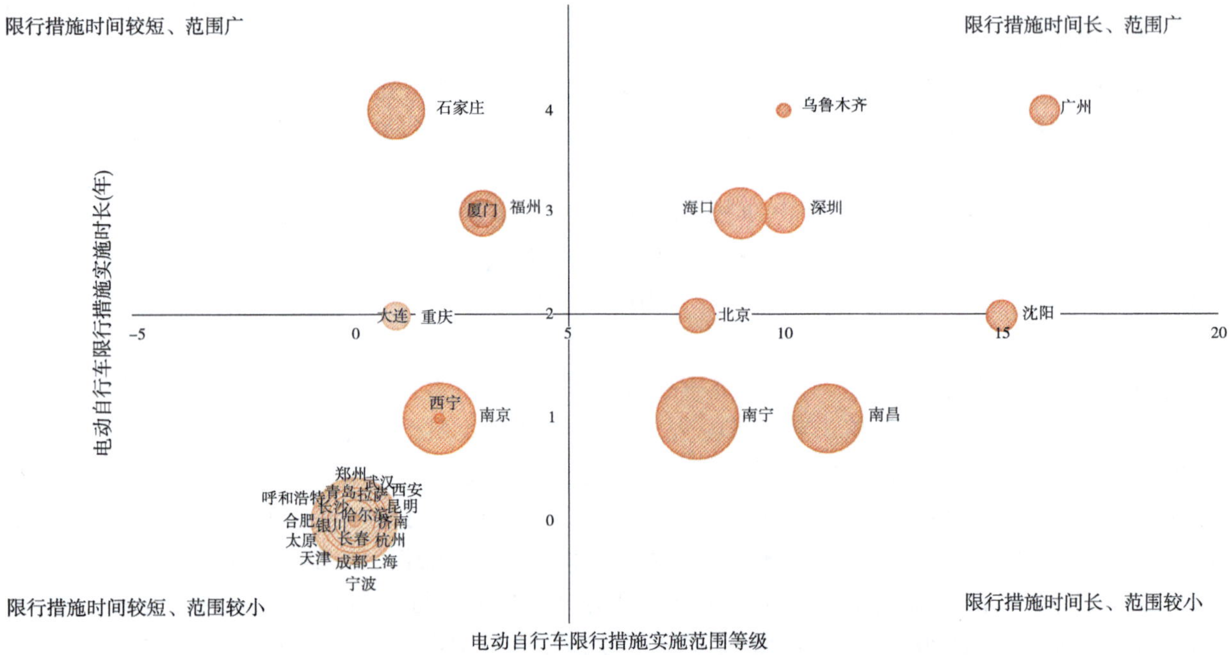

图 5-9　2020 年不同通行管理模式的重点城市电动自行车交通事故伤亡人数占比分布

注:0-没有采取限行措施;1-对外地号牌进行限行管理;2-在主城区部分道路进行限行管理;3-在主城区部分片区进行限行管理;4-在主城区或较大范围核心区域进行限行管理。

(3)限行措施力度较小或未采取限行措施。对于限行范围较小、限行时间较短的城市,限行措施对电动自行车骑行安全的影响并不明显。对于未采取限行措施的城市,区域特征的差异也带来了电动自行车骑行安全水平的差异。华北地区的天津、呼和浩特、石家庄电动自行车交通事故伤亡人数占比相对较高,接近 30% ~40%;东北地区的哈尔滨、长春电动自行车骑行需求少、交通事故伤亡人数占比也少,均未超过 10%;华东地区的上海、宁波、杭州电动自行车保有规模大、出行分担率均超过 20%,电动自行车事故伤亡人数占比也均超过 40%,电动自行车交通安全问题在重点城市中较为突出;华中地区的武汉、长沙、郑州电动自行车事故伤亡人数占比在 20% ~30%;西南地区的成都电动自行车骑行环境较好,其交通事故伤亡人数占比较低,为 17.4%,昆明电动自行车保有规模较大,电动自行车事故伤亡人数占比为 28.8%;西北地区的西安、兰州、银川电动自行车事故伤亡人数占比在 10% ~30%。

5.3.5　措施的评估与启示

1)电动自行车限行措施是摩托车管理模式的延伸

从重点城市视角观察,全国已采取电动自行车限行的 12 个城市,均是在摩托车限行措施实施一段时间后或几乎在同一时间实施电动自行车限行措施。措施实施的时间节点也反映和传递出电动自行车限行措施在管理思路上是摩托车的延续,只是电动自行车的限行范围、限行力度明显小于摩托车。但是,电动自行车限行措施的实施效果与摩托车差异非常明显。从20世纪80年代以来，重点城市就陆续开始实施摩托车限行措施，至今仅太原、青岛、西安取消了“禁摩”措施，摩托车几乎消失或很少出现在城市道路上。出现这种现象很大程度上是因为摩托车出行需求转移至了电动自行车，电动自行车作为城市摩托车的替代方式，在中短距离出行上具有轻快便捷、成本低廉的独特优势，其保有规模和出行分担率经历了较长时间的快速增长。而电动自行车限行措施实施后，并没有出现可替代、具有竞争优势的交通方式，电动自行车出行需求既没有理想化地转移至公交或自行车出行，也没有转移至出行成本相对较高的个体机动化方式。因此，即使在电动自行车限行措施实施时间较长、力度较大的城市，电动自行车的骑行需求依然存在而且持续增长，限行措施则更多的是调整了电动自行车的骑行路线和骑行时间。

2）电动自行车限行措施应出于对城市交通运行特征的准确理解

限行管理并不是解决电动自行车问题的最优方案、长久之策，具体来说，电动自行车通行管理措施应是车辆注册登记管理措施的拓展或辅助手段。电动自行车通行秩序和交通安全问题根本上还是社会交通文明意识的问题，包括生产销售者对电动自行车骑行需求的把握和车辆安全性能的重视，管理者对电动自行车问题的理解和治理思路，骑行者对安全防护措施的认知和遵守交通规则的意识，更在于每位交通参与者是否根植了系统的路权意识。从这个角度看，电动自行车限行措施应是末端的、临时性的管理措施，应是在协同车辆登记注册管理、机动车限行管理等组合措施的基础上进行的。因此，实施电动自行车限行措施的前提，是对城市交通运行系统复杂性、动态变化特征、发展演变趋势有着较为精准的判断，对电动自行车的骑行需求和骑行特征变化有着较为全新的理解，认识到电动自行车治理问题不能寄托于限行措施单一手段就能取得明显成效，而是需要从电动自行车所涉及的多个群体维度分析，持续探索、迭代优化电动自行车的综合治理方案。

3）电动自行车限行措施的时机关键但极难准确把握

车辆限行是交通需求管理的一种方式，通过交通政策或措施的导向作用，促进交通参与者发生交通选择行为的变更，以减少或消除城市交通拥堵[15]。面对电动自行车问题，对比已实施限行措施的重点城市，会发现措施实施的时长对电动自行车通行秩序、骑行安全的影响并不明显，这并不是说电动自行车限行管理措施的时间节点选取不重要，相反，限行措施时机的把握是治理电动自行车问题的关键，但很多城市没有在适当的时机采取正确的限行管理措施。电动自行车的通行问题并不在于车多就一定要限制，而是需要审视电动自行车在城市交通出行结构中所发挥的作用。如果城市正处于机动化向电动自行车出行转移的阶段，电动自行车对于整个城市交通系统能耗的减少、效率的提升是具有积极作用的，实施大范围电动自行车限行措施不符合城市交通系统的整体效益；如果城市正处于公交或自行车向电动自行车出行转移的阶段，电动自行车的社会效益就相对较低，若不适时抑制电动自行车骑行需求，公交客运量就会持续减少、城市道路资源就愈加紧张，城市交通系统整体效益随之降低。因此，电动自行车限行措施的时机把握是建立在对城市交通运行特征有着准确理解的基础上，是需要对城市交通发展趋势以及电动自行车治理风险有着敏锐感知和精准判别。

4）电动自行车限行措施的具体细节是实施成效的决定性因素

从重点城市电动自行车车辆保有规模、交通安全形势演变趋势看，采取了电动自行车限行措施却未必能取得预期的、明显的、正向的治理效果。电动自行车限行措施的成效不是通过车辆数量、交通流量、交通事故的减少直接体现；更不能简单地认为限行范围越大的城市，交通秩序就越好、道路交通事故就越少。电动自行车限行措施的成效取决于限行对象、限行范围、限行方式、限行时段、实施节点与城市交通运行特征的适配程度。如若将快递外卖行业电动自行车与私人电动自行车不加区分的限制通行，不仅会影响行业正常健康发展、激发管理矛盾，而且会影响城市民生需求、引发社会质疑；又如将主次干道、支小巷道不加区分的限制电动自行车通行，主次干道上的电动自行车交通量无法转移沉降到支路系统，电动自行车骑行需求确有存在，但又“无路可骑”时，违反限行规定的现象就会频繁、普遍发生，限行措施的执行力反而大打折扣，时间越长、成效越微弱；再如将城市中心区域与外围区域不加区分的限制电动自行车通行，外围区域道路交通流量相对中心区域较少，而且电动自行车是外围区域市民较为经济实用的交通工具，在外围区域限制电动自行车骑行不仅对道路交通通行的影响甚微，还可能缺少充分的社会认同基础，更易引起广泛质疑。

5.4 国外电动自行车路权界定

5.4.1 美国推进立法明确电动自行车路权

美国已有30个州在相关法律法规中要求电动自行车骑行不得占用人行道或自行车专用道，如图5-10所示。其中，纽约州禁止电动自行车上路骑行；亚拉巴马、阿拉斯加、马萨诸塞等3个州规定电动自行车只能在机动车道内骑行，禁止占用人行道或自行车专用道骑行；夏威夷、路易斯安那等19个州将电动自行车道路通行权与自行车通行权区分开来，规定电动自行车禁止占用人行道骑行；佐治亚、印第安纳等7个州对3级电动自行车限制了通行条件，规定禁止3级电动自行车占用人行道或自行车专用道骑行。此外，田纳西、新泽西、新罕布什尔、马里兰、南达科他等5个州不仅要求所有电动自行车不得占用人行道骑行，而且要求3级电动自行车不得占用自行车专用道骑行。

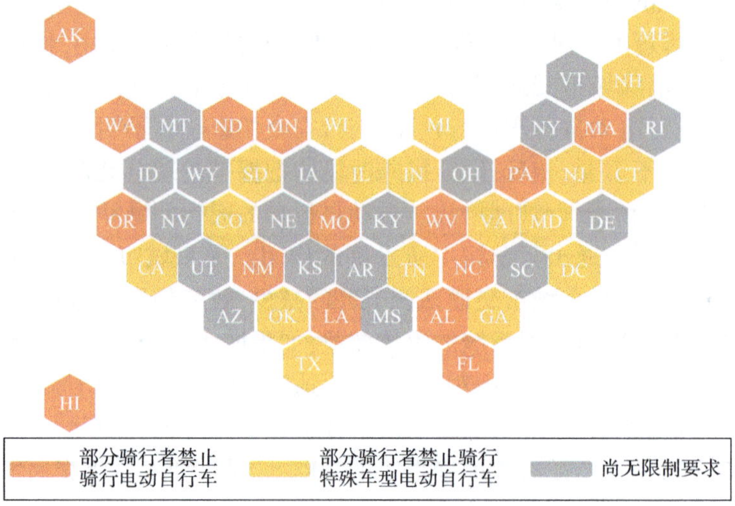

图5-10　电动自行车路权立法的各州情况分布

5.4.2 加拿大将电动自行车路权等同于自行车路权

加拿大有12个省和地区对电动自行车的路权进行了明确，将电动自行车作为一种特殊形式的自行车，参照自行车的相关规定对电动自行车进行使用管理，如表5-4所示。安大略、萨斯喀彻温、新不伦瑞克等3个省将电动自行车的路权完全等同于自行车，既可以在自行车专用道上骑行，在没有自行车专用道的情况下，也可以在人行道或机动车道上骑行；马尼托巴、魁北克等8个省将电动自行车视作自行车进行通行管理，应在自行车专用道内骑行，在没有自行车专用道的情况下，可以在机动车道上骑行，但是在相关法律法规中明确禁止电动自行车在人行道内骑行，避免电动自行车对行人通行安全产生影响，这与自行车的通行规则并不完全相同。

加拿大部分省和地区将电动自行车作为自行车管理的相关法律要求　表5-4

省和地区	骑行者年龄	安全头盔佩戴	通行规则
艾伯塔	禁止12岁以下骑行	所有骑行者必须佩戴	无要求
马尼托巴	禁止14岁以下骑行	所有骑行者必须佩戴	禁止在人行道上骑行
安大略	禁止16岁以下骑行	所有骑行者必须佩戴	与自行车通行规则完全相同
魁北克	禁止18岁以下骑行	所有骑行者必须佩戴	禁止在人行道上骑行
萨斯喀彻温	无要求	所有骑行者必须佩戴	与自行车通行规则完全相同
育空	无要求	无要求	禁止在人行道上骑行
新不伦瑞克	无要求	所有骑行者必须佩戴	与自行车通行规则完全相同
纽芬兰	无要求	无要求	禁止在人行道上骑行
西北	无要求	无要求	禁止在人行道上骑行
新斯科舍	无要求	所有骑行者必须佩戴	禁止在人行道上骑行
努纳武特	无要求	无要求	禁止在人行道上骑行
不列颠哥伦比亚	禁止16岁以下骑行	所有骑行者必须佩戴	禁止在人行道上骑行

1）立法明确要求骑行者佩戴安全头盔

通过立法明确要求骑行者佩戴安全头盔。虽然加拿大联邦政府机动车辆安全法规（MVSR）中仅对电动自行车进行了定义，对电动自行车的使用和通行没有设置任何要求。各州在面对电动自行车道路通行管理的现实时，逐渐将管理重点聚焦在骑行安全方面，与自行车骑行者的安全防护要求一致。截至2020年初，加拿大已有9个省和地区在相关法律法规中明确规定电动自行车骑行者必须佩戴安全头盔，如图5-11所示。

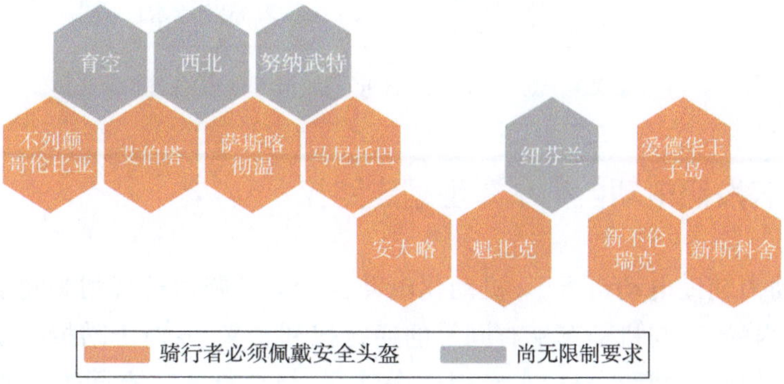

图5-11　加拿大关于立法明确电动自行车骑行者佩戴安全头盔的各省和地区分布

2）立法明确禁止电动自行车在人行道骑行

大部分的省和地区将电动自行车道路通行权等同于自行车，但限制在人行道骑行。加拿大仅爱德华王子岛将电动自行车归类为轻便摩托车，电动自行车道路通行权等同于机动车，规定仅在机动车道内行驶，不得占用人行道或自行车专用道骑行。其余12个省和地区均将电动自行车通行权等同于自行车，可以在自行车专用道内骑行。但是，考虑电动自行车骑行速度明显高于自行车，为了减少电动自行车骑行对行人通行安全的影响，不列颠哥伦比亚、艾伯塔等9个省和地区通过立法明确禁止电动自行车在人行道内骑行，如图5-12所示。

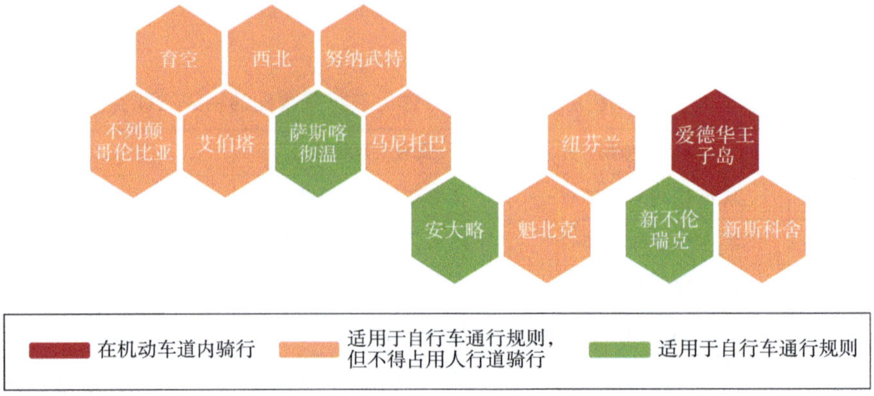

图 5-12　加拿大关于电动自行车路权规定的各省和地区分布

3)对电动自行车骑行者年龄不做限制

由于将电动自行车定义为自行车或带辅助动力的自行车，加拿大大部分省和地区将电动自行车的使用和管理完全对照自行车进行，电动自行车相对于其他交通方式具有低速、低风险的特征，因此，如萨斯喀彻温、纽芬兰等 7 个省和地区对电动自行车骑行者年龄没有做限制；而艾伯塔、马尼托巴等 6 个省和地区规定一定年龄以下的青少年禁止骑行电动自行车，如图 5-13 所示。

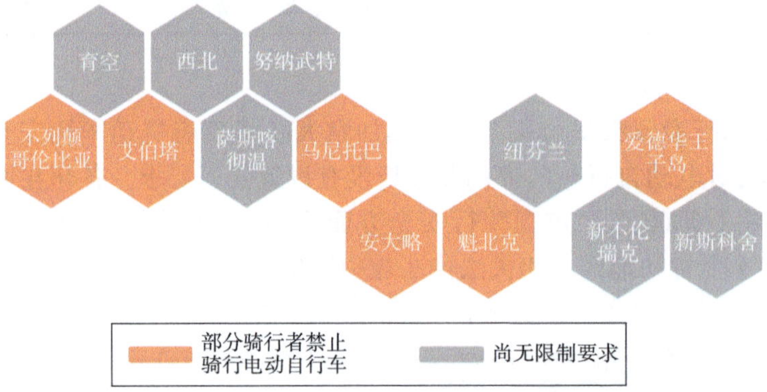

图 5-13　加拿大关于立法限制电动自行车骑行者年龄的各省和地区分布

5.4.3　欧盟地区按照电动自行车车型划定路权

欧盟成员国对于动力辅助电动自行车、机动化电动自行车道路通行规则等同于轻便摩托车道路通行规则，通常在机动车道内骑行，与机动车享有同等的通行权利和义务；对于踏板电动自行车道路通行规则等同于自行车道路通行规则，通常在自行车专用道内骑行，与自行车享有同等的通行权利和义务。等同于轻便摩托车的：欧盟部分成员国如荷兰，不仅允许电动自行车在机动车道内骑行，而且在特定情况下允许电动自行车在自行车专用道内骑行；欧盟部分成员国如法国，规定电动自行车只能在机动车道上骑行，在多条机动车道的道路上应靠近左侧骑行，与客车、货车混行，骑行者必须佩戴摩托车安全头盔并穿戴黄色反光背心。等同于自行车的：欧盟部分成员国如德国，将踏板电动自行车作为自行车管理，在道路上或人行道上设置了自行车专用道的情况下，只能在自行车专用道内骑行。在没有设置自行车专用道的情况下，一方面，踏板电动自行车可以在人行道与行人混行，且电动自行车骑行者必须让行行人；另一方面，在设有混行标志的情况下，可以在道路上与机动车混行，机动车应让行自行车。同时，踏板自行车与自行车一致，禁止在机动车专用道、快速路上骑行，如表 5-5 所示。

德国将踏板电动自行车作为自行车管理的相关法律要求　　表 5-5

通行规则适用情形	通行规则	示例图
人行道上设置自行车专用道	踏板电动自行车只能在自行车专用道内骑行	 
机动车道上设置自行车专用道	踏板电动自行车只能在自行车专用道内骑行； 自行车专用道是白色实线时，即为强制车道，任何时候机动车不可占用； 自行车专用道是白色虚线时，机动车正常行驶情况下不可以占用，但在避让对向车辆等特殊情况下可以占用	 
人行道上与行人混行	在没有设置自行车专用道的情况下，人行道上设置了行人与自行车混行标志时，踏板电动自行车可以在人行道上骑行，但必须让行行人	 
机动车道上与车辆混行	在没有设置自行车专用道的情况下，道路设置了对自行车通行开放的标志时，踏板电动自行车可以与机动车在道路上混行，机动车应让行踏板电动自行车	 
禁止骑行	在设置了机动车专用道、快速路、人行专用道等标志情况下，禁止踏板电动自行车在机动车道或人行道骑行； 在设置了禁止自行车骑行的道路，禁止踏板电动自行车骑行	

欧盟对于动力辅助电动自行车和踏板电动自行车骑行者的年龄不做要求，各成员国根据道路交通管理实际情况制定相关法律法规。德国、丹麦规定 8 岁以上人员才可以骑行自行车，这个要求同样适用于动力辅助电动自行车和踏板电动自行车骑行者；又如瑞士规定只有达到法定上学年龄的人员才可以骑行自行车，这个要求同样适用于动力辅助电动自行车和踏板电动自行车骑行者。同时，欧盟规定机动化电动自行车骑行者不得低于 16 岁，并且通过相关考试才可以获得骑行许可（AM 驾驶执照）。各成员国在欧盟规定的基础上，相应地将年龄限制要求上调至 18 岁或下降至 14 岁。如奥地利、丹麦、芬兰、捷克、斯洛文尼亚、西班牙、瑞典规定机动化电动自行车骑行者不得小于 15 岁；如爱沙尼亚、拉脱维亚、法国、意大利、波兰、匈牙利规定机动化电动自行车骑行者不得小于 14 岁；又如荷兰规定机动化电动自行车骑行者不得小于 18 岁；德国、爱尔兰、希腊与欧盟规定一致，要求机动化电动自行车骑行者不得小于 16 岁。

综上，欧盟对电动自行车通行规则的制定是以电动自行车类型为判断依据，动力辅助电动自行车、机动化电动自行车在欧盟法规上被归类为机动车，但在骑行者使用条件、道路通行路权等方面又有明显区别；踏板电动自行车在欧盟法规上被归类为自行车，骑行者使用条件、道路通行路权基本与自行车一致，如图 5-14 所示。

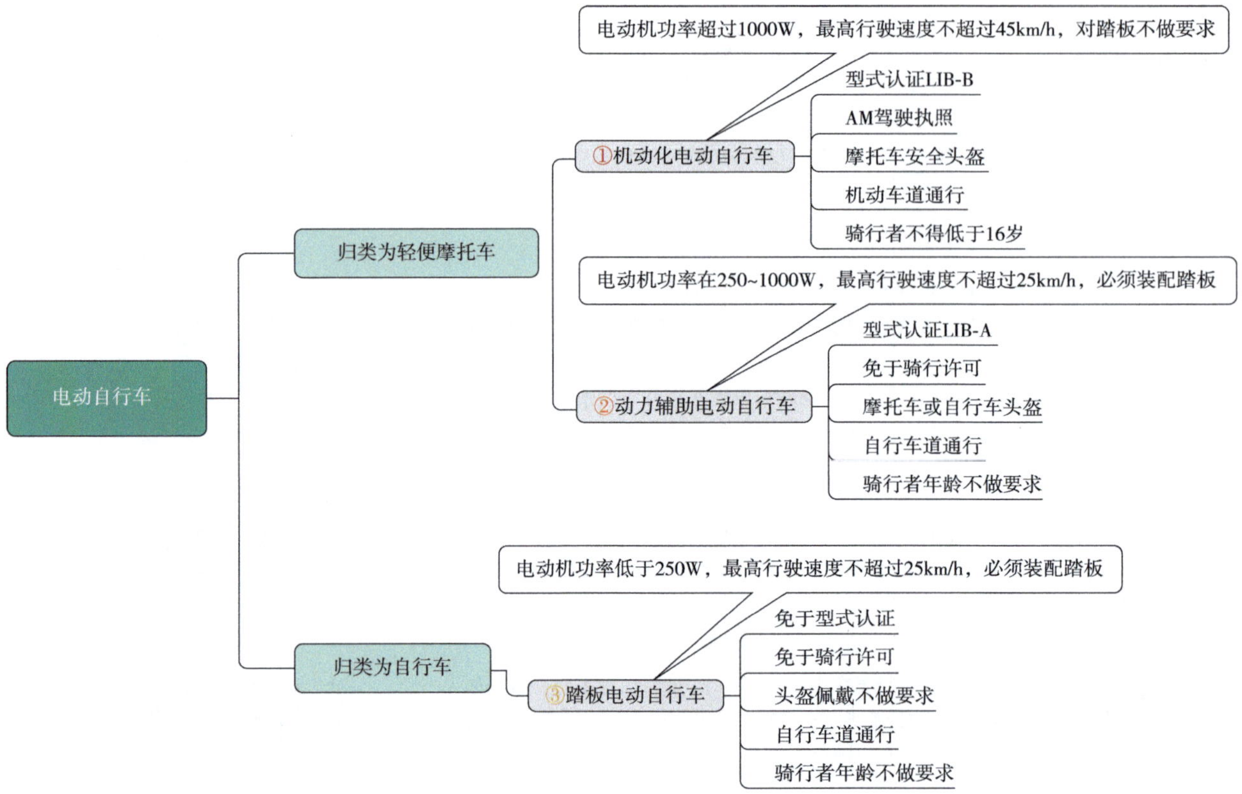

图 5-14　欧盟各类车型条件的电动自行车使用及通行管理相关规定

5.5 国外非机动车通行安全管理

包括电动自行车在内的非机动车骑行者是道路交通出行的脆弱群体，每年约 4.1 万名自行车骑行者在交通事故中丧生，占全球道路交通事故死亡人数的 3%[16]。结合世界城市经验看，推进形成更安全的道路、更安全的行为、更安全的意识、更先进的技术是提升骑行安全的普遍策略。

5.5.1　基于事故溯源开展道路交通设施安全评估

纽约于 2014 年提出道路交通事故及伤亡“零愿景”计划，交通事故不再被看作“意外”，而是作为可预防、可避免的事件。从纽约经验看，通过高质量的交通事故数据收集，建立交通事故数据溯源分析和道路交通设施工程改造联动机制，是改善道路环境安全、减少交通事故的有效措施。

1）建立道路骑行安全风险评估指数

纽约交通警察局、交通局自 2006 年以来每年会持续发布自行车骑行者交通事故分析报告。基于道路交通事故数据库，根据自行车骑行者的交通事故死亡人数和重伤人数建立骑行安全风险评估指数（KSI），对事故地点进行地理编码、制作成安全风险热点地图。

2）确定道路交通设施安全改造的优先级

结合骑行安全风险评估指数和自行车道网络密度，对存在安全隐患、需要进行工程改造的道路交通设施进行排序。根据风险评估情况，在骑行安全风险高、非机动车道网络密度低的区域，每年选取超过20条道路、10个交叉口进行安全升级改造，把城市交通管理的注意力从分散的每个交叉口聚焦到风险集中、距离更长的路段路口。

3）跟踪反馈道路交通设施的改造效果

对于设置受保护的自行车道、设置转弯车辆让行区域、缩小交叉口转角转弯半径、设置自行车全相位等道路交通设施改造措施，通过对比措施实施前和实施后的骑行者交通事故伤亡人数和道路自行车交通流量数据，评估各类改造措施对骑行安全的提升效果，以便选取更有效的措施、在更大范围内推广实施。

5.5.2 通过更聚焦的执法治理确保更安全的交通行为

规范驾驶人和骑行者交通行为是提升骑行安全的关键，立足城市交通管理，推进完善立法、开展专项执法、加强安全教育等策略可取得较好效果。

1）推进完善立法

除机动车让行要求外，机动车与自行车保持安全距离近些年在法律层面得到了更多的关注。美国有28个州立法规定机动车在行驶超越自行车时应至少与自行车保持0.9m的距离；澳大利亚启动了“重要的1m”运动，要求机动车在超越自行车时必须保持至少1m的安全距离，当机动车行驶速度达到60km/h必须与自行车保持1.5m的安全距离。同时，为提高执法效率，美国城市警察探索推进在机动车和自行车上安装声呐和微波设备，以便随时检测车辆间距、甄别违法行为。

2）开展专项执法

纽约交通警察局对近10年所有自行车交通伤亡事故进行分析，发现自行车与机动车同向侧面碰撞、直角正面碰撞、转弯侧向碰撞等3种事故形态最易导致骑行者伤亡[17]，如图5-15所示。以此为依据，纽约交通警察局和交通局从2016年每月联合开展“安全通过行动”，选取交通流量大、骑行安全风险高的100个交叉口及路段为行动地点，针对机动车转弯时未让行、未打转向灯、路内违法停车或占用自行车道停车、货车超限及未按规定路线行驶等4类机动车危险驾驶行为，及自行车违反交通信号通行、逆行等两类自行车危险骑行行为开展重点执法管理。

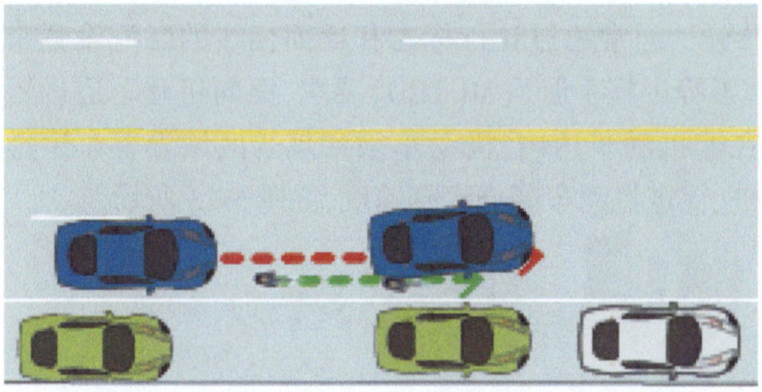

a）自行车与机动车同向侧面碰撞

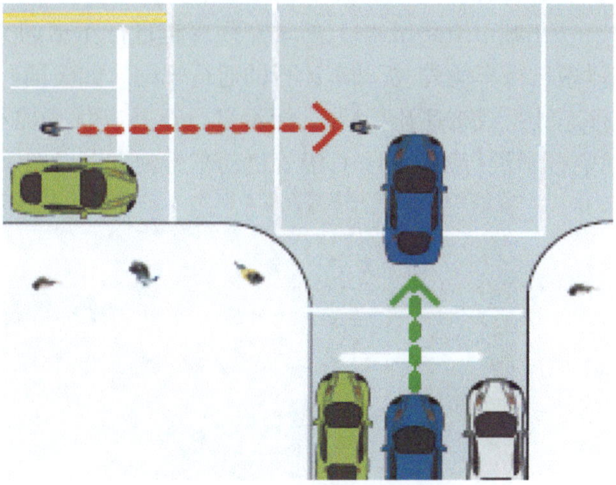

b）自行车与机动车直角正面碰撞

图 5-15

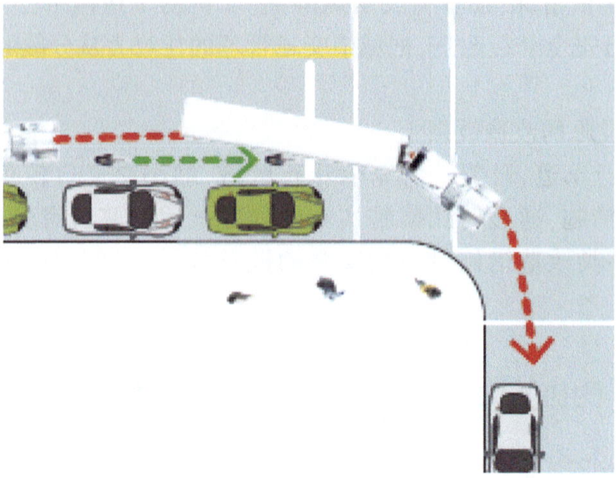

c) 自行车与转弯机动车侧向碰撞

图 5-15　纽约 2006—2016 年自行车交通伤亡事故的主要事故形态

3) 加强安全教育

执法策略必须有良好的传播策略配合,确保公众支持和各利益攸关方参与,从而使守法最大化。纽约交通局开展了系列骑行安全教育和活动。如"货车视野"宣传,在全市社区活动上向骑行者和行人讲解货车通行盲区;如"抬头看"宣传,在交通繁忙的公交站台和报刊亭提醒骑行者和行人遵守交通规则;又如"注意"宣传,通过广告宣传提醒车辆驾驶人及乘客在驾驶时或进出车辆时,应注意骑行者;再如"不要急躁"宣传,通过广告宣传提醒骑行者需有安全、负责任的骑行行为。

5.5.3　交通管理设施设置与路权界定相匹配

欧洲、北美城市均重视和保障非机动车路权,将骑行者作为弱势交通群体给予适当的优先保障。如美国、荷兰等国家的城市通过设置完整、全面的交通标志、标线,从细节上营造非机动车通行空间领域感,引导非机动车、机动车各行其道。

1) 道路出入口自行车优先通行

在城市道路出入口,机动车须穿越自行车道的交织路段,通常通过让行标志和地面标线的匹配设置来体现自行车优先、机动车让行的通行规则。如美国《交通工程设施手册》(MUTCD)要求,面向机动车道设置停车让行或减速让行标志、标示自行车具有优先路权;在非机动车道内、机动车须穿越的区域设置车道虚线、标示混行路段;同时,沿着机动车行驶方向设置隔离桩、促进机动车降低穿越速度,如图 5-16 所示。

图 5-16　美国部分城市道路出入口让行标志标线设置示例

2)交叉口自行车道内的自行车优先通行

在城市道路交叉口,直行、转弯机动车与自行车存在通行冲突,通过让行标线的施划标示非机动车道内的自行车具有优先路权。如荷兰《自行车交通设计手册》要求,在交叉口内的非机动车道外侧、面向机动车行驶方向施划白色三角形、“鲨鱼齿”状的让行标线,提示机动车驾驶人应减速让行,如图5-17所示。

图5-17 荷兰部分城市道路交叉口非机动车道前让行标线设置示例

3)交叉口进口道的混行区自行车优先通行

美国部分城市道路交叉口,在进口道有限、自行车交通流量较小的条件下,设置了转弯机动车与自行车的混行区域,机动车可借自行车道实现交叉口转弯。在混行区域入口处设置让行标线,标示自行车具有优先路权,转弯机动车驾驶人应减速让行区域内的自行车,如图5-18所示。

图5-18 美国部分城市道路交叉口进口道混行区入口处让行标线设置示例

4)混行道路上自行车、机动车具有同等路权

在没有设置自行车道而施划了“共用标记”的道路上,自行车和机动车具有同等路权、共享道路。虽然混行道路上自行车和机动车路权同等,但骑行者和机动车驾驶人也必须遵守相应通行规则、规范各自交通行为,以确保通行安全。如纽约《驾驶人手册》中对混行道路上的通行规则进行了详细规定,其中骑行者不能并排骑行超过两个人、在转弯和停靠时必须使用手势信号;机动车驾驶人开车时应与骑行者保持安全距离、在超越自行车时必须减速防止影响自行车骑行平衡。

① 1in = 0.0254m。

5.5.4 建立骑行数据库、优化非机动车通行管理措施

非机动车交通管理领域的技术创新为改进道路交通设施安全、改善非机动车通行秩序和安全提供了更高效的解决方案。

1)建立道路骑行设施数据库

伦敦于2019年建立了全面的骑行基础设施数据库,收集了每条街道上的骑行设施数据,包括2000多千米自行车道、5.8万块自行车交通标志及道路标识、14.6万个自行车停车位[18],并基于数据库信息开发应用数字骑行地图,为城市骑行者提供有效服务指引,也为城市规划和投资提供价值信息参考。

2)建立骑行交通流量监测体系

伦敦在中心区及其他重要道路上设置了约2500个观测点,采用计数和摄像的方式,对骑行流量进行常年观测。哥本哈根建立了全市自行车信息系统,通过在自行车道旁安装的"自行车计时器",自动识别经过的自行车并显示每日和每年的道路断面自行车累计流量,为出行人提供实时数据。

3)数据驱动通行管理措施的优化

伦敦交通局建立了伦敦自行车网络模型,集成路网数据、骑行需求数据、网络调查数据、手机信令数据,可在战略层面上估算自行车路线、路程时间和流量,从而对骑行线路的安排和政策进行评估。哥本哈根在自行车交通流量分析和预测基础上,建立了自行车绿波系统,即上下班高峰时段,按照20km/h的自行车设计速度对绿波路段的多个信号灯路口采用自行车信号联动,措施实施后,全市自行车的骑行速度提升了超过30%。

5.5.5 构筑安全文明的骑行文化

世界上自行车相对发达的城市皆在其悠久的历史中交织着浓厚的骑行文化。自行车文化可以向城市居民传递低碳、健康理念,增强城市居民对自行车骑行益处的认同,从而影响城市居民的出行选择和骑行行为。

1)深入人心的规则意识和终身受益的骑行习惯

在给予骑行者舒适、安全的骑行环境的同时,还需提供一套完整的安全意识规范和自行车交通规范,让驾驶人、骑行者、行人尊重各自路权。

(1)开展骑行技能培训。哥本哈根非常重视针对各类人群的培训工作,每年派训练有素的"自行车大使"到社区里为居民进行安全骑车的示范。对于青少年,哥本哈根为所有在校生提供定期自行车交通安全教育和培训,并由交警入校考核。2021年,89%的哥本哈根市民没有在骑行中受到交通事故伤害[19],这主要得益于骑行者良好的骑行习惯,包括在超车时应先注意后方车辆;在自行车道内靠右侧骑行;在停车或转向时通过手势示意。

(2)培养"车座上的儿童"。鼓励更多的儿童和青少年骑自行车上学是培育自行车文化的重要措施,如丹麦"所有儿童骑车"、澳大利亚"安全上学路计划"等,均聚焦儿童和青少年安全骑行的宣传和教育。一方面,从小就有骑行体验、接受骑行教育,为自行车骑行文化的持续弘扬打下基础,让安全意识、规则意识在人生启蒙阶段就厚植于心;另一方面,小时候是骑行者,长大成为机动车驾驶人后会对骑行者有更多的同理心和关照心,会更好地理解通行规则、维护交通秩序。

(3)推动改变驾驶行为。在汽车文化根深蒂固的纽约,着眼于促进自行车发展目标,城市管理者将保护自行车路权、骑行安全宣传分解为一个个具体的项目,由政府管理部门、社会公益组织、社区组织协作,通过持续的资金保障、效果评估推动项目的执行。自行车骑行文化与街道、与道路交通系统交融,城

市的街道、驾驶人行为得以从细微处做出改变，以更多的骑行者创造更多的骑行基础设施需求，带动更多人骑自行车出行，促进更多的驾驶人改变行为，形成道路交通安全良性循环[20]。

2）人人参与、自行车友好的城市骑行氛围

在促进自行车交通发展的过程中，不论是在战略规划制定环节，还是在交通设施改造优化及路面执法管理环节，多样化的公众参与、多渠道的社会调研、多形式的意见表达均对自行车骑行文化的传播普及起到积极推动作用。如哥本哈根的在线地图风险标注。2020年，哥本哈根市面向全市小学生和家长开展骑行风险地点调研，共收到7000份答复及13600个具体的风险点。小学生和家长在骑行过程中对安全的感受通过风险地图的绘制传递给了城市管理部门，为学校、运动场和其他儿童休闲娱乐场所骑行设施的改造提供了关键依据，形成了学生、家长、政府部门对提升自行车骑行安全的普遍共识和推动合力。再如伦敦的城市骑行障碍调研。伦敦市交通局定期通过电话、网络和现场访问，对骑行者和非骑行者的态度、感受和意见进行调查。调研发现，安全是阻碍自行车骑行的首要因素，50%的伦敦市民因担心发生自行车交通事故而不骑车；其次就是缺乏骑行信心，20%的非骑行者因年龄和体力原因不骑车，或因对骑行环境、通行规则、骑行路径不熟悉而不骑车[18]。针对骑行障碍调研，伦敦市政府制定了包括完善骑行空间、优化骑行流程、扩大骑行用户群体等对应策略，优化社会环境和道路条件，改善市民的骑行体验和感受，逐渐打破骑行障碍、激发骑行潜力。

3）融合交通方式和城市生活的大众骑行风尚

欧洲城市通过持续的宣传推广，自行车文化被社会大众广泛接受和推崇，自行车承载健康、低碳、可持续发展等多元价值，成为交通方式与生活方式的融合载体。

（1）开展自行车主题活动。哥本哈根、阿姆斯特丹一直以来非常重视自行车相关的宣传活动，如每年举办自行车节、无车日、“骑车上班”“骑车上学”等活动，旨在提升自行车形象，弘扬自行车文化。同时，很多城市提出易于传播的理念和口号，如哥本哈根的“构建世界最佳自行车城市”、波特兰的“处处自行车”、伦敦的“健康街道和健康人民”等，以自行车作为社会联系的纽带，让更多市民找到城市的归属感。

（2）开辟骑行文化线路。自行车道通常与城市自然人文景观和特色区域相结合，如柏林，沿着柏林墙建设了160km的环形骑行线路，并将骑行线路划分成14个路段，每条路段长7～21km且起点和终点都与公共交通接驳。骑行者可以根据自身的体力和兴趣规划“骑车寻访柏林墙”线路，不仅丰富了骑行体验，也让骑行者更好地欣赏和理解城市。

（3）提供骑行友好设施。哥本哈根、阿姆斯特丹当地企业为鼓励员工骑车，建设了系列配套设施，如为自行车停车场加盖挡雨棚、为骑行员工提供淋浴间和更衣室，给予了骑行者“城市欢迎自行车”的氛围，让骑行活动从各方面融入日常生活中。纽约市交通管理部门为提升骑行安全、减少自行车交通事故，在自行车销售门店、社区活动上免费发放城市骑行地图及智慧骑行贴士，在全市相关安全活动上免费发放自行车铃、车灯、安全头盔等骑行装备，推进骑行者加强安全防护。

5.6 相关启示及建议

5.6.1 运用数字技术更好理解电动自行车交通运行特征

电动自行车只是城市道路上的一种交通方式，随处可见、比比皆是，但研究解决电动自行车治理问题还需要从城市交通的全视角来探索,而数字技术为此类研究提供了很好的切入点。数字化技术使交通信息在人、车、路之间的实时交互成为可能,不仅可以掌握城市交通所处的发展阶段和运行演变特征,而且可以通过数据总结规律,揭示未来城市交通发展趋势,为深刻、准确把握城市交通运行特征提供了技术途径,也为全面理解电动自行车问题提供了窗口。构建"聪明的路""智慧的车"或许是缓解电动自行车问题最有效的技术途径。"聪明的路",即是在城市交通新基建背景下,借鉴车路协同、自动驾驶发展思路,构建城市非机动车设施电子档案,包括数字化呈现电动自行车的道路设施情况,布设路口路侧感知设备,建立非机动车道或电动自行车车道长度、宽度、连接情况、成网特征以及机非隔离设施设置情况,建立交叉口非机动车进口道、导流线、等候区及信号灯设置等交通组织信息体系。"智慧的车",可应用 RFID 射频和蜂窝物联网技术获取电动自行车动态骑行信息,从个体出行角度量化评估骑行需求、骑行线路、骑行时间等要素,进而掌握城市路网中电动自行车交通量的时空分布,判别道路交通的瓶颈点和风险点;更进一步,将动态的电动自行车骑行流量与静态的道路设施情况进行匹配,甄别定位骑行秩序混乱、安全风险较高的瓶颈路段,为电动自行车限行措施时间节点选取、实施范围及效果评估提供了定量化的依据支撑。

5.6.2 电动自行车限行措施需审慎实施

交通需求中既有理性的,也有非理性的,交通需求的满足方式也可以是多样的,需求也是要管理的[21]。电动自行车骑行需求旺盛、涉及群体众多,电动自行车骑行需求和行为习惯同样是可以教育、引导和改变的,对需求进行有效的管理恰恰是考验管理者智慧的途径。限行措施是调节城市电动自行车骑行需求较为常见的手段,但限行措施的目的是使整个城市道路交通更为畅通,实现人悦其行、车优其流,而不是仅仅为抑制电动自行车骑行、减少道路上的电动自行车量。因此,实施电动自行车限行措施应是经过深思熟虑、广泛调研、审慎权衡的决策方案。措施实施前,尽可能考虑城市治理各方面要素的综合影响,重点从电动自行车出行分担率、与其他方式的转换衔接、停放与充电等方面考量电动自行车所承担的交通功能,从电动自行车车辆生产销售、上路骑行、报废回收等方面考量电动自行车带来的社会效益和治理所需的社会成本。在充分预测评估的基础上,选取较为恰当的措施实施时间节点,制定更具针对性、适用性的措施方案,尽量规避措施实施引起的舆情和矛盾。措施实施过程中,尽可能构建以海量数据为底座的措施实施效果评估体系,定量化研究限行措施对电动自行车交通量的调整和骑行时空分布的影响,以及限行措施带来的城市交通出行分布的变化。对实施效果负向作用明显的,如出现机动化出行分担率明显提升或引起电动自行车骑行者较为强烈意愿反弹,应及时调整限行措施的范围和力度,可采取分类限行、分时段限行、分道路类型限行等更为精细化的限行措施。

5.6.3 精准治理安全风险,改善非机动车通行安全

1)加强电动自行车管理数据建设

在我国城市交通管理信息化发展过程中,非机动车是被忽略的交通方式,相比伦敦、纽约、哥本哈根建立了较为完善的自行车骑行信息数据库,我国骑行者、非机动车、非机动车道等数据一直没有全面、系统、准确地采集,非机动车交通安全治理缺乏高效、集成的信息系统支撑,管理技术手段滞后、管理效率偏低。在我国城市数字化发展、新基建建设趋势下,需充分把握和利用城市道路基础设施数字化升级的契机,可借鉴车路协同思路,通过推广使用电动自行车 RFID 车牌、建立城市非机动车交通设施数字化档案、绘制城市非机动车骑行地图等措施,建立电动自行车登记备案系统。

2)聚焦电动自行车骑行高风险点位

执法管理地点的选取对非机动车交通安全治理有事半功倍的效果。可借鉴纽约经验,对发生死亡或重伤的非机动车交通事故的地点位置编码定位,进而对非机动车交通安全风险突出的道路点位进行排查诊断,研究论证不同道路设施设置形式、交通组织方式对非机动车通行安全的影响,以便采取更有针对性、更具实效的措施提升非机动车交通设施安全。

3)加强骑行者交通安全教育

面对我国非机动车数量多、交通违法普遍的现实,教育与处罚相结合仍是非机动车执法管理最有效的举措之一,通过探索更为丰富的教育方式强化宣传教育的引导作用。可推广南宁经验,结合现场执法管理需求设置学习点,通过对出现交通违法的骑行人采取观看教育视频、抄写法律法规、现场听课、执勤体验等教育方式,认识违法行为危害性、提升交通安全意识、普及交通安全文化。

本章参考文献

[1] 朱新宇,褚昭明,朱建安,等. 中国电动自行车交通事故析因及对策建议[J]. 城市交通,2021,19(06):64-70.

[2] 于昊,赵琳娜,戴帅. 城市电动自行车交通安全发展趋势及应对策略[J]. 城市交通,2022,20(01):76-82.

[3] 美团. 2022 美团骑手权益保障社会责任报告[R]. 北京:美团,2023.

[4] 饿了么. 2022 蓝骑士发展与保障报告[R]. 上海:饿了么,2023.

[5] 交通言究社. 江苏:创新管理方法 电动自行车交通事故同比下降 40% [EB/OL]. (2021-03-09)[2021-03-09]. https://mp. weixin. qq. com.

[6] 陈艳艳,刘小明,洪峰,等. 电动自行车在北京发展策略研究[J]. 道路交通与安全,2002,4:14-17.

[7] 广州市现代快速公交和可持续交通研究所. 步行与自行车交通蓝皮书[R]. 广州:广州市现代快速公交和可持续交通研究所,2017.

[8] 苏志英. 基于政策过程理论的广州“禁电”政策变迁研究[D]. 合肥:中国科学技术大学,2016.

[9] 伍兆聪. 广州市“禁电动车”政策执行中再决策的问题研究[D]. 桂林:桂林理工大学,2018.

[10] 欧晓玲. 深圳市政府禁摩限电政策变迁研究[D]. 深圳:深圳大学,2017.

[11] 深圳市公安局交通警察局,“电动自行车新规”8 月实施! 上牌时间、限行路段……你关心的都在这里[EB/OL]. (2021-07-29)[2021-07-29]. http://szjj. sz. gov. cn/.

[12] 产业信息网,2021 年中国电动自行车行业现状分析:产业特征明显,“新国标”促使行业发展更加规范化[EB/OL]. (2022-04-19)[2022-04-19]. https://www. chyxx. com/industry/1105531. html.

[13] 戴帅,刘金广,褚昭明. 中国大城市道路交通发展研究报告(2020)[M]. 北京:人民交通出版社股份有限公司,2022.

[14] 厦门市资源规划局,厦门市交通运输局. 2021 年厦门市城市居民出行交通大调查[R]. 厦门:厦门市资源规划局,厦门市交通运输局,2022.

[15] 陈艳艳,刘小明,陈金. 城市交通需求管理及应用[M]. 北京:人民交通出版社,2009.

[16] World Health Organization. Cyclist safety:An information resource for decision-makers and practitioners [R]. Geneva:World Health Organization,2020.

[17] New York Gity Department of Transportation. Safer cycling:Bicycle ridership and safety in New York City [R]. New York:New York City Department of Transportation,2017.

[18] 吴俊荻,王韩,朱林艳. 伦敦自行车系统实证导向性的规划方法研究[C]//中国城市规则学会城市

交通规划学术委员会. 2020 年中国城市交通规划年会论文集. 北京:中国建筑工业出版社,2020:1105-1115.

[19] Safe streets for cycling:How street design affects bicycle safe and ridership[R]. New York:New York City Department of Transportation,2021.

[20] 珍妮特·萨迪-汗,赛斯·所罗门诺. 抢街——大城市的重生之路[M]. 宋平,徐可译. 北京:电子工业出版社,2018.

[21] 刘小明,石建军,陈艳艳. 交通行为学[M]. 北京:科学出版社,2017.

第 6 章
Chapter 06

电动自行车骑行现状调研

城市交通管理部门在电动自行车治理方面付出了长期、艰巨的努力，形成了规范车辆登记上牌、设置超标车过渡期、佩戴安全头盔等共同管理取向。由于电动自行车问题具有特定历史渊源和条件限制，非某个阶段、某项工作的问题，既涉及发展与管理之间的平衡问题，也包括各利益方诉求的协调问题，可能还有在更长时间轴上政策延续性和革新性的综合问题。但落到骑行者层面，超标车多、非机动车道被占用、外卖车辆骑行秩序乱、老年人和学生骑行安全风险高等方面是较为突出和直观的感受。

为全面探讨电动自行车问题、了解骑行者感受，本书编写组于 2022 年开展了城市电动自行车骑行者问卷调研，从电动自行车骑行者视角评估电动自行车通行现状，进而增进对电动自行车问题的理解、共同参与找寻治理坐标。本书所列超大城市、特大城市、Ⅰ型大城市、Ⅱ型大城市均以 2020 年统计数据为依据。①

6.1 调研过程和方法

城市电动自行车骑行者问卷调研为抽样调研，采用线上问卷调研、实地访问、区域合作、企业交流等多种方式，广泛征求了私人电动自行车骑行者、外卖骑手、共享电动自行车使用者等多个群体的意见。

问卷聚焦骑行者特征、骑行习惯、骑行环境、安全防护措施、治理成效感受五个方面，通过网站链接访问、微信群推送、外卖快递企业平台推送等方式发放。共回收有效问卷 18345 份，其中私人电动自行车骑行者问卷 15992 份、外卖骑手问卷 2353 份，受访电动自行车骑行者接近 2 万人、遍布全国 249 个城市。城市电动自行车骑行者调研问卷回收数量分布如表 6-1 所示。

城市电动自行车骑行者调研问卷回收数量分布　　表 6-1

区域	问卷回收数量（份）	占比
华北地区	1316	7.2%
东北地区	1861	10.1%
华东地区	6272	34.2%
华中地区	2113	11.5%
华南地区	3340	18.2%
西南地区	1053	5.7%
西北地区	2390	13.1%

为使调研结果尽可能客观、真实，在问卷回收过程中，通过限制作答次数、规定作答时长和答题完整率来筛选数据，并通过实地访问验证调研效果。但回收问卷在区域、城市类型、骑行者群体等类别上分布不均衡，全国 31 个省（区、市）②中内蒙古、福建、湖北、贵州、西藏、重庆、新疆问卷回收样本量少于 30 份，全国 36 个重点城市中呼和浩特、大连、福州、厦门、青岛、武汉、深圳、南宁、重庆、贵阳、拉萨、西宁、乌鲁木齐问卷回收样本量少于 30 份，因数据无法支撑省（区、市）之间、重点城市之间的横向对比，上述省（区、市）和城市未纳入调研分析中。

基于调研问卷数据，从骑行特征、骑行安全、骑行环境 3 个角度，通过骑行者特征、道路设施条件、车

① 未包含台湾省、香港特别行政区、澳门特别行政区。

② 注：超大城市为城区常住人口 1000 万人以上的城市；特大城市为城区常住人口 500 万人以上 1000 万人以下的城市；Ⅰ型大城市为城区常住人口 300 万人以上 500 万人以下的城市；Ⅱ型大城市为城区常住人口 100 万人以上 300 万人以下的城市；中等城市为城区常住人口 50 万人以上 100 万人以下的城市；小城市为城区常住人口 50 万人以下的城市。

辆条件、安全防护措施、危险骑行行为 5 项指标，采用 16 个问卷问题对电动自行车骑行现状进行量化分析、呈现，如图 6-1 所示。

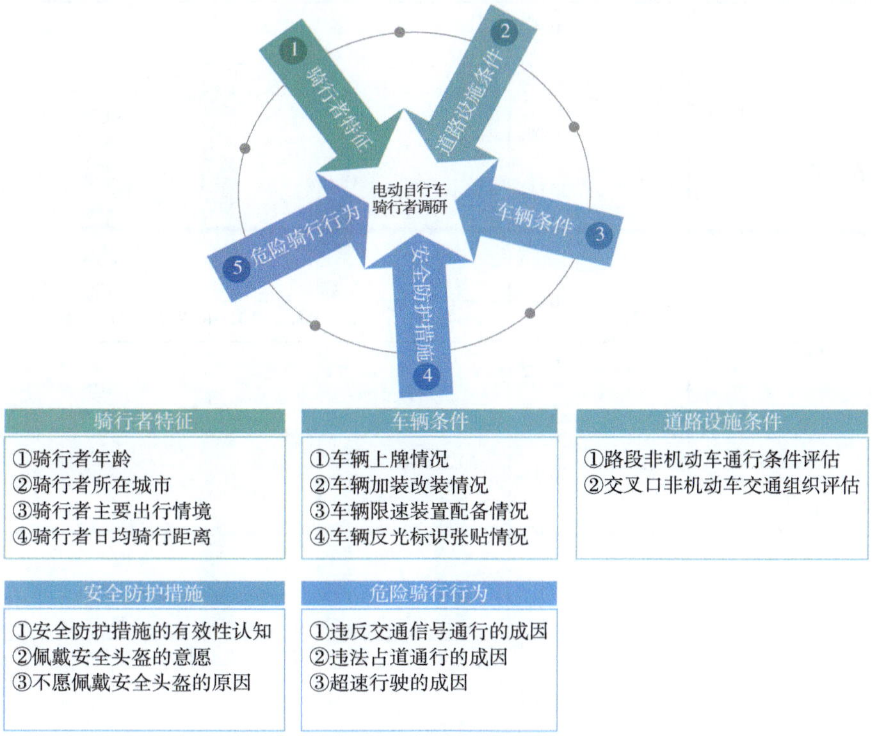

图 6-1　电动自行车骑行者调研数据分析架构

6.2 骑行调研结果

6.2.1 骑行者特征

通过询问骑行者年龄、居住城市、出行情境、骑行距离 4 个问题，调研电动自行车骑行者的个体特征和骑行习惯，答题情况分布如表 6-2 所示。基于骑行者反馈的数据，进一步关联分析不同群体、不同区域的骑行者在电动自行车出行情境和出行距离上的分布特征。

1）骑行情境

电动自行车具有能提供点对点服务、机动性强、省时省力、成本较低等独特优势，在城市居民日常生活中有广泛使用需求，从日常通勤到行业配送、从自有自用到共享出行，电动自行车交通功能愈加多元、出行分担率持续提升。

各年龄段骑行者存在差异化的电动自行车出行圈层。私人电动自行车骑行者中，30 岁及以下的年轻骑行者，电动自行车主要用于短途出行，此类情境占比 55.1%；31 ~ 60 岁的中年骑行者，电动自行车主要用于通勤、短途出行，这两类情境占比分别为 41.5%、44.4%，出现了如以居住地、工作地、文体超市等设施为中心的日常出行圈；60 岁以上的老年骑行者，电动自行车短途出行的情境占比 60%，接送小孩的情境占比 27.4%，日常出行以菜场、学校为主，如图 6-2 所示。

骑行特征相关问题答题分布情况 表 6-2

<table>
<tr><th>问卷问题</th><th>答题分布</th></tr>
<tr><td>Q1：骑行者年龄</td><td>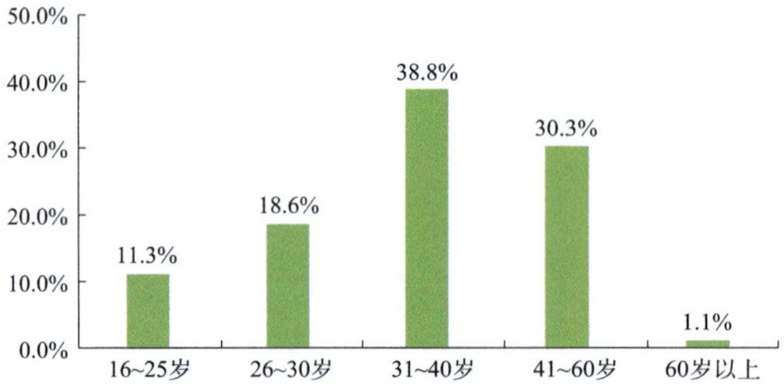
</td></tr>
<tr><td>Q2：所居住城市</td><td>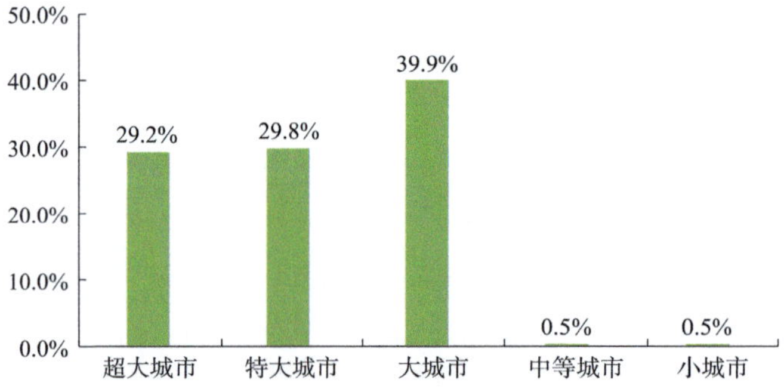
</td></tr>
<tr><td>Q3：电动自行车主要出行情境</td><td>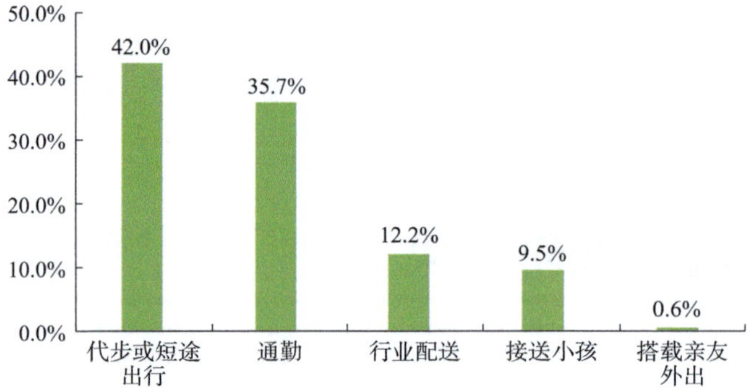
</td></tr>
<tr><td>Q4：电动自行车日均骑行距离</td><td>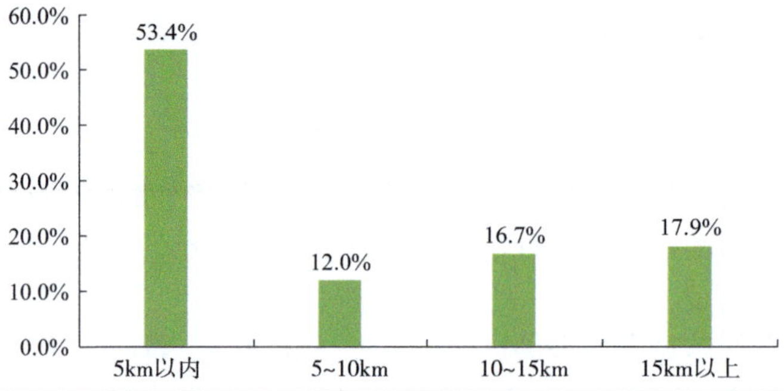
</td></tr>
</table>

2）骑行距离

电动自行车服务于中短距离出行，是解决“最后一公里”的优势交通工具。为探究不同情境下电动自行车出行距离特征，基于骑行者答题选择，分析不同城市类型、不同骑行者群体的出行距离差异性。

超大城市、Ⅱ型大城市、小城市的电动自行车以短距离出行为主，中等城市的电动自行车长距离出行情况相对较多。考虑不同规模类型的城市可能存在的骑行特征差异，按照六个城市规模类型分别统计骑行者的日均骑行距离分布情况，如图 6-3 所示。对于超大城市，电动自行车 5km 以内的出行居多，占比达 63%。

对于特大城市,5km 以内的出行分布占比在 50% 左右,超过 5km 的出行分布随着距离的增加而呈递增趋势。对于Ⅰ型大城市,电动自行车出行距离分布与特大城市相似,5km 以内的占比为 43.4%,15km 以上的出行分布占比 28.2%。对于Ⅱ型大城市,5km 以内的出行最多,占比达 63.8%,其次是 10 ~ 15km 的出行,占比 15.7%。对于中等城市,15km 以上的出行居多,占比 45.1%,其次是 5km 以内的出行,占比 36.3%,5 ~ 10km 的出行分布占比相对较少。对于小城市,5km 以内的出行最为普遍,占比 68.4%。

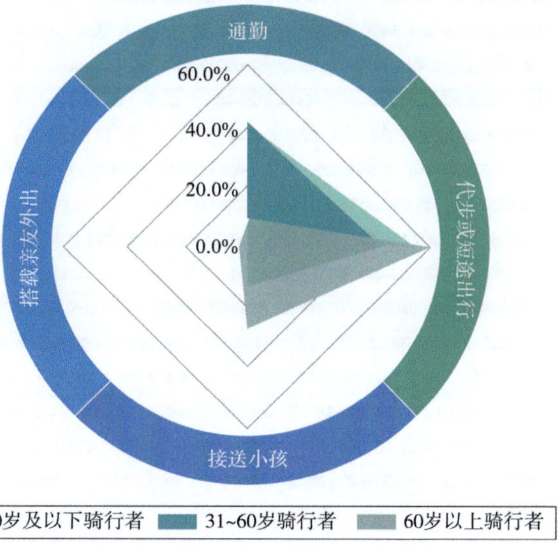

图 6-2 私人电动自行车骑行者各年龄段的出行情境占比分布

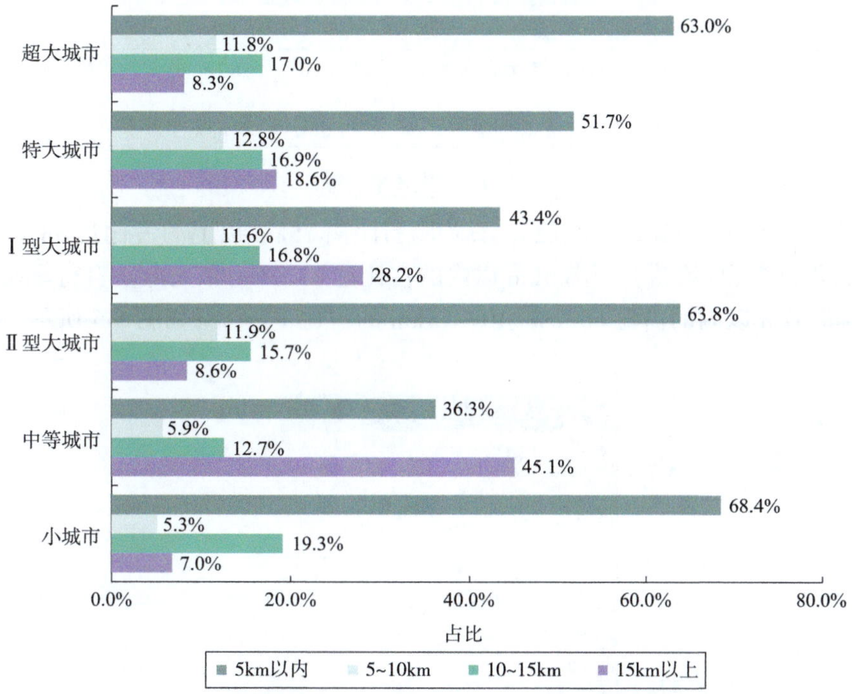

图 6-3 各类规模的城市电动自行车骑行者日均骑行距离分布

超大城市中,广州电动自行车日均骑行距离相对较长,15km 以上的占比达 16.4%;上海、天津电动自行车短距离出行分布占主体。特大城市中,南京电动自行车日均骑行距离分布相对均衡,5km 以内的占比为 46%、5 ~ 10km 的占比为 12.4%、10 ~ 15km 占比为 21.4%、15km 以上的占比为 20.2%,电动自行车短距离出行优势向中长距离转移,电动自行车出行的多元化需求增多。大城市中,东北地区城市因问卷主要来源于外卖骑手，其他电动自行车使用群体较少，电动自行车日均骑行 15km 以上的占比高，如图 6-4 所示。

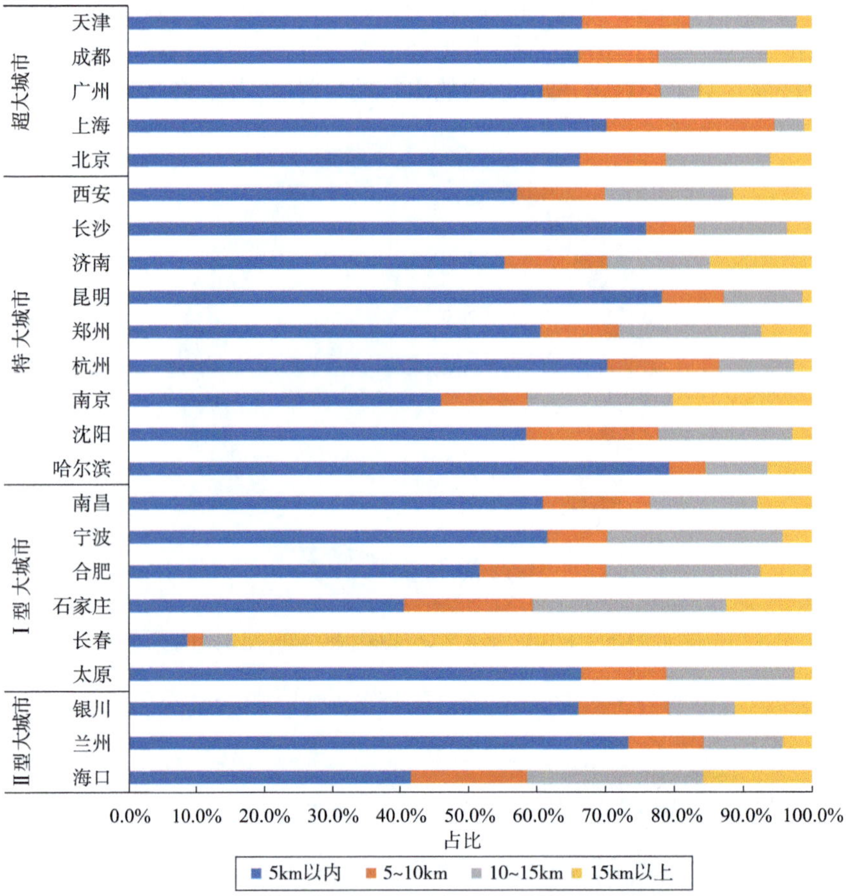

图 6-4 部分重点城市电动自行车骑行者日均骑行距离分布

从不同群体看，外卖骑手的骑行强度最大，日均骑行距离 15km 以上的占比达 88%；共享电动自行车使用者短距离出行需求多，日均骑行距离 5km 以内的占比达 63.7%；私人电动自行车骑行者中短距离出行多，日均骑行距离 5km 以内的占比 60.2%、10～15km 的占比 17.4%，如图 6-5 所示。

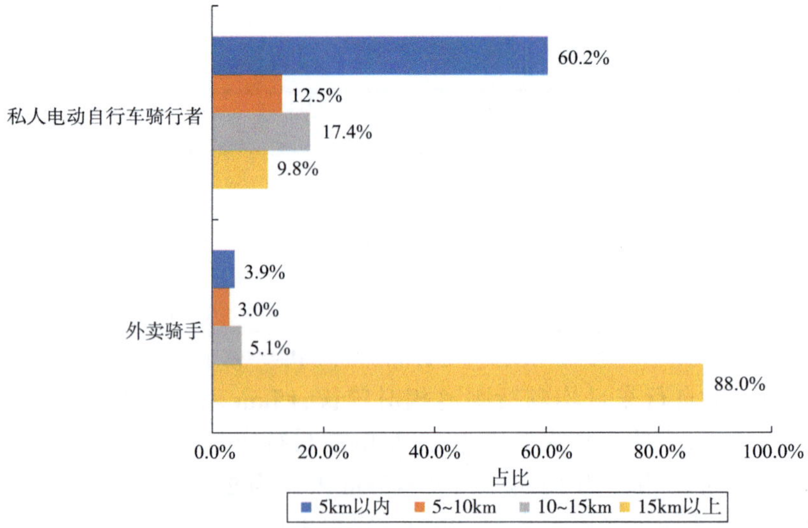

图 6-5 各类型电动自行车骑行者群体日均骑行距离分布

6.2.2 道路骑行环境

通过询问骑行者对城市道路非机动车道、交叉口等设施环境的骑行感受,调研电动自行车骑行者对道路设施条件的看法,答题情况分布如表 6-3 所示。

道路骑行设施条件相关问题答题分布情况 表 6-3

<table>
<tr><th>问卷问题</th><th>答题分布</th></tr>
<tr><td>Q1:路段骑行感受最明显的情况</td><td>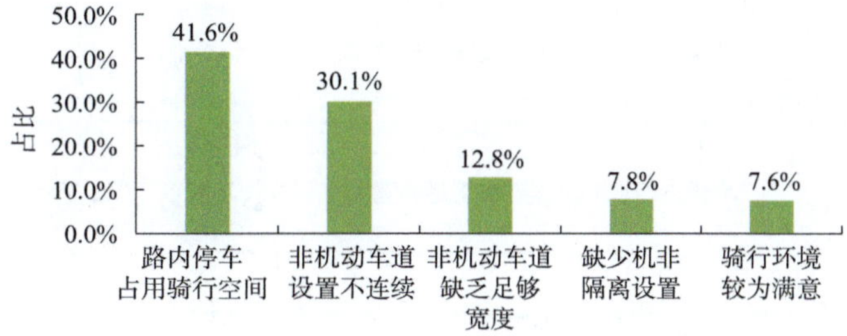
</td></tr>
<tr><td>Q2:交叉口骑行感受最明显的情况</td><td>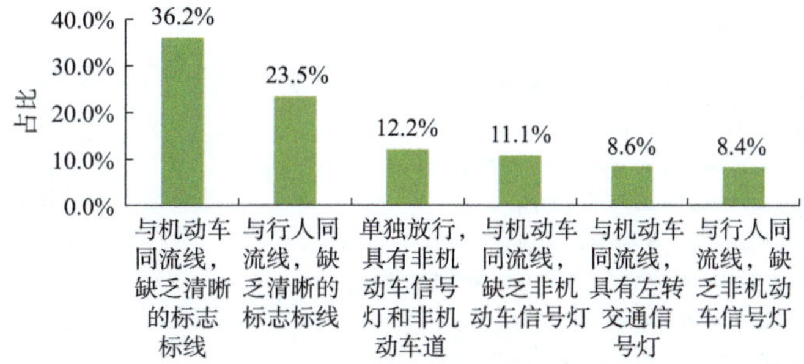
</td></tr>
</table>

1)非机动车道

按照《中华人民共和国道路交通安全法》规定,非机动车应当在非机动车道内行驶。电动自行车属于非机动车,在设置了非机动车道的道路上应在非机动车道内行驶。非机动车道不仅是电动自行车指定的通行空间,也是电动自行车路权范围的限定和约束。从骑行体验视角看,仅 7.6% 的骑行者对城市道路骑行环境较为满意,而仍有 92.4% 的骑行者认为道路骑行设施存在问题。

路段上骑行空间被占用、非机动车道不连续是骑行者感受较为强烈的问题。40% 左右的骑行者认为骑行空间被路内停车占用,30% 左右的骑行者认为目前城市道路上非机动车道设置不连续。从不同群体看,外卖骑手对路内停车占用骑行空间问题的感受相对私人电动自行车骑行者更为明显,如图 6-6 所示。

超大城市中,北京电动自行车骑行者对路内停车占用非机动车道的问题感受最突出,广州、成都电动自行车骑行者对非机动车道设置不连续问题感受最突出,天津电动自行车骑行者对非机动车道宽度不足感受较为突出。特大城市中,西安、济南、郑州、南京电动自行车骑行者反映最突出的问题是路内停车占用非机动车道,哈尔滨、长沙非机动车道不连续问题最突出。Ⅰ型大城市中,石家庄、长春、宁波路内停车占用非机动车道问题最突出,南昌、太原非机动车道不连续问题最突出,石家庄电动自行车骑行者对非机动车宽度不足感受较为突出。Ⅱ型大城市中,海口路内停车占用非机动车道问题最突出,兰州、银川非机动车道设置不连续问题最为突出，银川电动自行车骑行者对非机动车宽度不足感受较为突出，如图6-7所示。

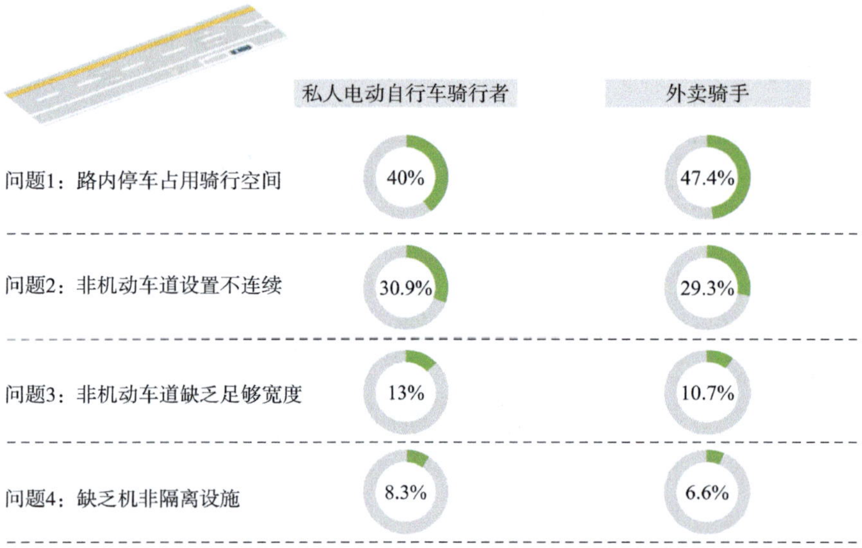

图6-6　各类型电动自行车骑行者对城市道路骑行设施感受的情况分布

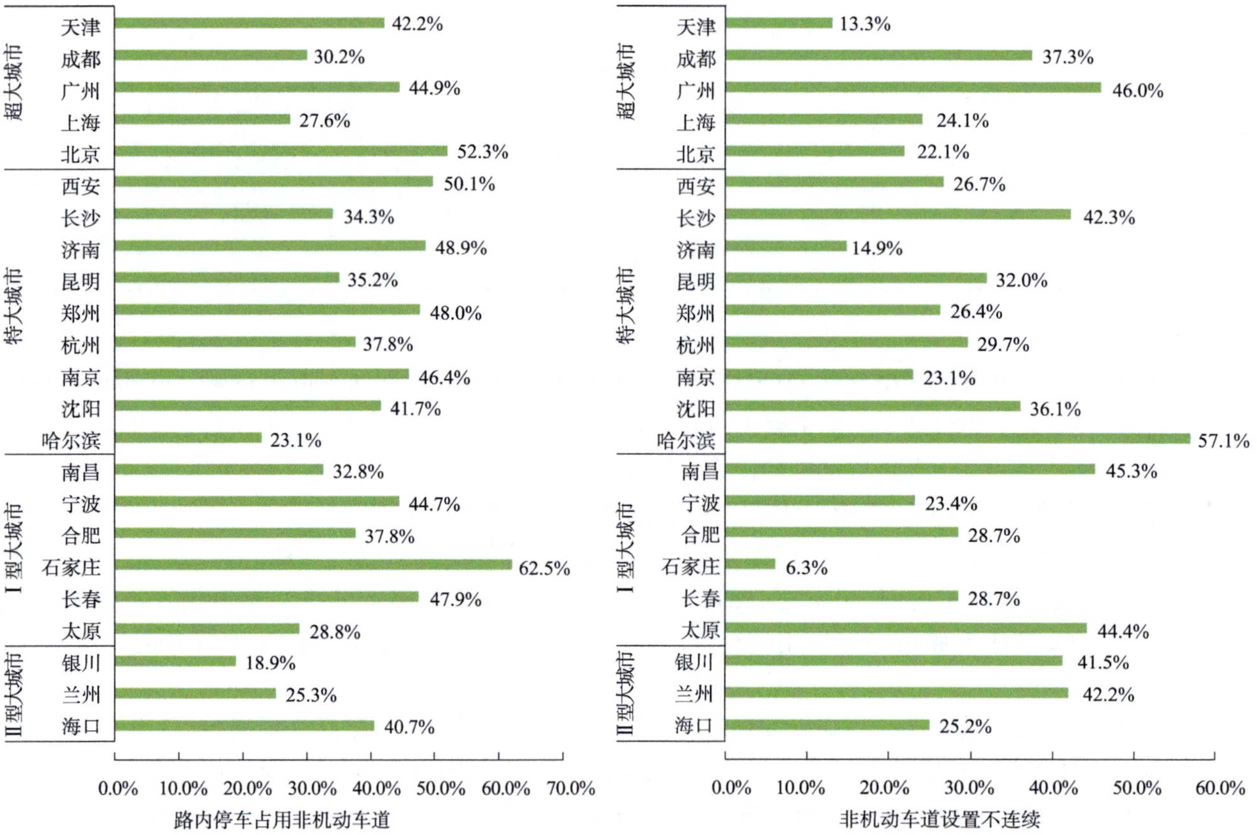

图　6-7

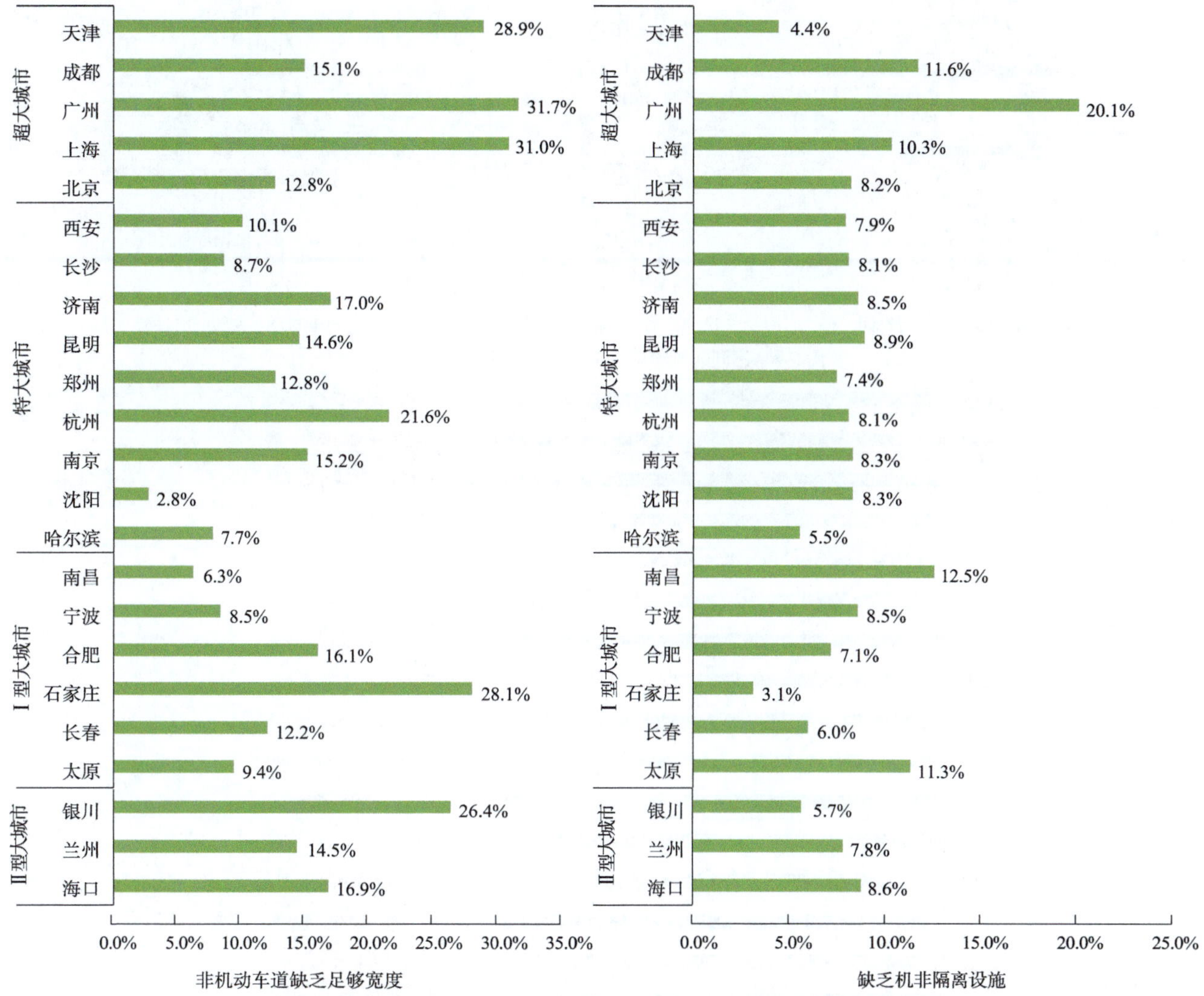

图 6-7　部分重点城市电动自行车骑行者对非机动车道设置问题的感受分布

2）交叉口交通组织

城市道路交叉口是电动自行车通行交通组织难度最大、路权最易混淆的区域。国家标准《城市道路交通组织设计规范》（GB/T 36670—2018）规范了交叉口非机动车的三类组织方式，包括与机动车同流线、与行人同流线、单独放行。

调研时根据交叉口非机动车交通组织方式，让受访骑行者根据自身骑行习惯和体验，选择最常遇到的通行情境。调研结果显示，受访骑行者遇到交叉口没有明确非机动车通行空间的情况居多，占比 59.7%，在此情况下，3/5 的骑行者是与机动车同流线通过交叉口，2/5 的骑行者是与行人同流线通过交叉口。交叉口非机动车左转二次过街的情况占比 31.7%，在此情况下，骑行者与机动车同流线、与行人同流线、单独放行的情况占比均在 1/3 左右。交叉口非机动车左转一次过街的情况占比 8.6%，如图 6-8 所示。

从受访骑行者反馈情况看，广州、哈尔滨、长沙交叉口非机动车交通组织情况欠佳，超过 70% 的受访骑行者反映交叉口没有明确的非机动车通行空间。济南、石家庄、海口交叉口非机动车左转二次过街较为普遍，超过 40% 的受访骑行者反映交叉口采取的是左转二次过街交通组织方式，如图 6-9 所示。

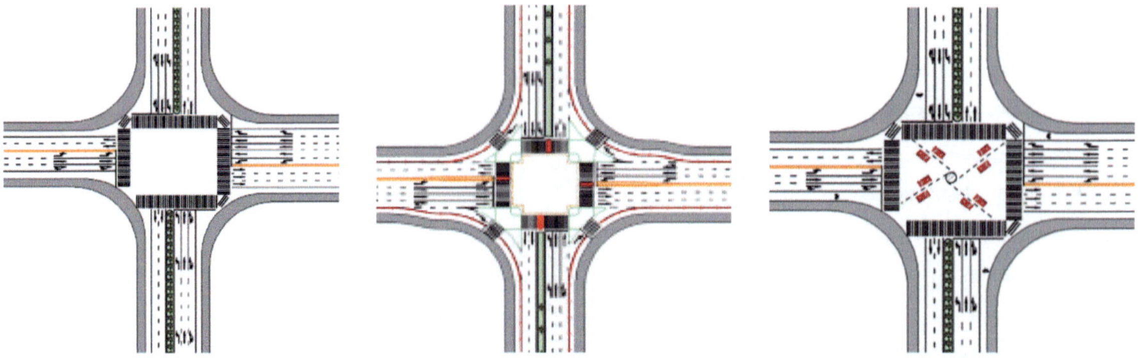

a) 没有明确非机动车通行空间　　b) 非机动车左转二次过街　　c) 非机动车左转一次过街

图 6-8　不同非机动车交通组织方式的交叉口示例

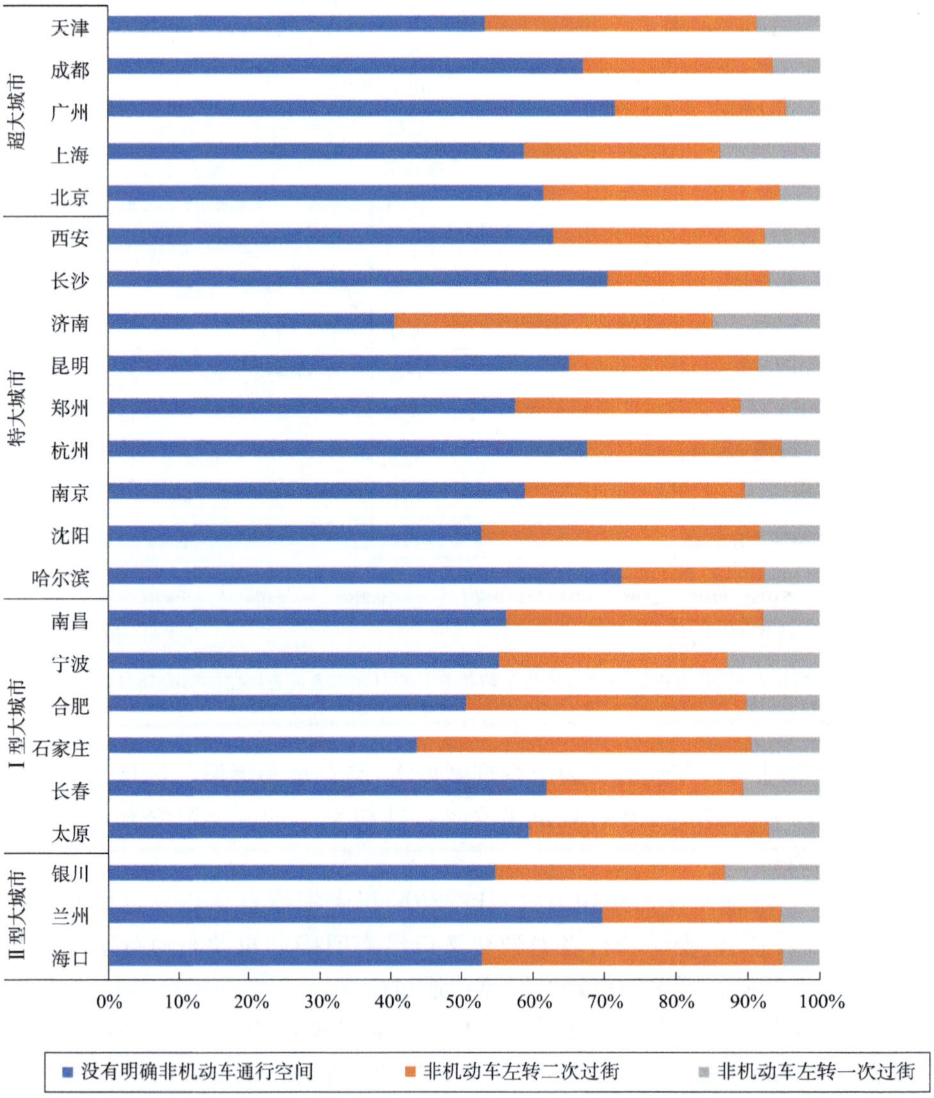

图 6-9　部分重点城市电动自行车骑行者对交叉口非机动车交通组织方式的感受分布

6.2.3　骑行安全

通过询问骑行者的车辆条件、安全防护措施、交通违法成因等方面 7 个问题，调研电动自行车骑行者对骑行安全影响因素的看法，答题情况分布如表 6-4 所示。

骑行安全影响因素相关问题答题分布情况 表 6-4

<table>
<tr><th>问卷问题</th><th>答题分布</th></tr>
<tr><td>Q1：车辆条件状况</td><td>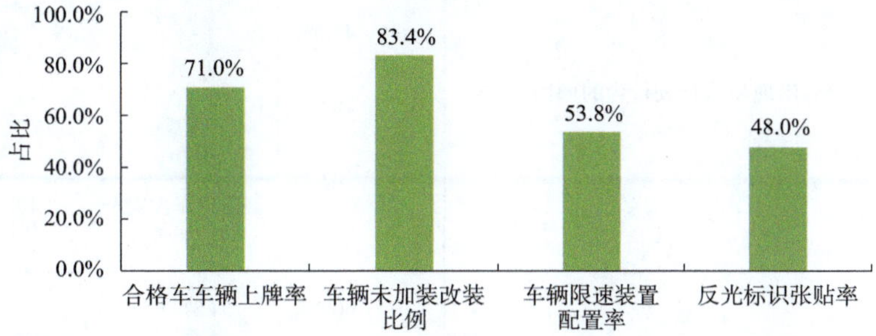
</td></tr>
<tr><td>Q2：安全防护措施有效性认知</td><td>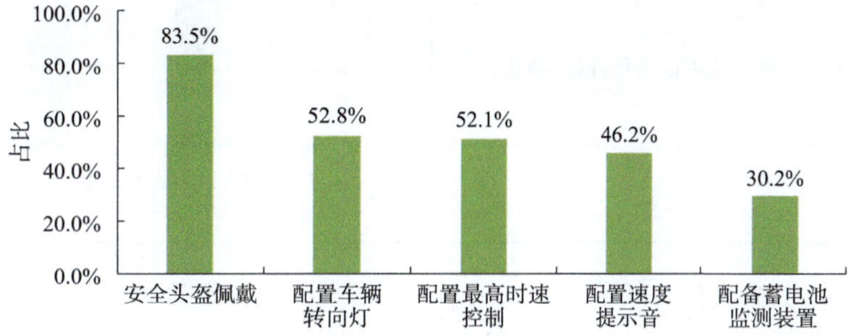
</td></tr>
<tr><td>Q3：佩戴安全头盔的情况</td><td>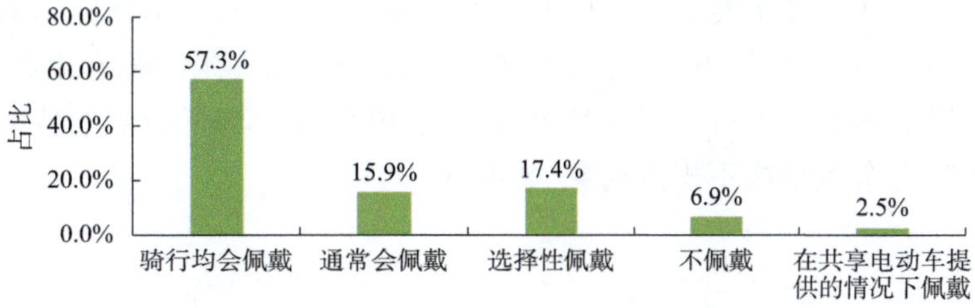
</td></tr>
<tr><td>Q4：不愿意佩戴安全头盔的原因</td><td>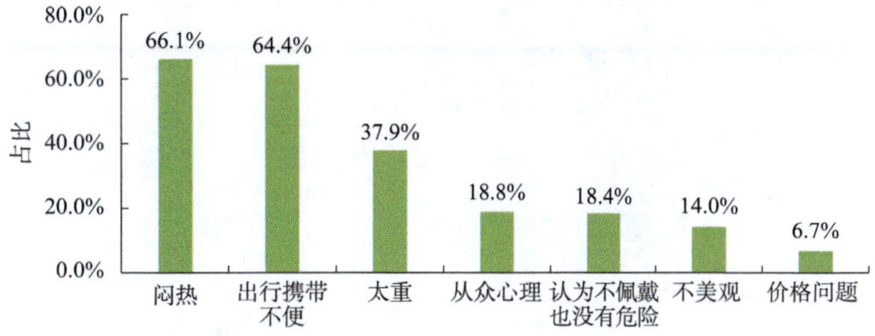
</td></tr>
<tr><td>Q5：出现违反交通信号通行行为的原因</td><td>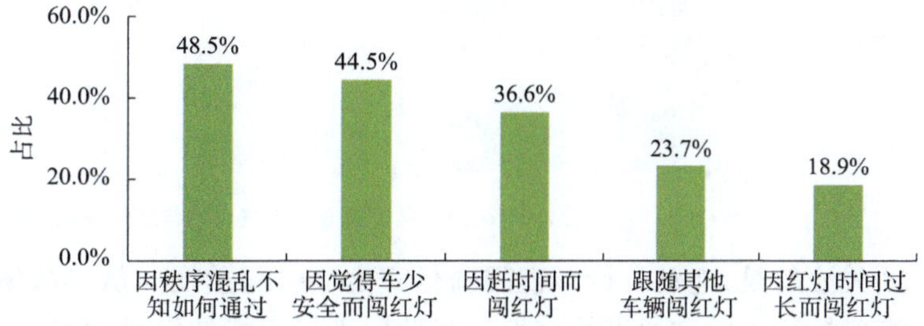
</td></tr>
</table>

续上表

<table>
<tr><th>问卷问题</th><th>答题分布</th></tr>
<tr><td>Q6：出现超速行驶行为的原因</td><td>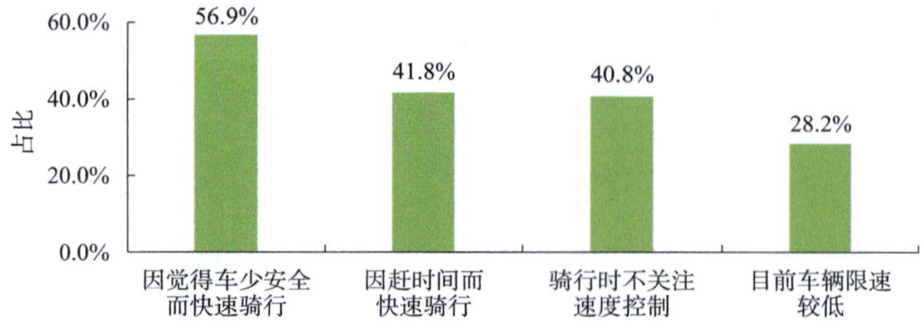
</td></tr>
<tr><td>Q7：出现违法占道骑行行为的原因</td><td>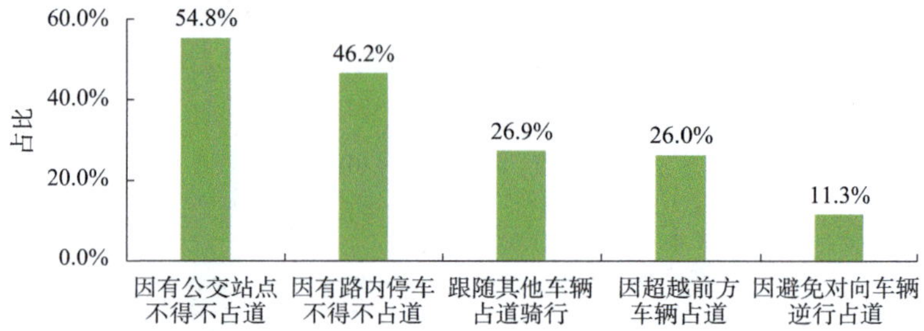
</td></tr>
</table>

1）车辆条件

国家标准《电动自行车安全技术规范》（GB 17761—2018）规范了电动自行车车型结构、外形尺寸、最高设计车速等技术要求。调研发现，目前城市电动自行车合标车的上牌率在60%左右，车辆限速装置的配置率在50%左右，电动自行车车辆情况正向合规化、规范化迈进。私人电动自行车车型结构规范，80%以上的车辆没有出现加装改装；外卖电动自行车车身未加装改装的比例为60.7%，还有相当比例的车辆存在车型结构不规范现象，如图6-10所示。

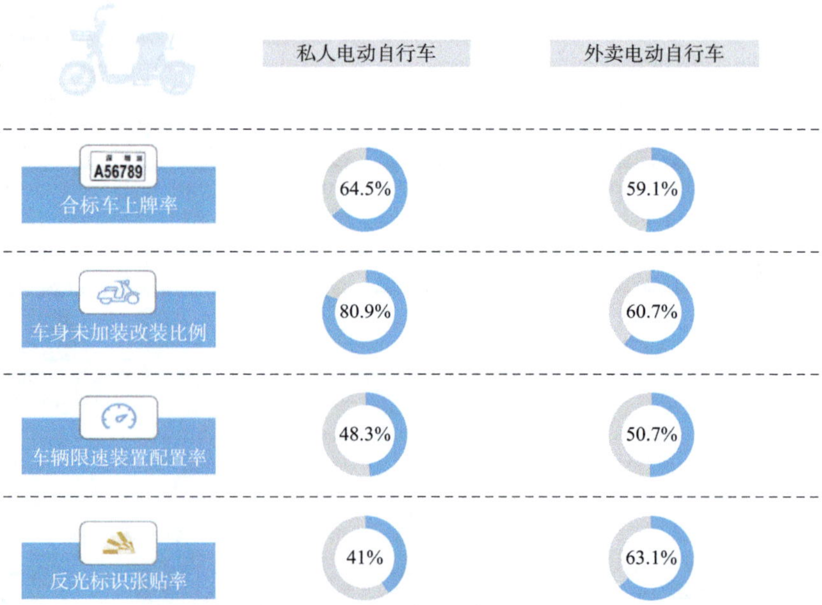

图6-10　各类型电动自行车骑行者的车辆条件情况分布

须关注的是，电动自行车夜间骑行安全应引起重视。从事故统计情况看，城市道路上夜间时段电动自行车碰撞行人的交通事故多发。张贴反光标识能使电动自行车更容易被其他驾驶人、行人看到，能有效避免交通事故的发生。从调研情况看,共享电动自行车、外卖电动自行车张贴反光标识的情况较好,私人电动自行车张贴比例则整体较低。

从重点城市调研情况看,超大城市的电动自行车限速装置配置率相对较高,Ⅰ型大城市的电动自行车合标车上牌率相对较高。超大城市中,北京电动自行车的车辆条件相对较好,广州的合标车上牌率和反光标识张贴率相对较低。特大城市中,南京、杭州、济南、长沙电动自行车的车辆条件相对较好,沈阳、哈尔滨的合标车上牌率相对较低、不足50%。Ⅰ型大城市中,太原、合肥、石家庄、宁波、南昌电动自行车的车辆条件相对较好。Ⅱ型大城市中,海口电动自行车的车辆条件相对较好,如图6-11所示。

2)安全防护情况

电动自行车骑行时,骑行者可采取一些安全防护措施来提升自身骑行安全,避免或减缓因特殊交通情况带来的人身伤害。安全防护措施既包括骑行者自身可采取的措施,也包括车辆可配置配备的措施。

从安全防护措施的重要性看,80%以上的电动自行车骑行者认为佩戴安全头盔是最重要的安全防护措施,外卖骑手较为关注车辆速度提示音和蓄电池监测装置的配备。83.4%的私人电动自行车骑行者、86.6%的外卖骑手认为佩戴安全头盔对骑行安全防护很重要。此外,私人电动自行车骑行者相对更重视车辆限速装置,51.6%的私人电动自行车骑行者认为车辆配备最高时速控制装置对骑行安全防护很重要。外卖骑手相对更重视速度提示音装置和蓄电池监测措施,50.4%的外卖骑手认为配置速度提示音装置很重要;39.3%的外卖骑手认为车辆配备蓄电池监测装置对骑行安全防护很重要,高出私人电动自行车骑行者占比11.8个百分点,如图6-12所示。

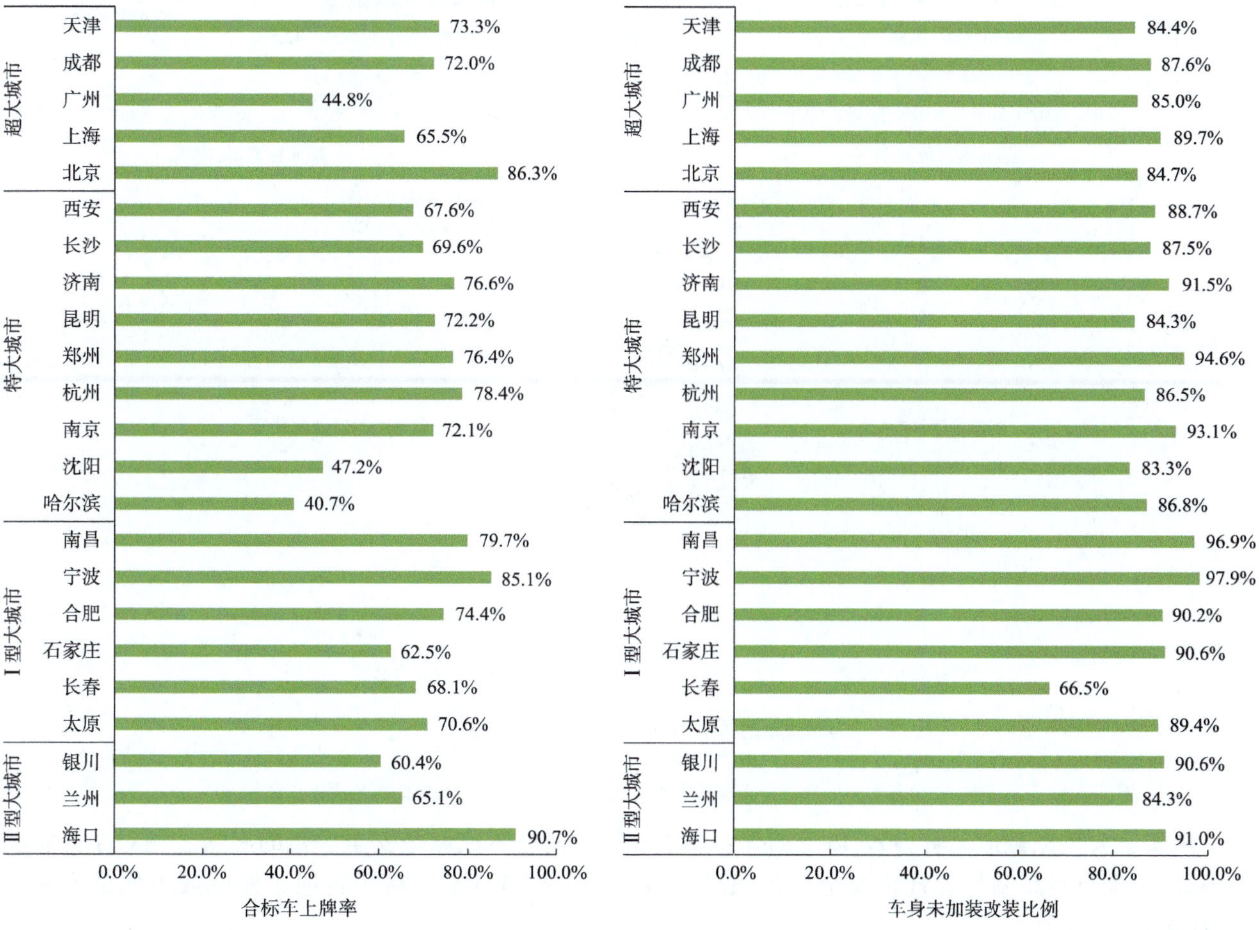

图 6-11

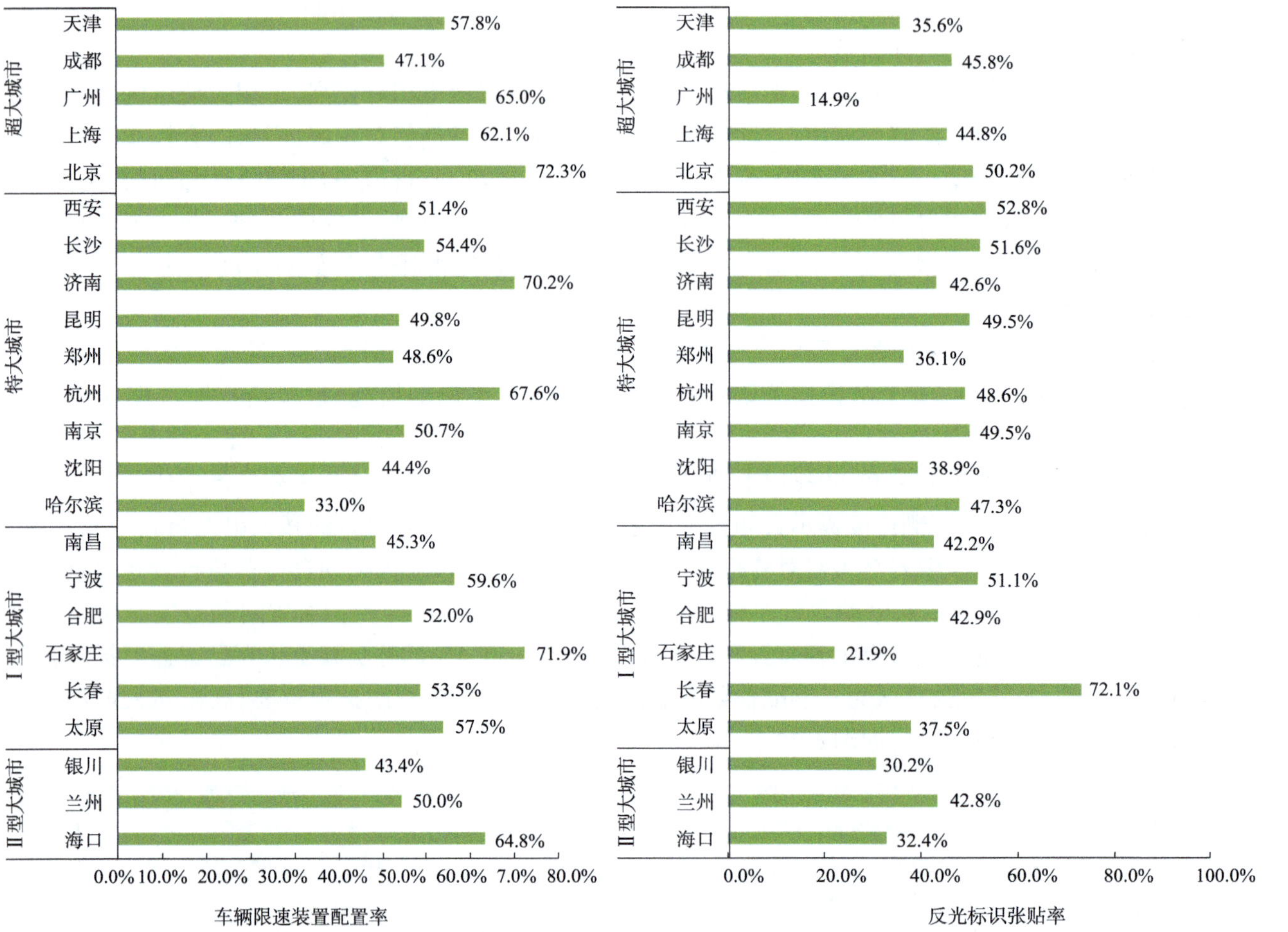

图 6-11　部分重点城市电动自行车骑行者的车辆条件情况分布

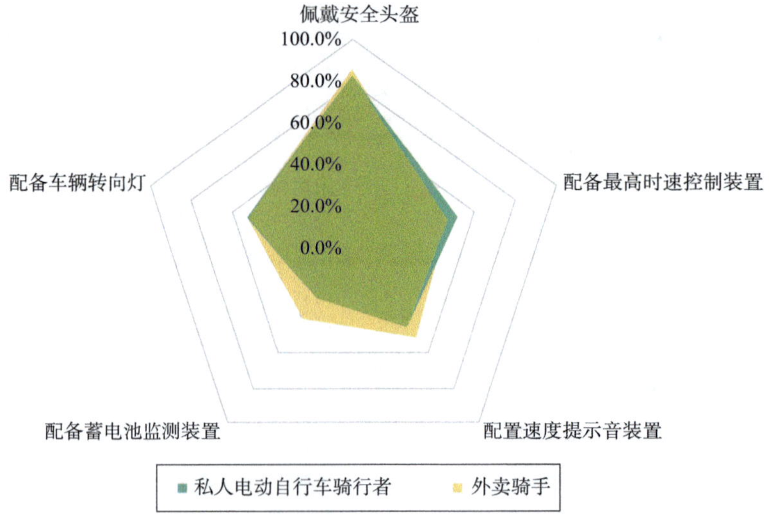

图 6-12　各类型电动自行车骑行者对安全防护措施重要性认知选择的占比分布

从安全头盔佩戴情况看，90% 以上的外卖骑手在骑行时已养成佩戴安全头盔的习惯。相对于外卖骑手，私人电动自行车骑行者日常安全头盔佩戴率较低，仍有 30.3% 的骑行者偶尔佩戴或不佩戴安全头盔，如图 6-13 所示。

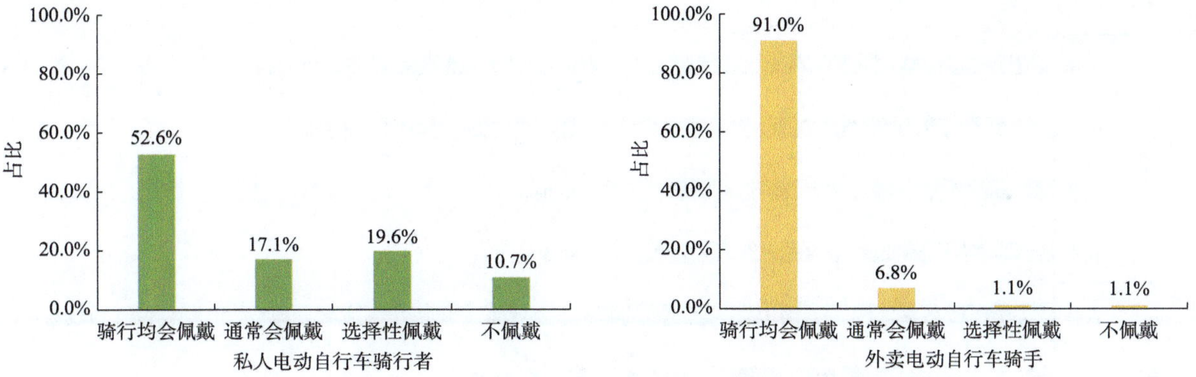

图 6-13 各类型电动自行车骑行者安全头盔佩戴习惯情况

分析影响骑行者安全头盔佩戴的因素，安全头盔携带不便、佩戴体验不佳是最主要的原因。虽然已有 83.4% 的私人电动自行车骑行者认识到安全头盔佩戴的重要性，但日常骑行时的安全头盔佩戴率仍较低，27.4% 的骑行者几乎不佩戴安全头盔。调研发现，安全头盔携带不便、佩戴体验不佳是影响骑行者佩戴意愿的主要原因。其中，74.5% 佩戴意愿较低的骑行者认为安全头盔携带不方便，59.4% 佩戴意愿较低的骑行者认为安全头盔佩戴闷热，如图 6-14 所示。

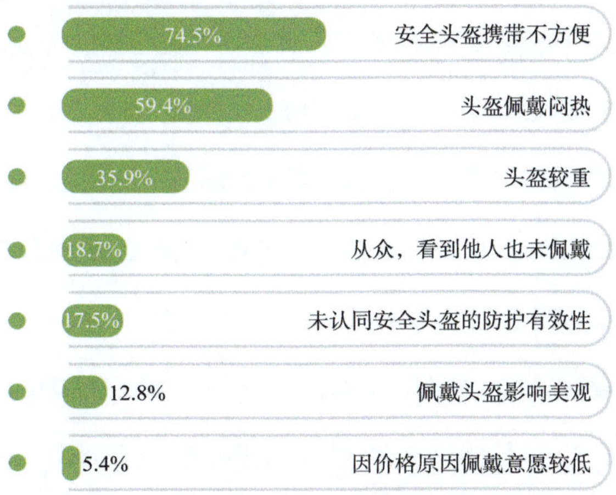

图 6-14 电动自行车骑行者不愿佩戴安全头盔的成因占比分布

从各省（区、市）情况看，安全头盔立法越完善、执法越到位的地方，骑行者安全头盔佩戴的情况越好。骑行者佩戴安全头盔是预防交通事故伤害、保护自身安全的有效措施，不仅成为社会公众的广泛共识，也在国家规划层面得到了相应明确。《“十四五”全国道路交通安全规划》中提出，到 2025 年电动自行车骑行者安全头盔佩戴率达到 80% 的发展指标。调研显示，吉林、海南、江苏、上海、浙江、广西、湖南 80% 以上的受访骑行者具有佩戴安全头盔的习惯，而上述省（区、市）均通过立法明确要求电动自行车骑行者佩戴安全头盔。其中，吉林接受调研的大多为外卖骑手，94.8% 的受访骑行者反馈平时具有佩戴安全头盔的习惯。海南不仅立法明确要求佩戴安全头盔，而且对头盔质量、佩戴方式均进行了规定，同时公安交管部门持续重视对未按规定佩戴安全头盔行为的查处，在完善立法的基础上实行严格、规范的执法，电动自行车骑行者的安全头盔佩戴取得了较好治理成效，如图 6-15 所示。

3）骑行行为风险

电动自行车违反交通信号通行、超速骑行、违法占道骑行是城市道路上较为突出、普遍存在的危险骑行行为。电动自行车危险骑行行为既有“人因”，也有环境成因。从骑行环境看，非机动车道设置条件不足、交叉口交通组织混乱等问题在客观上催生了危险骑行行为；从骑行者自身看，主观安全意识、路权意识的缺乏是出现危险骑行行为的主要原因，如表 6-5 所示。

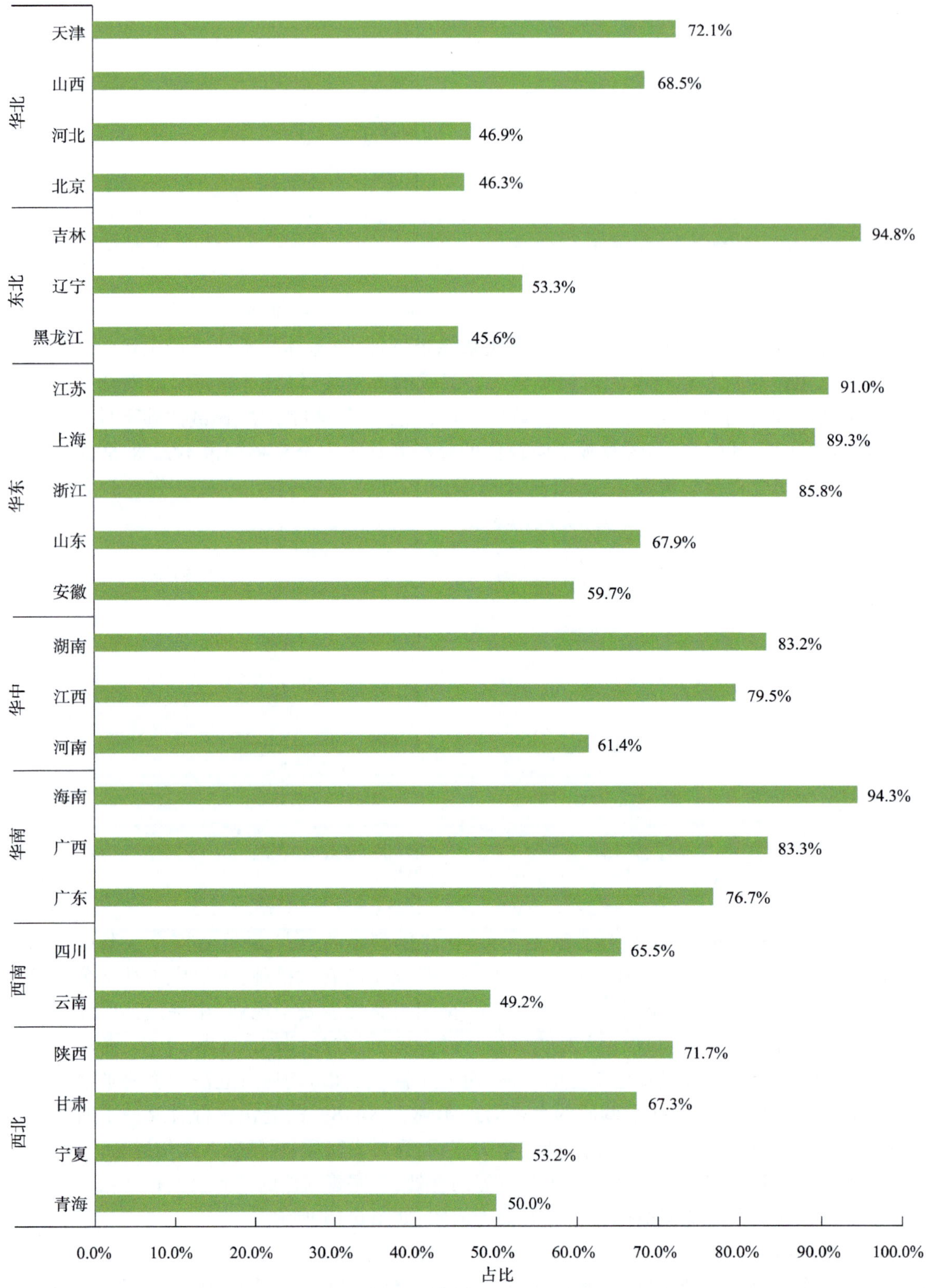

图6-15　部分省(区、市)电动自行车骑行者安全头盔佩戴情况占比分布

注:安全头盔佩戴意愿统计为选择骑行均会佩戴安全头盔、通常会佩戴安全头盔的骑行者占比。内蒙古、福建、湖北、贵州、西藏、重庆、新疆等省(区、市)因回收的骑行者有效样本量较少,未列入骑行者安全头盔佩戴意愿统计。

电动自行车骑行者突出交通违法行为成因的占比分析

表 6-5

交通违法行为	违法原因	成因分析	私人电动自行车骑行者	外卖骑手
违反交通信号通行	因秩序混乱不知如何通过	客观条件	48.5%	49%
	因觉得车少安全而闯红灯	麻痹心理	46.1%	42.8%
	因赶时间而闯红灯	冒险心理	35.8%	43.5%
	跟随其他车辆闯红灯	从众心理	23.7%	28.3%
	因红灯时间过长而闯红灯	客观条件	19.6%	20.2%
超速骑行	因觉得车少安全而快速骑行	麻痹心理	64.3%	55.2%
	因赶时间而快速骑行	冒险心理	50.2%	50%
	骑行时不关注速度控制	麻痹心理	49.6%	46.1%
	目前车辆限速较低	冒险心理	40.4%	25%
违法占道骑行	因有公交站点不得不占道	客观条件	55.1%	62.6%
	因有路内停车不得不占道	客观条件	46%	46.6%
	跟随其他车辆占道骑行	从众心理	25.4%	31.8%
	因超越前方车辆占道	冒险心理	25.5%	33.2%
	因避免对向车辆逆行占道	冒险心理	11.2%	13.1%

从不同群体看，私人电动自行车骑行者因麻痹心理出现突出交通违法行为的占比相对较高，特别是

超速行驶;外卖骑手因冒险心理出现违反交通信号通行、违反占道骑行等突出交通违法行为的占比相对较高,外卖骑手往往因赶时间、超越前方车辆等冒险心理而出现交通违法。

从不同交通违法行为看,超速行驶行为主要是骑行者自身原因导致;违法占道骑行主要是路侧公交站点、路内停车等道路客观环境导致;导致骑行者违反交通信号通行的既有交叉口交通组织混乱、信号相位设置不合理等客观原因,又有骑行者存在麻痹心理、冒险心理、从众心理等主观原因。

6.2.4 治理成效

在电动自行车骑行者问卷中,通过设置询问骑行者对"一盔一带"安全守护行动的态度、电动自行车执法成效及安全性感受,调研骑行者对电动自行车治理措施及实施现状的感受,答题情况分布如表 6-6 所示。

骑行者对电动自行车问题的相关治理建议情况　　表 6-6

问卷问题	答题分布
Q1:对"一盔一带"安全守护行动持有的态度	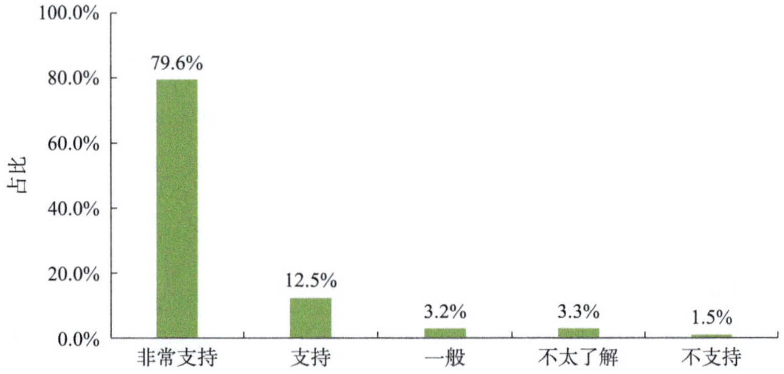
Q2:对城市道路上电动自行车通行秩序的评价	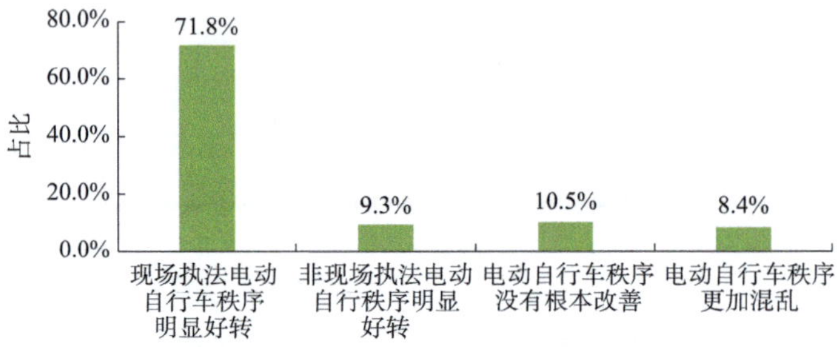
Q3:对电动自行车与其他交通方式的安全性比较	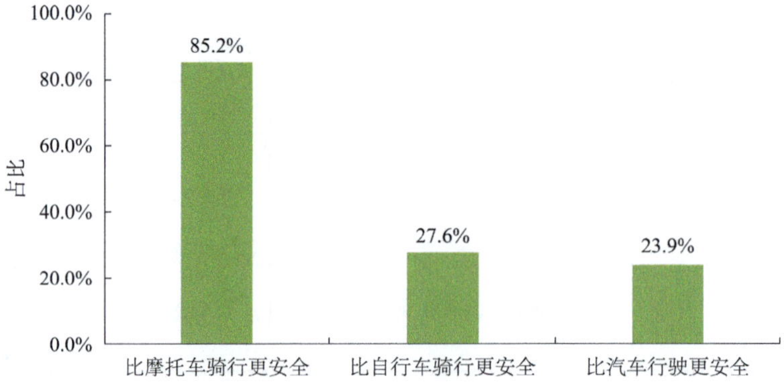

电动自行车问题由来已久，且随着城市交通发展而持续加深、不断变化，而相应治理措施也经历了阶段性调整。自2020年以来，公安部在全国部署开展“一盔一带”安全守护行动，电动自行车骑行安全、骑行秩序受到了广泛的社会关注，系列安全防护措施及执法技术手段的推广应用为实现电动自行车综合治理探索了新途径、带来了新可能。

大多数骑行者对电动自行车治理成效抱有积极态度。从治理措施支持情况看，91.9%的私人电动自行车骑行者、93.4%的外卖骑手对“一盔一带”安全守护行动持有支持态度。从治理成效情况看，80%的私人电动自行车骑行者、88.7%的外卖骑手认为目前城市道路上的电动自行车骑行秩序出现了明显好转。从骑行安全性比较的情况看，80%以上的骑行者认为电动自行车比摩托车出行更安全，同时外卖骑手对电动自行车骑行安全性的认知明显高于私人电动自行车骑行者，如图6-16所示。

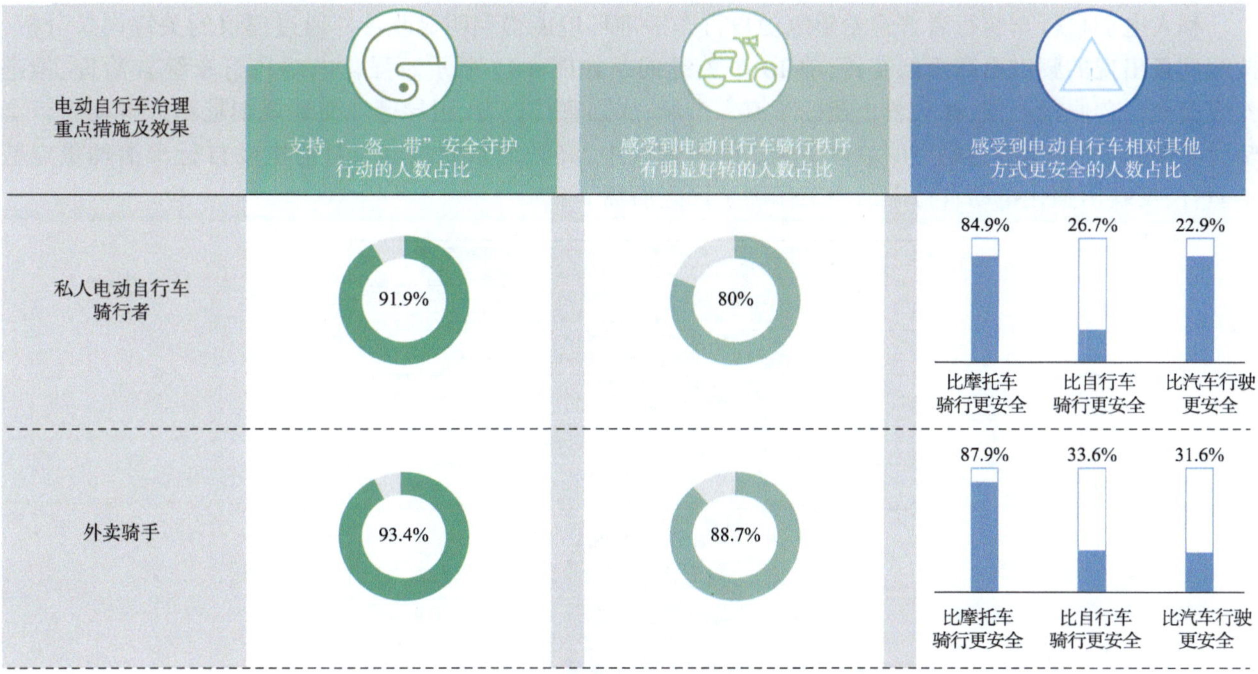

图6-16 电动自行车骑行者对相关治理措施及成效的感受

6.3 骑行者关注焦点分析

依托调研活动，面向社会公众征集对电动自行车治理相关的意见建议，调研社会公众对电动自行车问题的理解和对未来治理改善的期待。回收的征集建议共2767条、覆盖面较广，包括私人电动自行车骑行者建议2524条、外卖骑手建议243条。通过对征集建议的分析，希望透过多元化视角，了解社会公众对电动自行车的关注热点，并从相应的意见建议中找到治理启示和思路。

6.3.1 私人电动自行车骑行者的关注重点

结合私人电动自行车骑行者的意见建议，通过词频统计和语义分析，从秩序管理、法规政策、宣传教育、车辆条件、道路设施、安全防护等6个维度分析，提取了100个关键词条进行分析，从私人电动自行车骑行者视角剖析治理的热点问题，如表6-7所示。

私人电动自行车骑行者治理建议的关键词条分类　　表 6-7

聚焦方面	关键词条数量	相关词条总频次	相关词条频次占比
秩序管理	37	1079	34.3%
法规政策	25	552	17.6%
宣传教育	12	514	16.4%
车辆条件	17	477	15.2%
道路设施	7	300	9.5%
安全防护	5	221	7.0%

1)关注焦点

私人电动自行车骑行者普遍希望电动自行车治理环境能得到明显改善。通过建议的关键词条分析，按照词条出现的频次由高至低统计，前 10 个关键词条如图 6-17 所示。强化电动自行车综合治理、推进养成安全头盔佩戴习惯、源头禁止超标车流入市场、加强宣传教育、引导遵守交通规则是私人电动自行车骑行者最为关注、也最为期待的治理措施。征集建议中，高频词条的内容与目前电动自行车治理重点基本契合，反映出强化电动自行车治理工作确是民之所需。

图 6-17　私人电动自行车骑行者意见建议中前 10 个关键词条及出现频次

具体来看，私人电动自行车骑行者意见建议的关键词条中，秩序管理类建议位于各类词条类别之首；其次是法规政策的建议，骑行者希望强化管理依据来规范约束骑行行为；再者是宣传教育类的建议，骑行者希望开展全方位、立体化、渗透化的宣传教育，助力培养文明意识、安全意识、规则意识的期望值显著提升。结合关键词条的出现频次，如表 6-8 所示，加强对占用骑行空间现象的治理、加强通行和停放秩序管理、改善非机动车道设置条件、要求具备驾驶证等是出现频次较高的关键词条。同时，老年人、学生、接送家长、快递外卖骑手等特殊群体的骑行秩序和骑行安全被广泛关注。这些建议内容的提出为电动自行车进一步提升治理精准化、精细化提供了靶向参考。

私人电动自行车骑行者意见建议中前 50 个关键词条及出现频次　　表 6-8

关键词条	频次	关键词条	频次
秩序管理		加强对占用骑行空间现象的治理	75
加强综合治理	288	加强通行、停放秩序管理	73
明确骑行限速要求	84	加强外卖、共享企业监管	62

续上表

关键词条	频次	关键词条	频次
加强老年人、学生、接送家长监管	61	开展记分管理	21
加强非现场执法	40	车辆条件	
教育与处罚结合	40	源头禁止超标车流入市场	167
齐抓共管、常抓不懈	38	规范车辆上牌	87
强化交通违法责任	29	推广车辆保险	58
便民	28	加强车辆性能、蓄电池质量监管	32
查处改装、加装车辆	28	明确车辆属性、技术标准	25
强化罚款处罚	28	宣传教育	
调整提高限速值	27	加强宣传教育	149
加强对逆行行为的治理	26	引导遵守交通规则	144
人性化管理	24	提升骑行安全意识	117
取消限制	23	加强学校、外卖企业、共享电动自行车企业的宣传教育	24
加强对闯红灯行为的治理	22	倡导文明骑行	23
法规政策		创新宣教方式	19
完善管理依据	92	加强安全知识学习	18
要求具备驾驶证	60	道路设施	
取缔电动三、四轮车	59	改善非机动车道设置条件	96
提高骑行者准入门槛	43	设置电动自行车专用车道	52
纳入机动车管理	36	推进充电设施建设	48
禁止电动自行车通行	36	优化非机动车交通组织	40
开展骑行者信用惩戒	34	施划非机动车停车位及建设停车设施	30
强化年龄限制	25	完善机非隔离设施	24
不搞一刀切	24	安全防护	
保障路权	24	推进养成佩戴安全头盔习惯	171
全国统一规范	24	加强车辆安全装备配置	27

2）区域差异

对各区域、各类别词条的频次进行统计排序，发现不同区域的骑行者对电动自行车问题关注的侧重点所有区别，如图6-18、图6-19所示。华东地区骑行者更关注电动自行车综合治理情况，东北地区骑行者更关注车辆条件，其他地区骑行者更关注通行秩序。

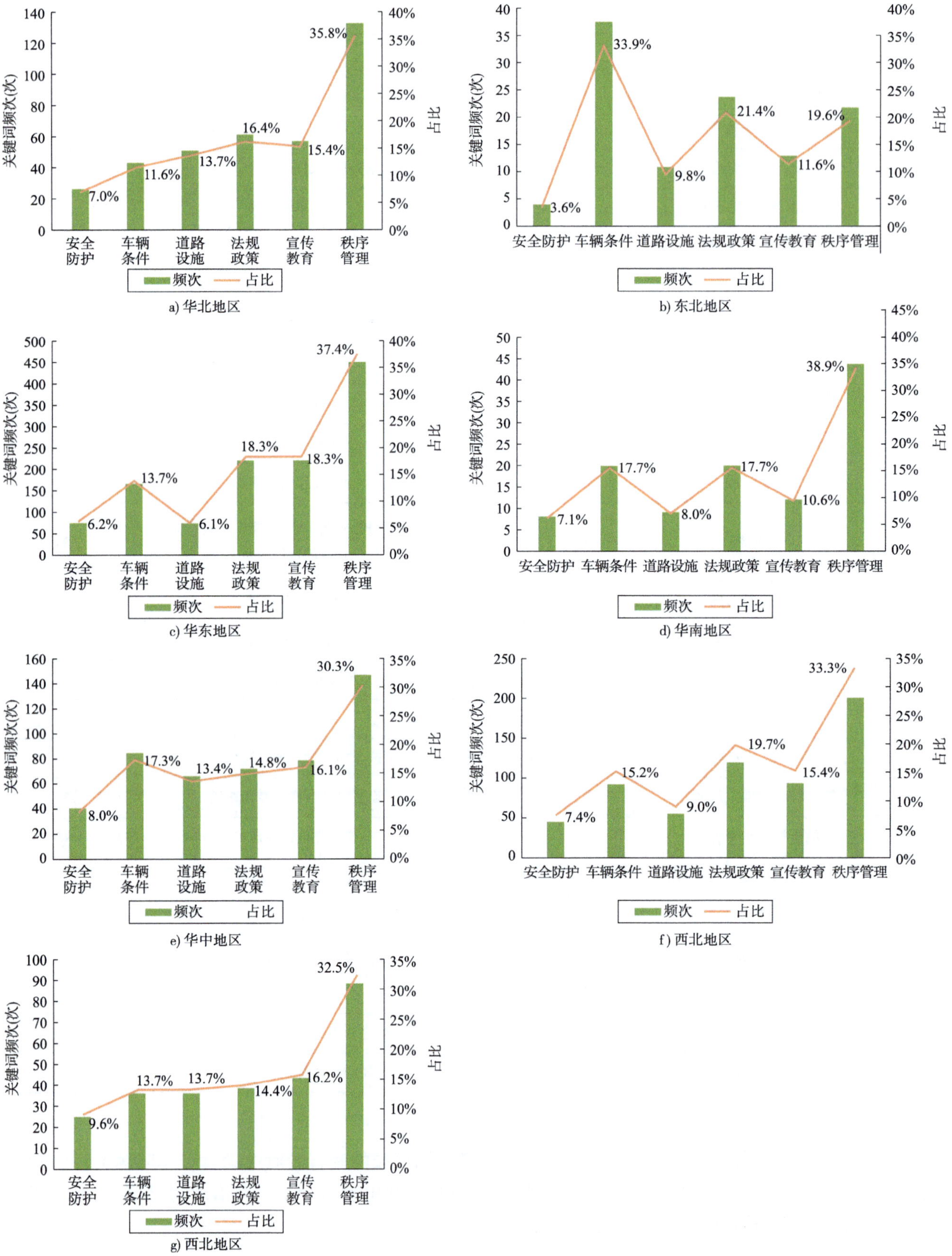

图 6-18　各区域私人电动自行车骑行者建议中提取关键词条的内容分布情况

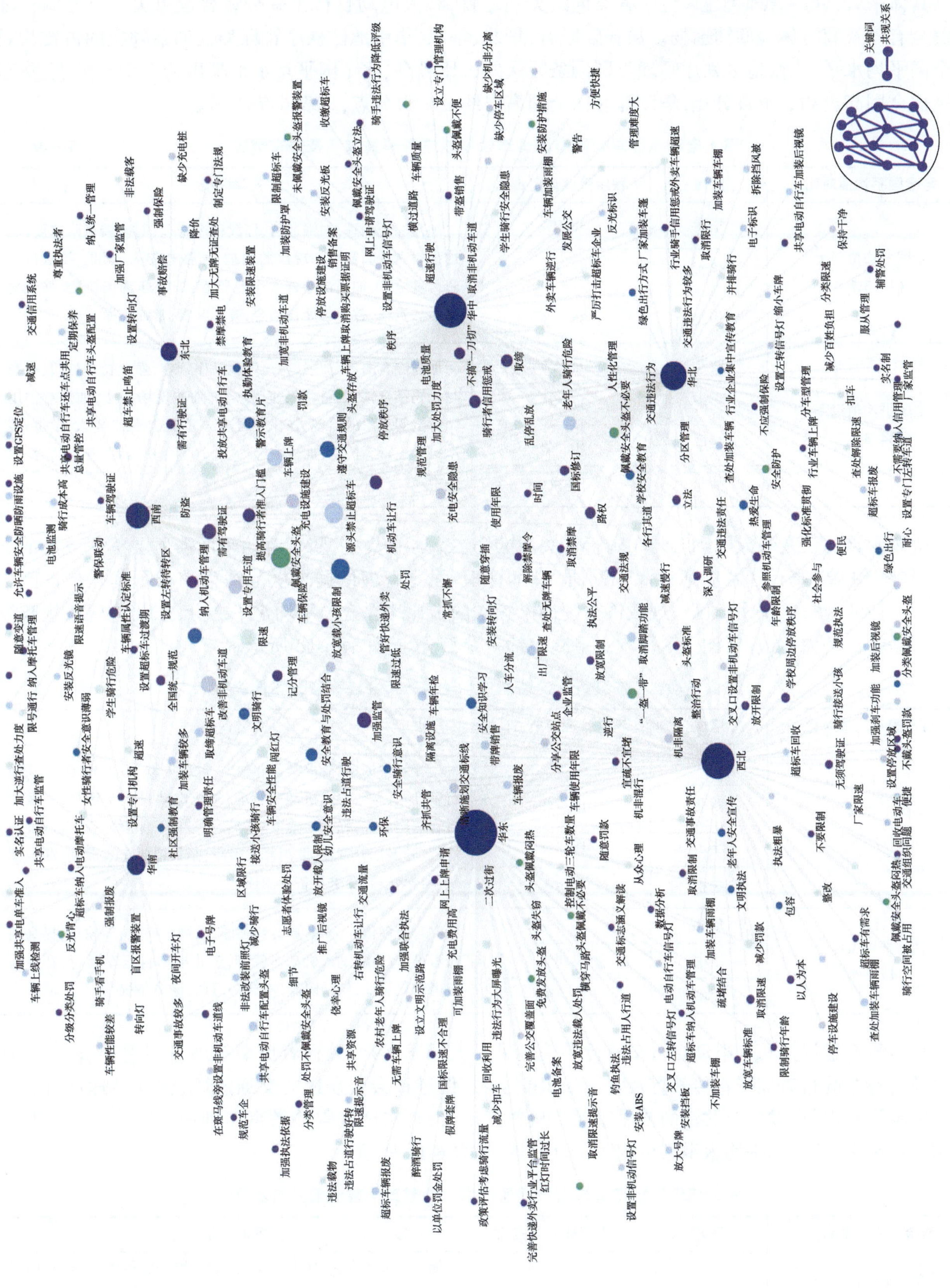

图6-19 各区域私人电动自行车骑行者建议中关键词条提取情况

具体来看,秩序管理类建议位于各类词条类别之首,私人电动自行车骑行者普遍更关心日常骑行环境安全有序及骑行体验便捷通畅。从各区域看,华北、华东、华南地区秩序管理类别词条频次的占比均超过全国平均水平,华南地区秩序管理类别词条频次的占比最高、比全国平均水平高出约 5 个百分点,华东地区比全国高出约 3 个百分点,华北地区比全国高出约 2 个百分点,如表 6-9 所示。

私人电动自行车骑行者治理建议中秩序管理关键词条分布情况 表 6-9

与全国平均值对比	区域	秩序管理词条占比	关键词条
全国平均值以上(34.3%)	华南	38.9%	加强综合治理,加强通行、停放秩序管理,明确骑行限速要求,加强对占用骑行空间现象的治理,加强老年人、学生、接送孩子骑行者监管,加强快递外卖企业监管,加强非现场执法,强化交通违法责任,教育与处罚结合,齐抓共管、常抓不懈
	华东	37.4%	
	华北	35.8%	
全国平均值以下(34.3%)	西北	33.3%	加强综合治理,加强通行、停放秩序管理,强化罚款处罚,教育与处罚结合,明确骑行限速要求,加强非现场执法,加强对占用骑行空间现象的治理,强化交通违法责任,加强老年人、学生、接送孩子骑行者监管,加强快递外卖、共享企业监管,齐抓共管、常抓不懈
	西南	32.5%	
	华中	30.3%	
	东北	19.6%	

法规政策建议是私人电动自行车骑行者关注的第二大词条类别,骑行者期望加强顶层法规政策的支撑引导呼声走高,骑行者希望通过深入调研,科学管理,强化管理依据来规范约束骑行行为。从各区域看,东北、西北、华东、华南地区法规政策类别词条频次的占比均在全国平均水平之上,东北地区法规政策类别词条频次的占比最高,比全国平均水平高出约 4 个百分点,如表 6-10 所示。

私人电动自行车骑行者治理建议中法规政策关键词条分布情况 表 6-10

与全国平均值对比	区域	秩序管理词条占比	关键词条
全国平均值以上(17.6%)	东北	21.4%	完善管理依据,要求具备驾驶证,取缔电动三、四轮车,提高骑行者准入门槛,纳入机动车管理,禁止电动自行车通行,开展骑行者信用惩戒,强化年龄限制,不搞一刀切,保障路权,全国统一规范,开展记分管理,取消载人限制,延长超标车过渡期,深入调研,科学管理,要求具备行驶证
	西北	19.7%	
	华东	18.3%	
	华南	17.7%	
全国平均值以下(17.6%)	华北	16.4%	完善管理依据,要求具备驾驶证,取缔电动三、四轮车,提高骑行者准入门槛,纳入机动车管理,禁止电动自行车通行,开展骑行者信用惩戒,年龄限制,不搞一刀切,保障路权
	华中	14.8%	
	西南	14.4%	

宣传教育建议是私人电动自行车骑行者关注另一大词条类别,骑行者更期望通过多途径、多方式针对电动自行车骑行者加强宣传教育及安全知识的学习,促进社会公众遵守交通规则,树立减速慢行和安全文明骑行意识,形成社会共治的浓厚氛围。从各区域看,华东地区宣传教育类别词条频次的占比超过全国平均水平,比全国平均水平高出约 2 个百分点,如表 6-11 所示。

私人电动自行车骑行者治理建议中宣传教育关键词条分布情况 表 6-11

与全国平均值对比	区域	秩序管理词条占比	关键词条
全国平均值以上(16.4%)	华东	18.3%	加强宣传教育,引导遵守交通规则,提升骑行安全意识,加强安全知识学习,加强学校、外卖企业、共享电动自行车企业的宣传教育,倡导文明骑行

续上表

与全国平均值对比	区域	秩序管理词条占比	关键词条
全国平均值以下（16.4%）	西南	16.2%	加强宣传教育、创新宣教方式、提升骑行安全意识、引导遵守交通规则、加强安全知识学习
	华中	16.1%	
	华北	15.4%	
	西北	15.4%	
	东北	11.6%	
	华南	10.6%	

3）骑行者建议

在骑行者的意见建议中，筛选语句表述完整、内容明确的建议进行详细分析，发现执法方式和特殊骑行群体是骑行者关注的焦点。一方面，私人电动自行车骑行者对电动自行车交通违法处罚、交通安全教育等问题提出了较为清晰、具有参考意义的治理思路，建议开展分类别、差异化的电动自行车执法管理。如“电动自行车处罚可设立分级标准，对于重复多次违规的骑行者应加重处罚，对于初犯可以适当教育或减免”，又如“明确快递外卖主管部门及相关平台企业的主体责任”。另一方面，私人电动自行车骑行者建议重点关注“一老一小”特殊骑行群体。老年人和学生骑行安全意识薄弱、不遵守交通规则是被提及的问题。征集的骑行者建议中提到了相应治理对策，包括以宣传教育为主，通过安全骑行知识的普及和交通规则的讲解，让老年人和学生强化安全意识、规则意识。骑行者建议示例如图6-20所示。

6.3.2 外卖骑手的关注重点

外卖骑手是一个规模庞大并正经历快递增长的电动自行车骑行者群体，也是互联网平台经济、新零售模式发展过程中不可或缺的摆渡人角色。与私人电动自行车骑行者不同，外卖骑手不仅将电动自行车作为主要交通工具，更是作为主要劳动工具，出行强度大、风险高。因接单等级模式、平台奖惩机制原因，骑手只有在越快的速度下才能获得越多的配送机会和酬金，骑行呈现高频次、长距离、超快速度的特征，交通安全风险隐患突出。为更好探究外卖骑手对电动自行车使用和治理的看法，此次调研活动面向2353名骑手征集了243条治理建议，分析提取了6个方面、79个关键词条，如表6-12所示。

1）关注焦点

对外卖骑手的意见建议进行关键词条提取和频次分析，如表6-13所示。从各类词条频次看，不同于私人电动自行车骑行者，外卖骑手最为关注的是交通安全宣传教育，特别是对于交通规则、骑行安全知识的普及，以及减速慢行、安全文明等骑行意识的培育，相关词条出现的频次最多。其次是秩序管理相关词条、出现的频次较多，包括限速管理、严管路内停车占用骑行空间、规范行业平台管理等词条。相比于私人电动自行车骑行者，外卖骑手对改善车辆条件、完善法规政策、加强安全防护等方面的建议相对较少。

考虑外卖骑手的车辆条件差异，进一步分析了使用合标车骑手和使用超标车骑手的意见建议，发现合标车骑手的建议更聚焦于宣传教育、秩序管理方面，而超标车骑手的建议更关注车辆条件、法规政策方面。本次共回收外卖骑手电动自行车意见建议243份，其中，包括超标车骑手74份，合标车骑手169份。合标车车主的建议中关于宣传教育的词条为82个，相关词条出现49次、词频占比29%；秩序管理类词条为62个，相关词频占比27.2%，而车辆条件、法规政策的建议相关词条均为17个，相关词频占比均为16.8%，其中，车辆上牌、需有行驶证、放宽限制是出现频次较多的词条。超标车骑手提出宣传教育类的词条为74个，相关词条出现22次、词频占比29.7%，如图6-21所示。超标车骑手提出的宣传教育类词条虽然少于合标车骑手，但其宣传教育词条频次的占比高于合标车主。相对来说，超标车主更注重电动自行车宣教内容的获取，这与其所属车辆处于过渡期性质有关，超标车主更注重在过渡期内的骑行安全。

南京一位骑行经验超过5年的上班族

建议国家层面相关部门与中国物流采购联合协会共同研商，明确快递、外卖行业电动自行车、电动三轮车不仅是交通工具，而作为生产经营环节中必要的生产工具统一由行业主管部门监督管理，明确行业主管部门及相关平台企业主体责任制定可操作的管理实施细则，尤其是外卖行业，坚决遏制通过骑手小哥（专送+众包)多送快跑，抢单速送，赚赢谋利，不计牺牲骑手交通违法和安全成本的现有扭曲现象。

西安一位骑行经验不满5年的上班族

非机动车道多数被路边停车占用，导致非机动车无路可走只能走机动车道，导致事故多发。建议治理非机动车道违停车辆，还路与非机动车。同时，电动自行车逆行情况严重，建议加大处理力度。在交叉路口缺少非机动车左转弯标识，电动自行车与行人斑马线上抢行情况严重。

海口一位骑行经验超过5年的上班族

感觉电动自行车处罚可设立分级标准，对于重复多次违规的骑行者应加重处罚，对于初犯可以适当教育或者减免。统一的处罚标准对于惯犯而言会增加其侥幸心理，仅仅只是罚钱乃至到扣车，一定程度上都无法杜绝惯犯的再次违法。设定一定程度上的处罚分级，对于多次违反相同条例不改善的骑行者可限制其使用电动车，或者其他针对驾驶人而言的处罚，类似于机动车驾驶证办理的方式。

蚌埠一位骑行经验不满5年的自由职业者

因学校附近路段早晚高峰时期车辆无法进入，此时电动自行车是最理想的交通工具。希望交通部门在固定时间段允许接送学生的电动车载人等行为。

北京一位骑行经验不满5年的上班族

非常好的绿色出行工具，要合理引导，不要堵。开辟专用车道是正事儿，一味地控制速度并不合理，应该根据路况来，良好路况下能开到的相对安全速度才是车辆的理想速度；需要降速的路段依靠其他措施解决。目前车辆出厂控制25km/h偏低。

郑州一位骑行经验不满5年的上班族

1.电动车未在非机动车道行驶，导致原因：非机动车道被机动车停车使用，迫使非机动车上机动车道，非机动车道本就狭窄有些还划有停车位这就很不合理。

2.电动车机动车道或非机动车道逆向行驶，导致原因：没有安全意识图方便选择逆行；或是恶意行为知错犯错。以上情况加强教育，并与征信挂钩。

无锡一位骑行经验不满5年的上班族

国标与超标电动车应该都购买保险，这才是重点，不能一刀切不让超标电动车上路，不是国标车和超标车问题，而是骑行者快与慢问题。遵守交通法规才是杜绝交通事故的根本。

济宁一位骑行经验不满5年的上班族

1.未满16岁少年儿童驾驶电动自行车的，强制其监护人接受相关法规学习，屡犯则对其监护人实施行政处罚并记入诚信档案。

2.驾驶无正规牌照或非法改装电动自行车发生交通事故的强制电动自行车驾驶人承担同等或以上事故责任。

3.骑行共享电动自行车需强制实名认证，明确共享电动自行车运营商的监管责任。

4.建议推广电动自行车安全相关商业保险。

广安一位骑行经验不满5年的上班族

电动车的安全教育和路面骑车规范应当向各个高中学校的学生进行宣传引导，也应该向学生家长宣传，上下学很多学生骑电动车逆行、不戴头盔、无牌、搭载同学等，还是多宣传教育一下，要么出一个具体的电动车管理措施。共享单车也是，很多初中生只要有电话可以扫码，一个孩子扫一个车坐两个人太危险了。

驻马店一位骑行经验不满5年的上班族

1.加大对电动车生产厂商的源头治理。

2.制定分期淘汰超标电动车上路行驶的期限。

3.从教育环节入手，在中小学课堂开设交通安全知识必修课，培养从小树立遵守交通规则的意识，从而达到逐步提高全民的守法素质。

图 6-20　私人电动自行车骑行者意见建议的示例

外卖骑手治理建议的关键词条分类　　表 6-12

聚焦方面	关键词条数量	相关词条总频次	相关词条频次占比
宣传教育	6	110	33.4%
秩序管理	29	88	26.7%
车辆条件	16	47	14.3%

续上表

聚焦方面	关键词条数量	相关词条总频次	相关词条频次占比
道路设施	6	35	10.6%
法规政策	8	26	7.9%
安全防护	4	23	7.0%

外卖骑手意见建议中前50个关键词条及出现频次 表6-13

关键词条	频次	关键词条	频次
宣传教育		加强管理	5
引导遵守交通规则	44	车辆条件	
提升骑行安全意识	37	规范车辆上牌	11
强化减速慢行意识	13	规范车辆年检	7
加强宣传教育	12	道路设施	
秩序管理		改善非机动车道设置条件	14
明确骑行限速要求	11	设置电动自行车专用车道	8
严管路内停车占用非机动车道	9	推进充电设施建设	6
规范平台管理	7	法规政策	
严管路内停车占用机动车道	6	完善管理依据	11
强化交通秩序	5	要求具备驾驶证	5
加强非现场执法	5	安全防护	
方便骑行	5	推进养成安全头盔佩戴习惯	18

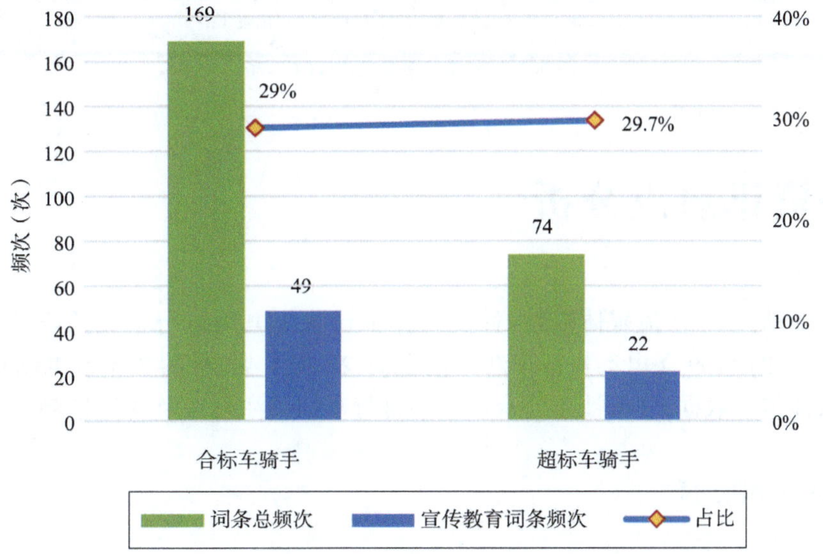

图6-21 合标车与超标车骑手征集意见中宣传教育词条出现的频次

2)骑手建议

外卖骑手建议强化骑行环境保障,清晰划分路权、减少其他交通方式对骑行的干扰。在骑手征集的意见建议中,非机动车道缺少连续性或骑行空间的问题被频繁提及,特别是路内停车、出租汽车上下客、公交车进出站对骑行安全影响较大。如“骑行过程中经常遇到公交车突然变道或出租汽车突然停靠在非机动车道载客”“行人盲目低头行走导致骑行需要改变轨迹”“机动车占用非机动车道停车、行人乱窜”等。此外,较多骑手反映行业平台超时考核或处罚等规则设定不合理,容易催生超速骑行等交通违法行为。对于外卖骑手,一方面,他们对安全、舒适的骑行环境需求较为强烈;另一方面,他们希望有更合理、更科学的行业运行规则,从根本上扭转外卖骑手交通违法、交通事故多发的局面。这些建议亦可成为电动自行车治理中关注、提升的方面。骑手建议示例如图 6-22 所示。

海口一位骑手建议

超标与新国标界限混乱，上牌标准不清晰，同车型有得可上有得不可上，路边违停占用非机动车道非常多，公交车进站导致绕行上机动车道情况非常多。

青岛一位骑手建议

现在是划区停放，按机动车信号行驶。再增加强制保险，专用车道。综合同时段管理各种交通工具和行人，机动车占停非机动车道，行人乱窜。单管一样而不管其他的，体现不出道交法的尊重。

吉林一位骑手建议

机动车长时间占用非机动车道，非机动车从机动车道超车造成交通事故居然是非机动车全责，是不是要等占用非机动车道的车移开才能通行。

长春一位骑手建议

我们在骑电动车送餐的时候，感觉时间不够用，所以才造成事故发生，一共就给30min，商家做餐到出餐再到我们送达，时间真不够用，因为时间不够用，所以骑车就快，就容易出错，我们也不想出错。

长春一位骑手建议

对出租汽车和公交车进行交通安全知识普及，骑行过程中经常遇到公交车突然变道或者出租汽车突然停靠在非机动车道载客，甚至出现从非机动车后方超车后迅速在非机动车道停车，严重影响非机动车的安全行驶。

吉林一位骑手建议

办理电动车行驶证，一车一证、一车一牌，专人专管，能更大提升电动自行车管理难题。

长春一位骑手建议

往往是行人盲目低头走，导致我们骑手也跟着改变轨迹，容易发生事故，行人也很重要。

吉林一位骑手建议

遵守交通规则，不应该再使用超时考核外卖骑手，安全出行，人人有责。

吉林一位骑手建议

车辆要好好保养，每次在骑行前首先检查一下电源是否有问题，然后检查刹车是否好用，看轮胎是否都有气，都没有问题就可以出发了。

图 6-22　外卖骑手意见建议的示例

6.4 网络资讯热点分析

依托此次调研活动,基于主流媒体网站、社交媒体平台收集电动自行车相关媒体数据,包括自 2019 年 1 月至 2023 年 3 月的 1109 条电动自行车新闻报道、2023 年 1 ~ 3 月的 275 条电动自行车相关的微博话题。基于以上媒体信息数据,分析社会公众对电动自行车的关注热点及变化趋势。

6.4.1 网站新闻报道

1)数据获取

此次调研以“人民网”作为网站数据检索平台。“人民网”既包含政府及职能部门的政策与文件传达,又包含官方媒体的热点报道,能够在一定程度上体现当前一个时间段内社会关注的热点问题。以“电动自行车违法行为查处”为主题,在“人民网”搜索2019年1月—2023年3月期间的相关新闻报道,以新闻标题、文本内容、发布时间、发布来源、网址五个字符段为目标,获取初始7.5万条新闻的链接,如图6-23所示。

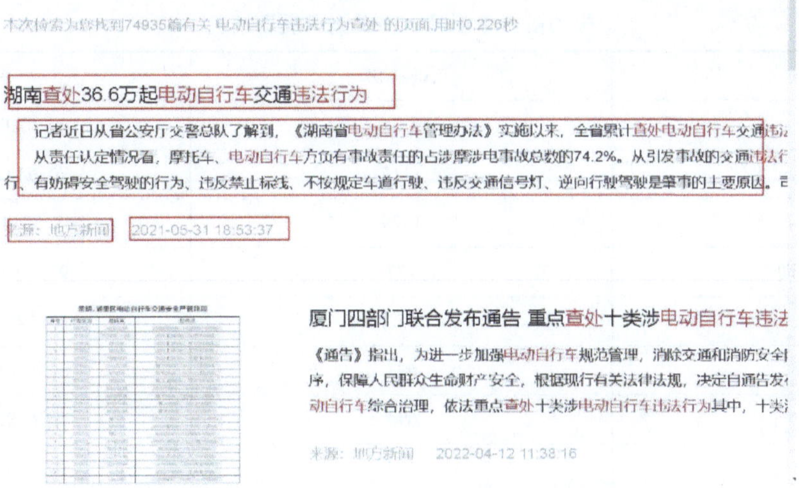

图6-23 “人民网”电动自行车相关新闻报道的搜索情况

根据网址链接进入新闻的详情页检验,对初始数据详情页的url进行去重处理、保留近1万条数据。对新闻内容进行再次筛选,剔除相关性不明显、同一内容重复引用等新闻报道,最终得到满足分析要求的新闻报道1109条。

2)关键词提取

关键词共现在某种程度上可以被认为代表一个相关主题,属于一个话题簇。利用python中的jieba包对已获取的1109条电动自行车新闻报道进行中文分词,提取关键词,如图6-24所示。

```
In [3]: # 录入文本数据
df = pd.read_excel('C:/Users/Augest/Desktop/人民网.xlsx')
text = ''.join(df['text'].astype(str).tolist())

In [16]: # jieba执行分词
seg_list = jieba.cut(text)
# 计算词频
word_counts = {}
for word in seg_list:
    if len(word) > 1:
        word_counts[word] = word_counts.get(word, 0) + 1

In [7]: # 共现分析
co_occurrence = {}
for sentence in df['text'].tolist():
    words = set(jieba.cut(sentence))
    for word in words:
        if len(word) > 1:
            for other_word in words:
                if word != other_word and len(other_word) > 1:
                    pair = tuple(sorted([word, other_word]))
                    co_occurrence[pair] = co_occurrence.get(pair, 0) + 1

In [9]: # 基于词频与共现率的关键期确定
keywords = []
for word, count in word_counts.items():
    if count > 1:
        co_count = sum(co_occurrence.get(pair, 0) for pair in co_occurrence if word in pair)
        co_occurrence_rate = co_count / count
        keywords.append((word, count, co_occurrence_rate))
```

图6-24 电动自行车新闻报道关键词提取代码实现过程

采用共线公式计算关键词的共现度。去掉主题词自身字段，生成的前十个高频共现关键词及其出现的频次、共现度如表 6-14 所示。根据关键词的共现度分析，绘制新闻报道数量变化趋势的时间线图，如图 6-25 所示。

电动自行车新闻报道关键词提取情况　　表 6-14

关键词	出现频次	共现率
安全	1324	79.82930513595166
违法	1112	70.94424460431655
充电	1029	43.226433430515065
整治行动	777	97.10069444444444
查处	753	85.74501992031873
头盔	697	69.77618364418939
驾驶	694	79.68876080691642
管理	605	102.4099173553719
登记	545	59.90091743119266
停放	535	84.34766355140187

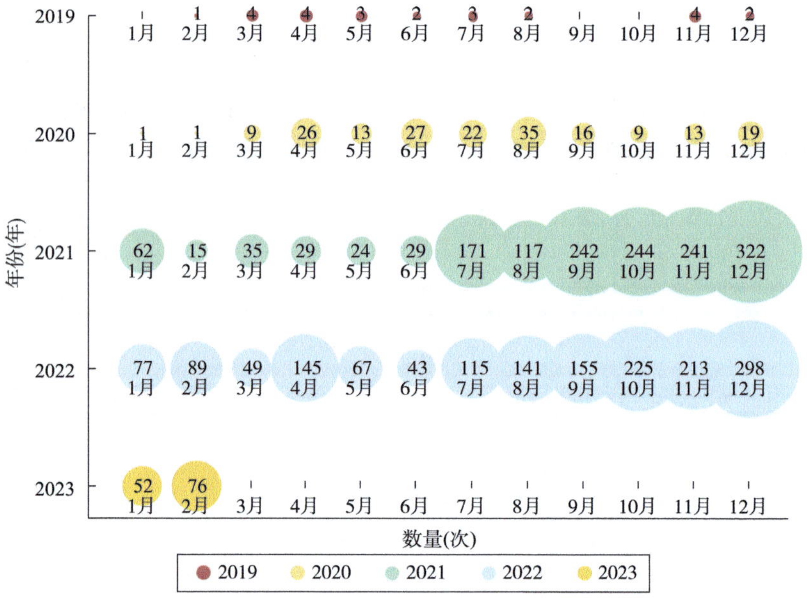

图 6-25　电动自行车新闻报道数量的时间分布

注：统计数据截至 2023 年 2 月。

3）热点分析

结合新闻报道的关键词和发布时间，对电动自行车关注热点的分析结果如下：

（1）“安全”在电动自行车相关新闻报道中的出现频次最高，反映出从管理角度看，安全已成为电动自行车治理的首要问题。“管理”“整治行动”在电动自行车相关新闻报道中的共现率最高，反映出目前电动自行车的治理多依托于专项整治行动而开展，具有阶段性集中治理特征。

（2）2021 年以来，电动自行车相关新闻报道数量明显增加，反映出各管理部门、各地对电动自行车的重视程度近年来持续提升，特别在秋冬季节，电动自行车相关新闻报道数量最为集中。

6.4.2 社交媒体话题

1)数据获取

基于新浪微博平台,应用 selenium 方法编写 Python 脚本,检索近三个月内电动自行车相关话题。考虑社会公众对电动自行车的不同表述及表情、特殊字符、网址等无关信息,对采集到的数据集进行数据清洗,保留语义表达统一、文本标准化的有效数据 275 条。

2)关键词提取

将主题词预先设为"电动自行车",在此基础上进行共现度分析,按照关键词出现频次构建标签,每个标签下有若干表达方向一致的关键词。传统提取关键词的方法主要基于统计的方法,由于微博文本字数有限、关键词频低,采用集成算法运算数据。用 Text Rank 算法提取话题中的语义关系,补充 TF-IDF① 算法提取词频关系[1],同时使用百度自然语言处理工具监督分词、减少误差,将两种算法提取的关键词集按一定比例集成得到的关键词集合。集成操作如公式(6-1)中定义:

$$H(U,F)=\sum_{i=1}^{n}u_i f_i \tag{6-1}$$

式中:U——权重集,$U=\{u_1,u_2,\cdots,u_n\}$,$u_i>0$,且 $\sum_{i=1}^{n}u_i=1$;

F——基算法结果集,$F=\{f_1,f_2,\cdots,f_n\}$;

n——基算法结果总数。

通过软件将处理后的词条进行可视化呈现,探讨电动自行车的讨论热点与关注方向。对初步抽取到的近 300 个关键词,通过数据清洗、分类合并,共整理得到 27 个标签,具体内容如表 6-15 所示。将量化后的标签、词频、文档频率绘制关联网络词云图,如图 6-26 所示。

电动自行车相关微博话题关键词提取情况　　表 6-15

标签词	二级词	标签词出现总频次	标签词出现文档数量
交警与相关执法部门	交警,支队,大队,民警,公安,警察,警力,交警部门,主管部门,中队,执法人员,市公安局,巡警,人民警察	497	210
安全	交通安全,平安,生命安全,安全性,安全形势,安全感,生命,安全意识	374	201
"查"与"管"	查,查出,查处,查办,查控,查获,抽查,巡查,排查,检查,检查点,执勤点,夜查	356	148
头盔佩戴	头,头部,头盔,戴盔,未戴,安全头盔,一盔一带,佩戴	303	96
职权应用	监管,监督,管理,保障,整治,督促,治理,管控,防护,落实,推进,打击,综合治理,执法,维护	302	190
法律法规与标准	法律,交通法规,产品质量法,政法,法院,法律规定,规定,条例,管理条例,标准,违法行为,违规,违反	231	176

① Term Frequency-Inverse Document Frequency,是一种用于信息检索与数据控制的常用加权技术。TF 是调频,IDF 是逆文本频率指数。

续上表

标签词	二级词	标签词出现总频次	标签词出现文档数量
强化	切实加强,加大,加强,增强,强化,提升,提高,消除,深入,推动,深化,完成,调整,优化,完善,减少	110	84
文明骑行	文明,文明城市,礼让,有序,秩序	105	78
“严”查	严厉查处,严查,严控,严处,严厉,严肃,严防,严禁,严格,严管	104	48
主要地点	小区,城市,乡村,城镇,高架桥,快速路,城市交通,公路交通,大街,学校,校园,公路,景区,场所,路口,农村	101	83
宣传教育与培训	宣传,教育,培训,鼓励	74	64
特殊日期	假期,节日,春节,春节假期,春运,春运期间,节假日,元旦	60	38
非机动车典型违法行为	逆行,逆行行驶,超载,超员,闯红灯,越线,超速,超速行驶	53	40
交通信号设施	灯,信号灯,红灯,黄灯,绿灯	50	25
车牌与登记	登记,注册,车牌,牌照,上牌,非标,三无,合格证,驾驶证,产品质量	50	37
危险意识	风险隐患,安全隐患,死亡,受伤,轻伤	43	29
企业与平台	平台,企业,市场监管	38	33
通行秩序	交通拥堵,畅通,疏导,疏散,拥堵	32	30
执法提醒	警告,警示,预警,通告	26	26
停放	停车,占用	23	22
处罚措施	处罚,罚款,扣分,记分	22	22
骑行车道	非机动车道,非机动车专用道,专用道,机动车道,人行道	21	15
口头劝说	劝导,劝阻	19	19
火灾与消防	火灾,消防,消防事故,消防安全,消防通道,火灾事故,应急	19	9
技术支持	电子警察,监控,数字化,芯片	15	12
限速问题	速度,车速,限速,减速慢行	12	10
加装改装	加装,改装,遮阳伞	11	11

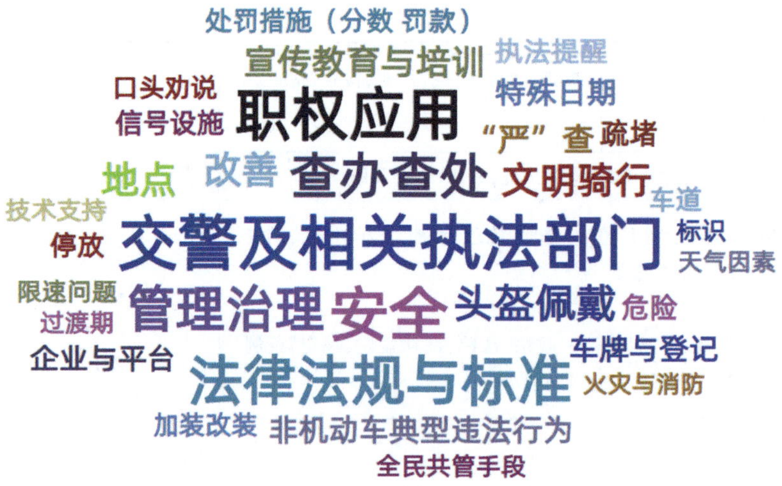

图 6-26　电动自行车相关微博话题关键词云图

3)热点分析

(1)对执法者关注高于骑行者本身、对执法行为关注高于骑行行为本身。"查"与"管"、改善动词、职权应用等标签词与其主语"交警及相关执法部门"是出现频率最高的标签,对"口头劝说""处罚措施""执法提醒""严查"等执法措施有更高的关注度。

(2)"安全"标签词频高但共现率低、"头盔"与其共现率最高。执法、法规、职权等关键词的出现与提高电动自行车骑行安全这一目的关联度不足。安全头盔的佩戴已经被普遍关注,与"安全""查处"的共现率高,即头盔佩戴的执法现状较好、"一盔一带"政策有效果显著。

(3)"法律法规与标准"和"职权应用"为群众关注热点。主体与行为之间的媒介是"法律法规与标准",电动自行车的立法相较于机动车仍不完善,其执法可以依据的法律法规也是当前关注的热点;"车牌与登记"是随着电动自行车车辆标准化的发展,社会的关注度也越来越高;"过渡期"是车辆上牌标准规范后产生的定义,部分省区市对此做出自己的相应规范,相关内引起了较大的讨论与关注。

(4)外卖配送安全引发热议。外卖骑手作为电动自行车骑行者的重要组成群体,其所属公司与平台对电动自行车的骑行安全负有社会责任[2];通过"警企共治"在电动自行车的生产、销售、使用等步骤共同发力,从源头解决矛盾,提高新业态配送骑行安全。

6.4.3 文献研究趋势

通过文献计量分析工具,从学术研究角度总结分析当前已有文献研究,梳理研究现状,对电动自行车领域的全貌和发展趋势有更全面、深入的了解;通过对比分析,有利于发现当前研究中存在的问题和矛盾。

1)数据获取

以中国知网(CNKI)数据库为来源,搜索2016年起以"电动自行车(或电动二轮车、电动摩托车等同义替代词)"为主题的文献资料,得到基础数据3206篇,剔除无关学科、政策解读、地方播报等关联度、研究性不足的文献,最终有效数据630篇为基础库。

2)关键词提取

通过文献计量分析工具,对获取的文献进行电动自行车主题关联度挖掘分析。CiteSpace文献计量分析工具可以实现学术研究领域的知识结构可视化,也可用于检测研究热点和趋势、最新进展和未来方向[3]。LLR算法①是基于共现分析的聚类算法,通过提取关键词比较其在某文献中的频率和文献集合中的频率来判断是否显著,计算每对关键词之间的LLR值并基于关键词相互作用确定关联度[4]。聚类算法COW将高度相关的关键词分为同一组,聚类过程中使用模块来度量聚类效果并展示最佳的聚类结果。

关键词的出现频次体现主题研究领域的热点,基于科学计量学提出的中心度(Centrality),是用于衡量其在聚类网络中重要性的指标。将转换格式后的文献基础库数据导入,通过共现映射得绘制图谱,得到节点数98、连线353的关键词共现图谱,如图6-27所示。LLR聚类得到关键词标签及其共现词如表6-16所示,关键词标签的出现频次与中心度如表6-17所示。其中,中心度排名前五的关键词标签为交通安全、交通违法行为、交通工程、城市交通、安全头盔。

① 全称为log-likelihood Ratio,是一种假设检验的方法。

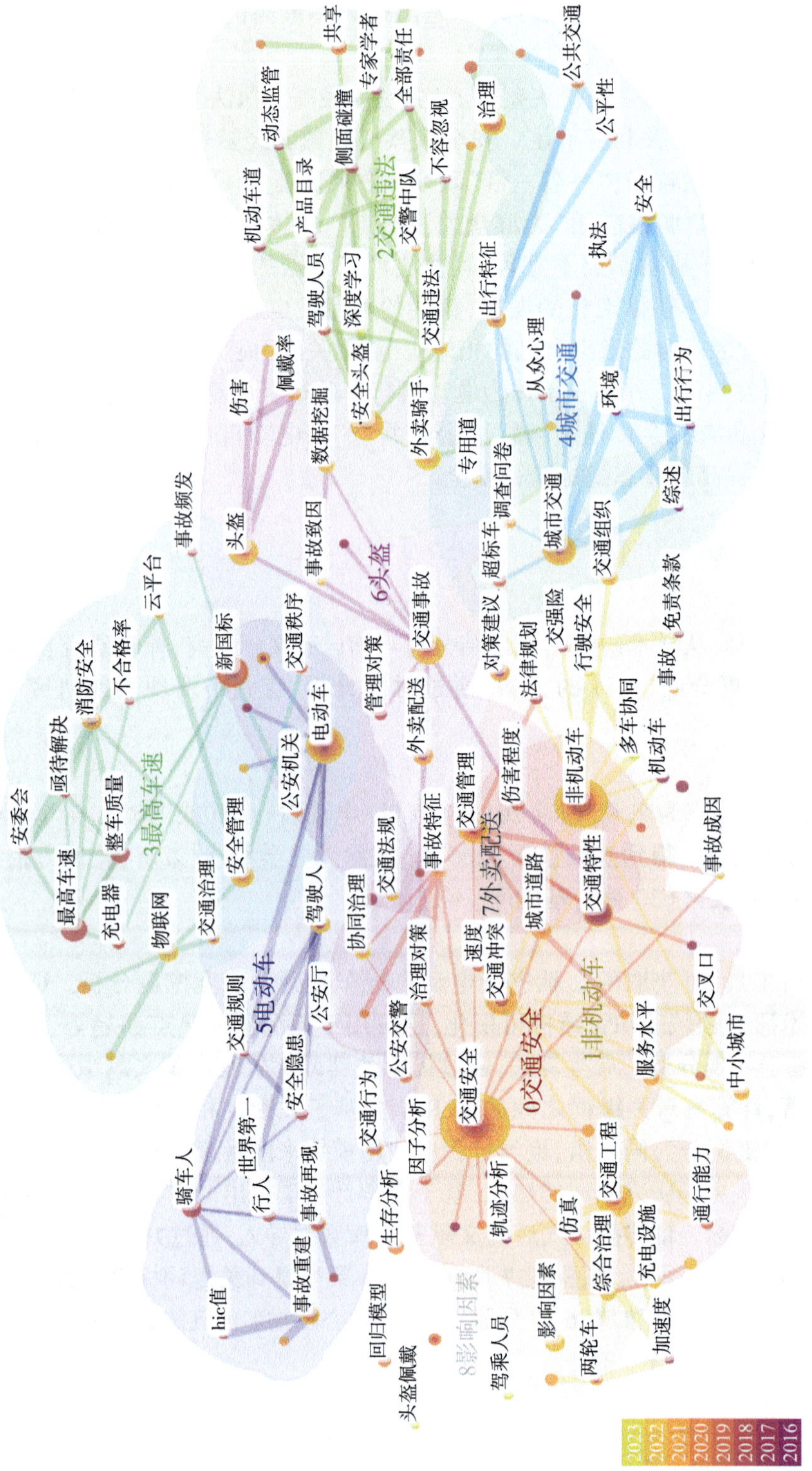

图6-27 基于CiteSpace分析的电动自行车相关文献关键词聚类图谱

电动自行车相关文献关键词标签及共现词

表 6-16

关键词标签	共现词
0 交通安全	交通管理;居民小区;事故特征;严重程度;治理对策;信息查询;大数据分析;交通行为;安全工程
1 非机动车	电动自行车;影响因素;生存分析;非机动车道;事故伤害程度;横向驾驶行为;法律责任;交通冲突;交通渠化;空间异质性;轨迹分析
2 交通违法	安全头盔;交通管理局;违法行为;驾驶人员;死亡事故;交通安全意识;非法占用;侧面碰撞;外卖骑手;信号交叉口;交通信号灯;逆行
3 最高车速	违法行为;电动自行车管理;交通安全;外卖配送;交通法规;综合治理工作;安全管理;智慧社区建设;报警信息;云平台;交通效率
4 城市交通	出行行为;公共交通;执法;电动自行车;信号交叉口;从众心理;出行特征;交通事故;公交车站;路权平等;共享单车
5 电动自行车	非机动车;交通宁静化;城市交通;数据挖掘;回归模型;影响因素;生存分析;交通密度;慢行交通;冲突模型;过街速度;管理对策
6 头盔	安全意识;事故;重大交通事故;违法行为;交通管理局;快递外卖;“一盔一带”
7 外卖配送	交通安全法;交通秩序;交通违法;法律责任;安全意识;头盔;问题对策
8 影响因素	多源数据;gmm 模型;对策研究;生存分析;冲突模型;慢行交通;回归模型

电动自行车相关文献关键词标签的出现频次及中心度

表 6-17

标号	关键词	频次	中心度	年份(年)	标号	关键词	频次	中心度	年份(年)
1	交通安全	82	0.12	2016	11	交通安全法	18	0.04	2016
2	交通违法行为	67	0.11	2017	12	消防安全	14	0.04	2018
3	交通工程	42	0.10	2016	13	出行特征	16	0.04	2017
4	城市交通	39	0.09	2016	14	交通组织	14	0.03	2018
5	安全头盔/头盔	31	0.09	2017	15	共享单车	10	0.03	2019
6	信号交叉口	33	0.08	2018	16	社会力模型	11	0.02	2018
7	交通事故	32	0.08	2017	17	外卖骑手	8	0.02	2021
8	非机动车道	25	0.07	2016	18	影响因素	12	0.02	2021
9	电动自行车管理	30	0.06	2017	19	结构方程	11	0.02	2018
10	交通冲突	22	0.06	2017	20	新国标	16	0.02	2018

3)趋势分析

从电动自行车相关文献的关键词突现和时间变化趋势,分析电动自行车研究趋势的变化和主题的演变。关键词突现是指短时间内发表文献中出现频次突然增高的关键词,表明其因为各种原因在该研究领域被广泛关注,有助于清晰地掌握电动自行车研究发展的演变趋势,聚类的突现词越多,越能反映该研究的活跃度与新兴态势[5]。

通过对 630 篇电动自行车相关文献的关键词突现统计,发现了 25 个由不同时间段内的核心关键词组成的突现词,2019 年、2020 年突现词最多,该时期为电动自行车交通研究最活跃的时期,也是交通安全与治理引起普遍关注与讨论的热点时段。“新国标”突现强度最高,与文献发文量变化幅度对应;“安全头盔”突现词与 2020 年“一盔一带”安全守护行动活动实施相对应,如图 6-28 所示。

关键词	年份(年)	实现热度	开始(年)	结束(年)	2016—2023
交通特性	2016	2.39	2016	2017	
交通工程	2016	2.32	2016	2017	
管理	2016	1.54	2016	2017	
驾驶行为	2016	1.54	2016	2017	
事故再现	2017	0.79	2017	2018	
仿真	2017	0.74	2017	2018	
侧面碰撞	2017	0.74	2017	2018	
新国标	2018	4.58	2018	2019	
充电器	2018	1.17	2018	2019	
交通行为	2018	0.87	2018	2019	
si模型	2018	0.78	2018	2019	
治理	2019	2.39	2019	2020	
共享单车	2017	1.44	2019	2020	
公共交通	2019	1.41	2019	2020	
交通设计	2019	0.94	2019	2020	
公安机关	2019	0.94	2019	2020	
事故重建	2018	0.74	2019	2020	
安全头盔	2017	1.93	2020	2021	
影响因素	2020	1.82	2020	2023	
城市道路	2020	1.6	2020	2021	
安全管理	2020	1.54	2020	2023	
事故特征	2018	1.3	2020	2021	
中小城市	2020	0.9	2020	2021	
外卖骑手	2021	2.36	2021	2023	
物联网	2021	1.33	2021	2023	

图 6-28　基于 CiteSpace 分析的电动自行车相关文献关键词突现统计

关键词簇的大小和密度反映该簇在文献研究中的重要性和热度,通过簇的演化轨迹了解该簇在不同时间段内的研究重点和变化方向[6]。通过电动自行车相关文献的时间跨度绘制,总结文献研究的发展趋势和演化历程,如图 6-29 所示。

综上,得到电动自行车文献研究趋势特征如下:

(1)交通安全始终是电动自行车研究的核心问题。交通管理研究的核心目标即提高交通安全、优化交通环境。电动自行车作为城市新兴出行方式,在给城市交通现状带来影响的同时必然给交通安全带来挑战[7],交通安全为文献最大聚类点,时间聚类图逐年均匀扩增。

“交通冲突、交通事故”为交通安全的微观分支,“交通工程”为宏观框架,此类关键词标签演化趋势基本一致,且与不同时间节点的交通现状有明显的相关性,如图 6-30 所示。电动自行车交通事故自 2016 起连续 5 年增长且增长幅度较大,年平均增长率高达 17.2%,远超其他交通方式;2016—2020 年,驾驶电动自行车死亡的人员呈现逐年递增趋势[8],随着电保有量的提高、交通事故量与伤亡人数的迅速增加,骑行的安全问题愈发引起关注,发文量自 2016 年起突增,整体呈上升趋势;新国标①颁布实施后关键词集中于政策解读与治理现状报告,线图同时呈短暂降低,2020 年起回升。

① 此处新国标特指《电动自行车安全技术规范》(GB 17761—2018),后文为保持与文献研究的表述一致,不再述及其全称。

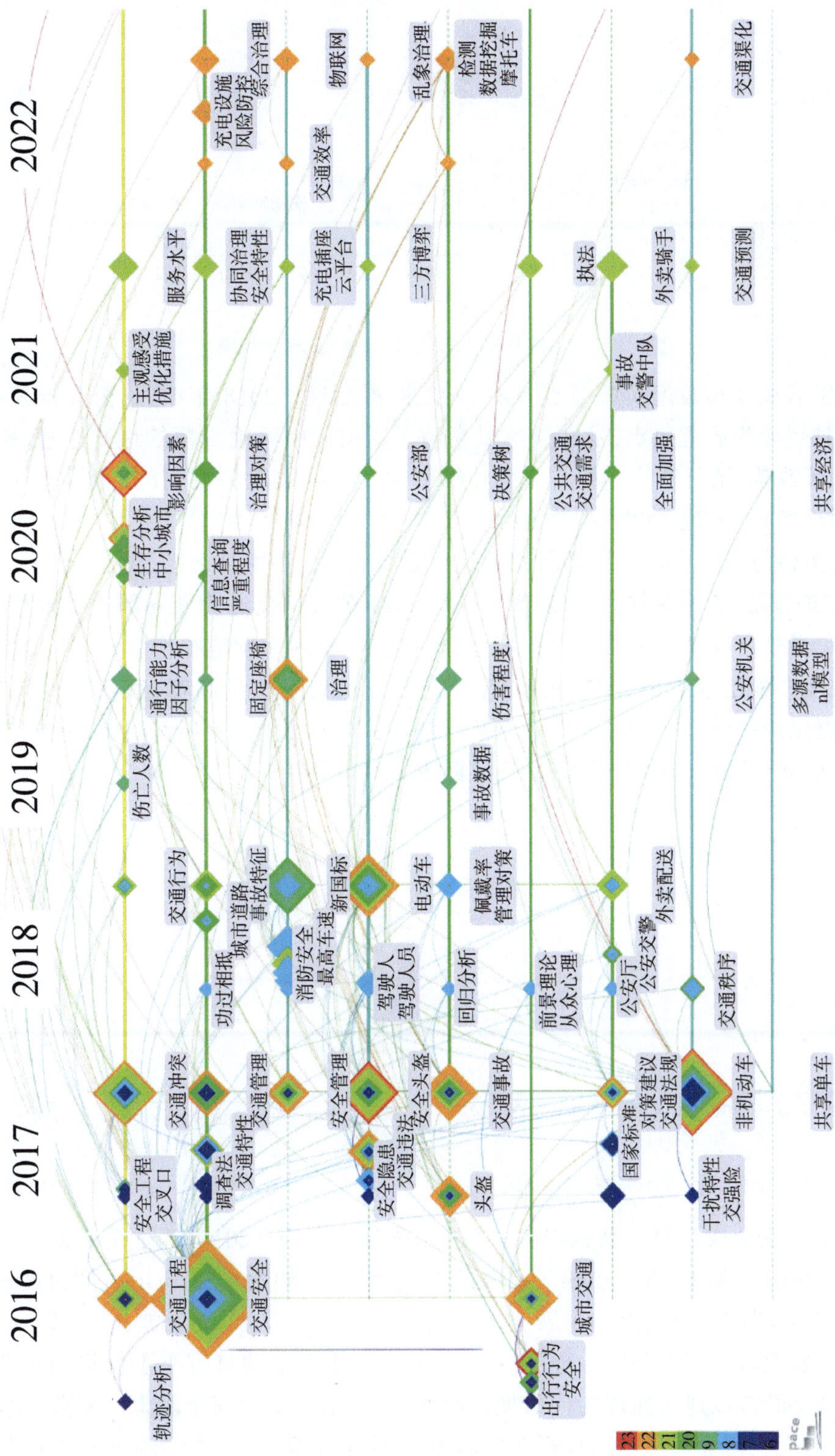

图6-29　基于CiteSpace分析的电动自行车相关文献时间线聚类图谱

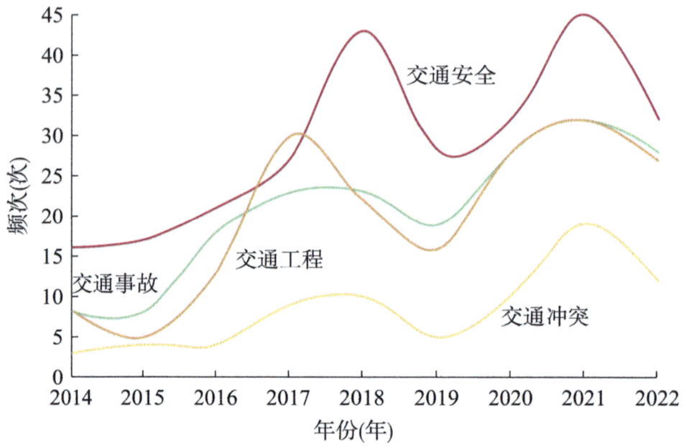

图 6-30 交通安全关键词标签出现频次趋势对比图

(2)文献研究发展演变与政策实施节点具有一致性、滞后性。2018 年 5 月，公安部发布电动自行车管理新规后，“新国标”成为研究热点，发文量达最高值。新国标中明确规范的最高车速、头盔佩戴、空间路权、车辆登记、加装改装、骑行资格等相关方面相继引发一系列文献关键词(如最高车速、头盔、固定座椅、管理对策、交通秩序)的突现，如图 6-31 所示。

自 2017 年起，头盔与安全头盔已经是研究的热点话题，2020 年 4 月，公安部在全国范围内部署开展“一盔一带”安全守护行动，引发关注且热度持续不下，2021 公安部交通管理局部署各地持续深入[9]。数据显示，电动自行车事故自身肇事事故伤亡率高，其致死主要原因为颅脑损伤[10]。自 2020 年起，电动自行车安全头盔相关发文量迅速上升，2021 年仍有少许上升达到发文量高峰，其热度变化规律与政策发布、施行的时间节点保持一致，如图 6-32 所示。文献的研究方向沿电动自行车的发展方向不断演变，法规颁布与政策实施引导关键词的突现，促进形成文献发文高峰期。

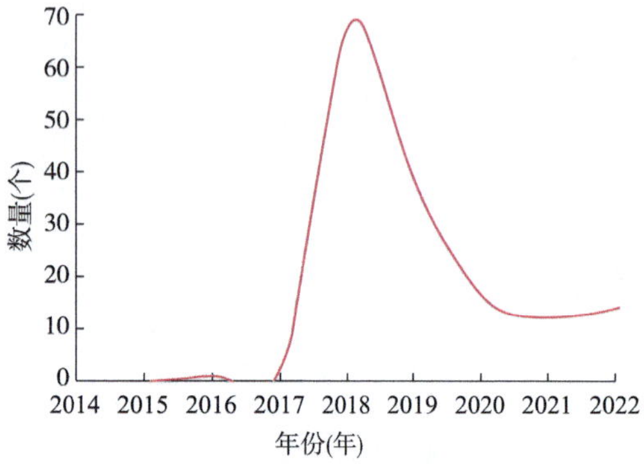

图 6-31 “新国标”关键词标签文献统计

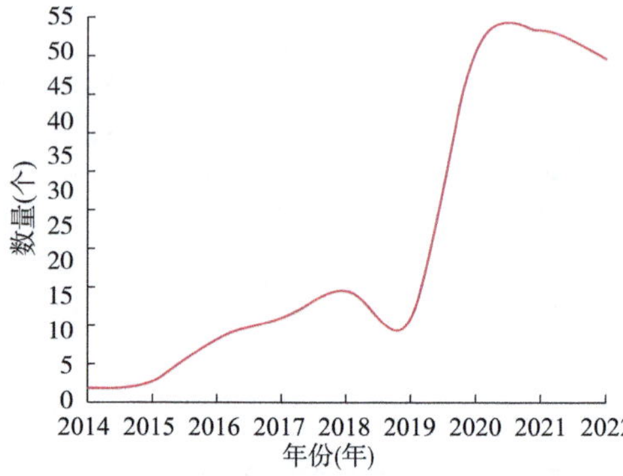

图 6-32 “安全头盔”关键词标签文献统计

(3)外卖车辆通行安全成为研究新兴热点。“外卖配送”标签于 2018 年形成聚类点，外卖骑手骑行安全方面在 2020 年后引发关注，近三年相关文献的发文量较高，如图 6-33 所示。即时配送电动自行车、共享电动自行车随着互联网经济的蓬勃发展应运而生，近年来外卖人员数量剧增、交通事故多发、安全风险备受关注，已成为各地区共同面临的治理痛点[11]。外卖骑手将电动自行车不仅作为主要交通工具，还是主要劳动工具，骑手经常以违法违规为代价换取时间，造成诸多交通安全隐患。对此，上海、深圳、福州政府联合企业共同对民生行业营运电动自行车实施专门号牌管理，多方联动改善监管机制、优化车辆运营骑行环境。

(4)电动自行车智能化发展与共享模式是近年来重要研究趋势。将电动自行车应用集成到智能交通系统，通过数据采集研究电动自行车出行行为，为城市交通管理提供科学依据，实现智能路权、智能调度、智能监管是研究最新热点。电动自行车共享模式在城市交通管理中具有重要意义,通过合理设计和服务保障等方式推动共享模式的健康发展是当前研究的热点问题。

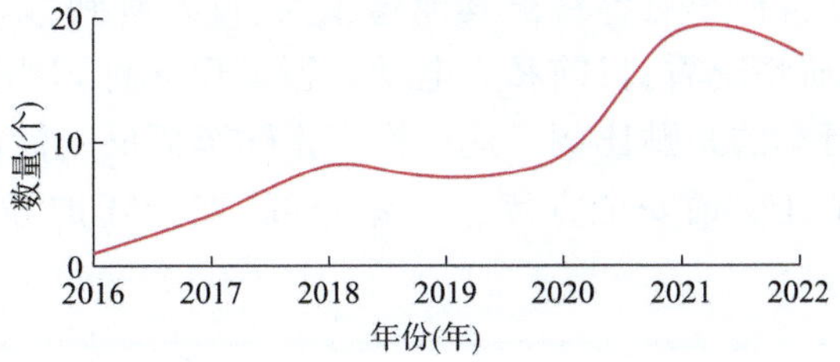

图 6-33 “外卖骑手”关键词标签文献统计

6.5 调研情况相关思考

此次调研收集了大量电动自行车骑行者的答题反馈和相关建议,并同步分析了骑行者的关注焦点及网络咨询热点,在分析过程中不断加深了对电动自行车问题的思考,得到了很多启发,对一些之前关注的问题也找到了相应答案。

6.5.1 重点关注特殊骑行者群体出行安全

1)“一老一小”安全风险需警惕

老年人骑行电动自行车接送小孩的情况日益普遍,而老年人对骑行环境、骑行规则相对不熟悉,加上身体条件、自我防护能力、危险感知和应变能力较弱,若发生交通事故,老年人和搭载小孩极易受伤害。建议面向“一老一小”开展更广泛、更深入的安全教育。强化老年人和学生交通安全意识,编制系列的电动自行车道路骑行和过街指引,系统梳理骑行规则、安全知识要点,引导老年人和学生既知道骑行“应该怎么做”,又理解“为什么要这么做”,提升安全教育的感染力和吸引力。

2)从源头推动改善外卖骑手出行安全

因接单等级模式、平台奖惩机制原因,骑手只有在越快的速度下才能获得越多的配送机会和酬金,骑行呈现高频次、长距离、超快速度的特征,交通安全风险隐患突出。建议推动优化外卖行业平台算法和计酬规则。构建主管部门、平台企业、行业协会共治格局,多方协同、共同推动改善行业环境,给予骑手更人性化、合理化的计酬规则,推广“骑手可自行设置接单上限”“骑手差评从罚款改扣分”等措施,让骑手在奔波的同时也能重视交通安全、加强自身防护。

6.5.2 针对性提升电动自行车车辆安全

1)加强对外卖车辆加装改装的治理

从调研情况看,约 40% 的外卖行业电动自行车进行了加装改装,在车辆行驶速度较快的情况下,车型结构不规范对行驶稳定性和安全性的负面影响更为突出。建议推进外卖企业加快不合规车辆的淘汰置换。为外卖行业电动自行车登记上牌提供服务便利,借鉴上海、深圳经验,面向外卖车辆实行“一人一车一证一码”登记服务。同时,推动外卖企业在超标车过渡期结束前加快车辆置换与上牌工作,并加强对车辆置换、车辆拆除加装改装的督导。

2)推广车辆反光标识的张贴

电动自行车夜间骑行安全应引起重视,特别是电动自行车碰撞行人的事故发生在夜间的占比超过1/3。张贴反光标识能够使电动自行车更容易被其他驾驶人、行人看到,以较低的成本增加车辆可视性、可取得较高的安全效益。从调研情况看,目前私人电动自行车反光标识张贴率不足40%,大幅低于共享电动自行车、外卖行业电动自行车的张贴比例。建议推广张贴车辆反光标识。可在社区、行业协会、销售企业等设立的车辆登记点,或依托交通安全宣传、“一盔一带”安全守护等主题活动,广泛发放车辆反光标识,提高车辆的夜间可视性。

6.5.3 持续推动骑行者规范佩戴安全头盔

从调研情况看,虽然80%以上的私人电动自行车骑行者认识到安全头盔佩戴的重要性,但日常骑行时的安全头盔佩戴率仍较低,27.4%的骑行者几乎不佩戴安全头盔。调研发现,安全头盔携带不便、佩戴体验不佳是影响骑行者佩戴意愿的主要原因。

国家标准《摩托车、电动自行车乘员头盔》(GB 811—2022)在2023年7月正式实施。建议结合安全头盔国标的实施,在“一盔一带”安全守护行动推进中,加强对电动自行车安全头盔的质量标准和规范佩戴、系带方式的宣传。同时,持续推动地方立法,出台相关管理条例明确电动自行车骑行者佩戴安全头盔的规定,强化管理依据。此外,推广技术创新应用,借鉴部分企业经验,对外卖、共享车辆投放智能安全头盔,具备语音通话功能,减少骑行接打手机行为。面向私人电动自行车骑行者,推广设置共享头盔临时存放柜,实现扫码、面部识别等自动存取功能,避免安全头盔携带问题。

6.5.4 推进非机动车交通组织精细化

非机动车交通组织低效、通行秩序混乱,是城市交通精细治理的难题痛点。城市中3/4的非机动车事故发生在机动车道或混行道路上。从调研情况看,30%~40%的电动自行车骑行者认为城市道路非机动车道不连续、被路内停车占用严重,近60%的电动自行车骑行者认为交叉口通行规则不明确,非机动车交通设施和交通组织短板凸显。如何保障非机动车通行安全、高效组织非机动车交通成为城市交管工作的重要课题。

1)保障路段非机动车通行空间

路段上骑行空间被占用、非机动车道不连续是骑行者感受较为强烈的问题。建议结合城市非机动车交通安全治理工作,推进非机动车道和机非隔离设施的规范设置。视情减少或取消路内停车位,确需设置路内停车位的可优先结合机动车道、机非隔离带设置,保障有效的非机动车道通行宽度。

2)优化交叉口非机动车交通组织

目前,城市道路上大多数交叉口没有明确非机动车通行空间,电动自行车通行交叉口时与机动车或行人同流线,机非冲突、人车冲突严重。建议在电动自行车交通量较大、进口道较宽的交叉口,可借鉴南宁、长沙、宁波经验,利用城市街道更新治理契机,重新划分和明确非机动车路权、进一步调整优化城市道路空间资源,在交叉口创新采取“蓄水式”放行、左转一次过街、慢行一体化过街等措施,通过精细化的交通组织有效减少了机非通行冲突。

本章参考文献

[1] 张书谙,王曦,代继鹏,等.基于关键词共现网络的主题词提取算法[J].复杂系统与复杂性科学,

2023,13(04):1-9.
[2] 黄川川. 外卖骑手出行风险及其演化路径研究[D]. 西安:长安大学,2022.
[3] 王晶华,陈祺琪,顾金科. 我国农业科技创新研究热点及演进态势——基于 CiteSpace 的可视化分析[J]. 科技管理研究,2022,42(22):8-16.
[4] 李杰,陈超美. CiteSpace:科技文本挖掘及可视化[M]. 北京:首都经济贸易大学出版社,2017.
[5] 杨舒雅,肖文,李娜,等. 大数据时代网络文学的研究趋势与现状——基于文献计量和 CiteSpace 的可视化分析[J]. 科技传播,2023,15(03):91-94.
[6] 赵一新,伍速锋,张斯阳,等. 基于 CiteSpace 的《城市交通》知识图谱挖掘[C]//2021/2022 年中国城市交通规划年会论文集:绿色 · 智慧 · 融合,北京:中国建筑工业出版社,2022:2418-2430.
[7] 董春娇,董黛悦,诸葛承祥,等. 电动自行车出行特性及骑行决策行为建模[J]. 吉林大学学报(工学版),2022,52(11):2618-2625.
[8] 朱新宇,褚昭明,朱建安,等. 中国电动自行车交通事故析因及对策建议[J]. 城市交通,2021,19(06):64-70.
[9] 朱建安,戴帅,朱新宇. 电动自行车交通事故特征与安全改善对策[J]. 城市交通,2018,16(03):15-20.
[10] 刘思雨. 驾乘电动自行车戴安全头盔的法律规制及完善建议[J]. 公关世界,2022,519(04):178-180.
[11] 赵琳娜,成超锋,朱新宇. 中国电动自行车车辆管理政策演化研究[J]. 汽车与安全,2023,302(02):76-81.

第 7 章 Chapter 07

外卖行业交通安全治理

与北美、欧洲外卖行业不同,我国外卖行业起步晚、发展迅速。特别在新冠疫情期间,“宅经济”、居家办公、“孤独经济”等模式加持下,居民外卖的习惯得到了养成和巩固,外卖行业的发展催生了巨量的、涉及千家万户的新经济生态。2020 年 2 月,外卖骑手被纳入国家职业分类目录,正式成为新兴职业“网约配送员”。而在新经济模式中,外卖骑手是行业运行的主角,电动自行车是行业运行的主要运输工具,骑手骑行电动自行车串联起上百万的商户、几亿人的客户,搭载了万亿级的市场经济,成为城市中“现象级”的存在。外卖行业电动自行车具有使用强度大、骑行时间长、骑行速度快等特点,近年来,外卖骑手的道路交通安全问题、外卖配送车辆通行秩序问题、行业平台监管问题等备受关注,值得深入研究、探讨。

7.1 行业基本情况

不同于国外由商家配送为主的发展模式,我国外卖行业的发展主要由互联网平台驱动。互联网平台在外卖行业中扮演的角色既不同于传统餐饮、商超或物流配送企业,也不同于政府管理部门,但却同时兼具企业和政府管理部门的特点。一方面,互联网平台归根结底是由企业经营的,盈利是互联网平台的首要目标;另一方面,互联网平台承担了与政府管理部门类似的公共服务功能,但几乎不用承担与政府管理部门同样的社会责任。

7.1.1 平台发展特点

1)平台主导了整个外卖行业的运行

从外卖订单产生到配送完成的整个过程,互联网平台既是外卖行业信息汇聚的中心,也是资源整合、配置、调度的中心,还是行业运行全过程、全要素的数字化监管中心。

从运营方式看,互联网平台对所有人开放,汇集了包括千万家企业、上亿名用户在内的海量信息资源,并通过手机应用软件、小程序、短视频等在商家、骑手、用户之间建立信息渠道、提供信息服务,如图 7-1 所示。互联网平台以新的商业组织模式促进餐饮、零售市场的重塑发展。相关数据显示,我国餐饮企业中堂食与外卖相结合的模式占比已超过 40%,仅提供外卖的模式占比已接近 10% [1],外卖销售额占餐饮行业销售总额的 12% [2],并且餐饮行业的外卖业务已从爆发式增长进入平稳增长阶段。

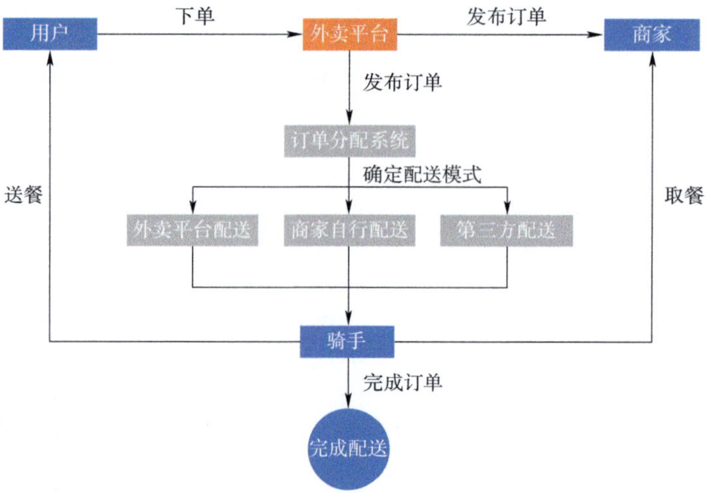

图 7-1 我国外卖送餐行业配送流程图

从盈利模式看，配送服务是外卖平台的核心业务，配送服务费是外卖平台主要营收部分。外卖平台的营收包括配送服务费、订单佣金、广告营销等，其中配送服务费占比最高。根据美团2022年财报，平台的配送服务、佣金、在线营销服务收入分别占平台企业年度总收入的43.6%、34.3%、19.1%；虽然配送服务费并不能覆盖配送相关成本，但配送服务费同比增幅已是配送相关成本的2倍多[3]。配送服务的收益包括对采用平台配送服务的商家收取的履约服务费和对用户收取的配送费，以配送距离、配送时段及订单价格作为收费依据，一般配送距离越长、夜间时段越多、订单价格越高，配送收费越高，如表7-1所示。对于没有采用平台配送服务、自行配送的商家，平台不收取履约服务费、只收取订单抽成佣金，但抽成佣金近年来持续增长。《2022中国餐饮业年度报告》显示，2021年，平台收取的外卖订单佣金平均占餐饮企业营业收入的13.9%，并且2020—2022年平台收取的订单佣金持续上升，年均增幅在2个百分点左右。

美团和饿了么平台配送费收费规则　表7-1

类别	美团收费规则	饿了么收费规则
商家	履约服务费包括： 距离收费——0～3km，收起步价3.15元；3km以上，每0.1km加收0.2元； 价格收费——订单0～20元，不收费；订单20元以上，每涨1元涨0.13元； 时段收费——0:00～03:00，每单加收1元；03:00～06:00，每单加收1.5元；21:00～24:00，每单加收0.5元	履约服务费不超过订单价格50%，包括： 距离收费——0～3km，收起步价3.7元；3km以上，每0.1km加收0.1元； 价格收费——订单0～30元，不收费；订单30元以上，每涨1元涨0.13元，价格加价费用总计不超过50元； 时段收费——0:00～02:00，每单加收0.5元；02:00～06:00，每单加收1元；21:00～24:00，每单加收0.3元
用户	配送费包括以下部分： 基础配送费——6.3元； 距离附加费——0～2.5km，不收费；2.5～6km，每500m加收0.7元；6km以上，起始收费4.9元，每500m加收0.4元； 时段收费——0:00～07:00，每单加收4元；22:00～24:00，每单加收2元	配送费与商家配送费浮动设置： ①收取商家每单15%履约服务费，用户收5元配送费； ②收取商家每单18%履约服务费，用户收4元配送费； ③收取商家每单20%履约服务费，用户收3元配送费； ④收取商家每单30%履约服务费，用户收2元配送费
特征分析	1. 配送费由商家和用户共同承担，商家配送费均采取阶梯式计价费率模式，与配送距离、订单价格、配送时段密切相关； 2. 美团对用户收取的配送费也采取阶梯式计价费率模式，设定了基础配送费，与配送距离、配送时段密切相关，用户承担的配送费整体上高于商家； 3. 饿了么对用户收取的配送费采取与商家配送费浮动式计价费率模式，订单价格越高，商家承担的配送费越高、用户承担的配送费相对越低	

注：根据2021年相关新闻报道整理[4]。

2）头部平台具有外卖行业的绝对优势

外卖行业发展正处于规模经济阶段，平台规模越大、信息成本越低、组织效率越高。美团、饿了么这两个头部平台凭借长时间的用户积累、资本投入，建设形成了较完善的数据、算法系统、调度系统等基础设施，享有规模效应的红利，具备了强大的先发优势。

首先，外卖行业集中度高，形成“赢者通吃”的局面。不同于电商平台的日趋多元化，外卖平台的用户选择相对较少，据统计，我国外卖市场集中度指数（CR2）在99以上[5]，两大头部平台占据了绝大部分外卖市场份额。2018年以来，美团的平台服务收入占全国外卖平台合计服务收入的65%以上[5]；饿了么占据外卖市场份额的30%左右[6]。同时，头部平台已维持了连续10年的高速增长，美团在2022年平台交易的即时配送服务交易达176.7亿笔，同比增长了14%[3]。

其次，头部平台享有低成本的劳动力优势。国外的外卖骑手多为兼职或自由职业，配送服务人力成本高,外卖平台的规模和发展速度明显低于我国。以美国 Grubhub 为例,外卖骑手的配送费用包括 3.5～4 美元/单的保底费、每英里 0.5 美元的补偿费及小费收入,平均每单的配送人力成本约为 5 美元[7]。而我国外卖骑手的配送费用相对较低,平均每单的配送人力成本约 5～8 元,但配送强度高,一个熟练的外卖骑手日均可配送 30～50 单[6]。大规模、低成本的劳动力为我国外卖平台的飞速发展创造了无可比拟的竞争优势。

再者,头部平台的商家、用户"粘性"高。随着平台经济发展,用户的外卖消费习惯已广泛养成。截至 2023 年 6 月,我国网上外卖用户规模达 5.4 亿人,占网民整体的 49.6%[8]。而无论是商家的经营活动还是用户的外卖消费行为均对平台有较高的依赖度。以美团为例,根据 2015—2023 年财报,平台活跃商家数量年均增长 24.6%、交易用户数量年均增长 18.5%,如图 7-2 所示。

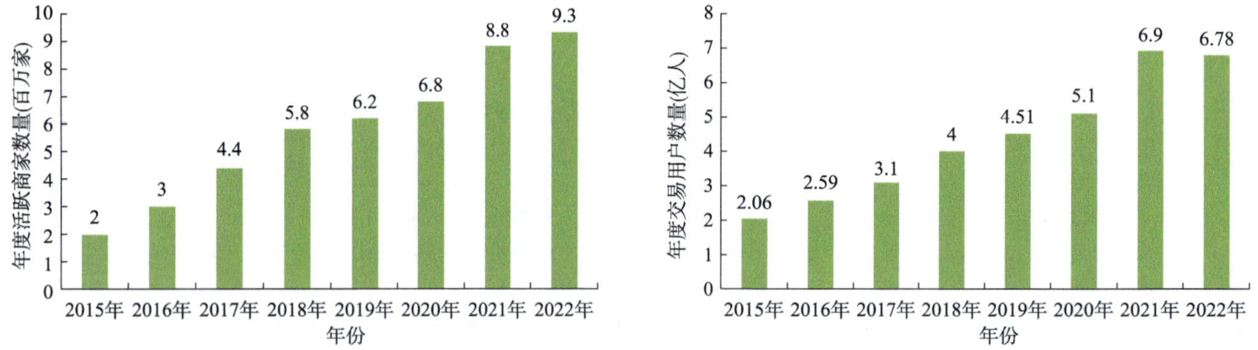

图 7-2　2015—2022 年美团平台上商家、用户数量的增长情况

3)平台发展趋于稳健、未来仍有很大的增长空间

在经历了 15 年的发展后,我国已形成世界上规模最大、增长最快的外卖送餐市场。从发展阶段看,外卖行业的市场规模增速逐渐放缓。2008—2015 年是外卖平台的起步阶段,饿了么于 2008 年创立、从事外卖业务,是我国最早的外卖平台,之后,美团、百度外卖分别于 2013 年、2014 年进入外卖市场。这一时期,外卖行业处于用户积累和消费习惯培育的阶段、增长缓慢,截至 2015 年底,全国外卖送餐市场规模超过 1200 亿元[9]。2016—2018 年是外卖平台飞速扩张的阶段。资本入局,外卖平台通过发放红包、奖励、补贴等方式迅速占领并扩大市场,市场规模年均增速超过 50%,逐渐形成了以美团、饿了么为主体的市场格局。2019 年以来,外卖平台发展趋于稳健,市场规模年均增速在 10%～30%[9],如图 7-3 所示,截至 2022 年底,全国外卖送餐市场规模已突破 1 万亿元。

图 7-3　2011—2021 年我国外卖送餐行业市场变化情况

从发展趋势看,在新型城镇化、数字经济驱动下,外卖市场仍有巨大的增长空间,外卖平台也具备强劲的发展潜力。虽然目前超大、特大城市外卖市场趋于饱和,考虑城镇化率提升和人均可支配收入的增长具有确定性,中小城市、县域成为外卖平台下一阶段主要锚定的增长市场,可预见外卖餐饮渗透率仍有

较大提升空间。此外，外卖平台依托即时配送体系优势，将即时配送的商品从餐饮食品拓展至生鲜、日用品、鲜花等多个品类，进而带来新的业务增长点。以美团为例，2023 年一季度即时配送交易笔数同比增长 14.9%，其中闪购业务订单量同比增长约 35%[10]。

4）平台企业交通安全主体责任履行不到位

外卖配送交通安全一直是社会热点问题，并且随着外卖行业的发展，外卖配送交通安全受到了越来越多的关注和讨论。

从社会期望看，通过外卖平台算法规则的改进、行业制度和社会保障的完善，以规范骑手配送骑行行为、减少道路交通事故是主要方面。根据网络舆情监测情况，2020 年以来，官方和主流媒体有关外卖配送交通安全的新闻报道中，体现行业负面影响的报道占比 37.7%，主要集中在骑手交通违法行为多发、外卖平台交通安全主体责任未落实、外卖平台算法存在问题等内容，如图 7-4 所示。如 2020 年“外卖骑手困在系统里”、2021 年“北京人社局副处长体验送外卖”、2023 年“临沂大学教授送外卖”等深度调研报道均引起了广泛讨论，平台在算法规则、时间预测精度、骑手交通安全权益保障等方面出现的问题广受诟病。

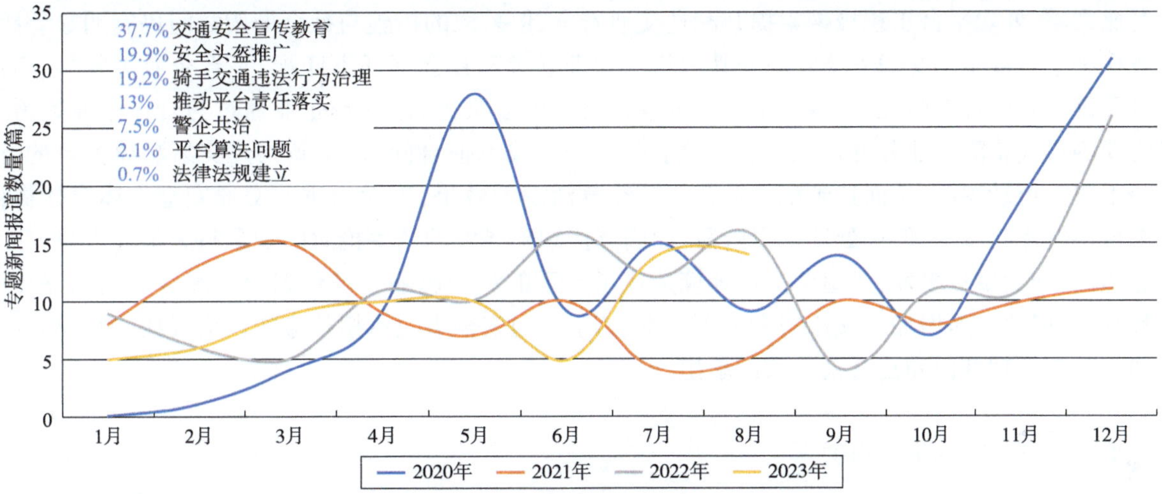

图 7-4 2020 年以来配送交通安全的新闻报道监测情况

注：根据中国人民大学公共传播研究所的每日中国道路安全资讯整理。

从平台履责情况看，为回应社会关切，外卖平台日渐重视维护道路交通安全的社会责任。美团、饿了么近几年每年均会发布骑手权益保障社会责任报告，其中保障交通安全是一项重要内容，平台采取的措施主要包括优化系统算法、提升技术装备、开展安全教育等，如表 7-2 所示。

美团和饿了么平台交通安全相关改进措施　　表 7-2

类别	美团具体措施	饿了么具体措施
算法优化	公布算法——自 2021 年 9 月以来，累计 6 次向社会公布骑手配送算法规则； 配送时间算法优化——试点将“预计送达时间点”改为“预计送达时间段”，在时间算法机制中融入“异常场景”因子，动态地调整配送时长； 派单算法优化——针对“重量大、体积大、价值高”三类大订单增加系统标签，提供配送补贴；为商家提供“出餐宝”终端智能硬件，减少骑手等餐时间； 绩效评估算法优化——在 80 多个城市试点骑手“差评超时扣款改扣分”	配送时间算法优化——试点将“预计送达时间点”改为“预计送达时间段”；短距离内所有预估配送时间不得低于 30min，特殊情况，预估配送时间不得低于 40min；复杂场景自动匹配灵活配送时间； 派单算法优化——识别骑手配送压力，前置调整订单分配；骑手可自动调整同时接到的订单量； 绩效评估算法优化——试点增加人工校验，完善补时机制；上线骑手天气安全防护系统；增加恶劣天气、道路封控、节假日爆单等特殊场景的免罚规则

续上表

类别	美团具体措施	饿了么具体措施
技术装备	智能安全头盔投放——在湖南、广东、辽宁、宁夏等地投放智能安全头盔,具备戴盔检测功能,提高骑手头盔佩戴率; 安全语音提醒——在骑手App上新增更多场景的交警交通安全提示音	车辆管理——骑手在入职前需进行车辆审核,使用不合规车辆无法入职,并定期对车辆进行视频、图片抽检,确保配送车辆与系统中登记的一致; 智能安全头盔投放——投放10万顶智能安全头盔,具备语音指令功能
安全教育	入职培训——骑手在入职前需进行交通安全培训考试; 警企共治——在13个城市启动"灯塔计划",联合公安部门,建立交通违法和交通事故信息通报、处理反馈机制	安全培训——在100个城市开展了3万场交通安全培训

注:根据2022年美团、饿了么社会责任报告整理[11-12]。

对比来看,外卖平台正积极探索提升配送交通安全,但采取的措施与社会期望之间仍有明显差距,主要矛盾在于平台催生的交通安全隐患与其承担的管理职责和社会责任不匹配,平台企业对餐饮、商品的配送过程进行着管理与监控,理应对配送服务履行交通安全义务,但平台企业通过与合作企业签署外包服务协议的形式将配送业务外包或与骑手建立劳务合同或承揽合同,以重新构建交易法律关系的方式,不与骑手建立劳动关系,从而达到配送业务非其经营活动的效果,进而为逃避交通安全主体责任提供理由。平台持续优化算法,但仍处于试点阶段,而因算法缺陷导致的骑手抢时间现象每天都在大量发生,骑手交通违法、交通事故多发,对道路交通环境造成了严重的负面影响。平台因骑手配送时间的缩短增加了巨额利润,但并未对增加的交通安全治理成本、骑手交通安全事故承担相应的社会责任,而这样的负面影响却由政府管理部门和社会公众共同承担。

7.1.2 平台与骑手的关系

与货车驾驶人、网约车驾驶人、快递员类似,外卖骑手是依托互联网平台、因数字经济萌生的新就业形态,其规模庞大、超过1000万人,是新就业形态中的重点群体。外卖平台的骑手分为专送骑手、众包骑手两大类,其中,专送骑手是与平台合作的外包企业自建的配送队伍,如美团专送团队、饿了么蜂鸟配送;众包骑手是社会兼职配送人员,可同时在多个外卖平台自主开展配送活动。调研显示,截至2022年底,美团专送团队规模在312万人[11]、专送团队与众包骑手比例约为1:1;蜂鸟配送团队规模在38万人[12]、专送团队与众包骑手比例约为1:2。整体来看,众包骑手的数量要多于专送骑手。

不同于传统"企业+员工"的劳动关系,"平台+骑手"的新型用工关系更加复杂化、多样化,这为骑手交通违法治理、安全权益保障增加了巨大难度。

1)平台企业与大部分骑手之间没有建立直接劳动关系

从签署合同看,不论专送骑手还是众包骑手,平台企业均未与骑手签署劳动合同。平台企业通过与合作企业签署外包服务协议的形式将配送业务外包,部分合作企业再继续将配送业务转包,承担配送业务的公司与骑手之间签署劳动合同或劳务合同,合作企业的引入将骑手与平台企业隔离开来,如图7-5所示。

从用工模式看,对于专送骑手,平台企业通常采取配送业务外包用工模式,以美团的站点外包或人力型企业外包、饿了么的蜂鸟配送平台外包为典型,专送骑手为全职配送人员,具有固定的上下班时间。对于众包骑手,骑手为兼职配送人员,可利用空余时间上线平台接单,工作时长不固定。从计薪方式看,专送骑手有工作底薪和五险一金,工作绩效由每个站点根据接单率、准点率、迟到率等指标的考核情况,以周、月为单位统计发放。众包骑手没有工作底薪,可在多个平台注册、按配送订单数计薪,工作酬劳由平台逐次或定期向骑手发放或骑手自提。专送骑手与众包骑手的工作特征如表7-3所示。

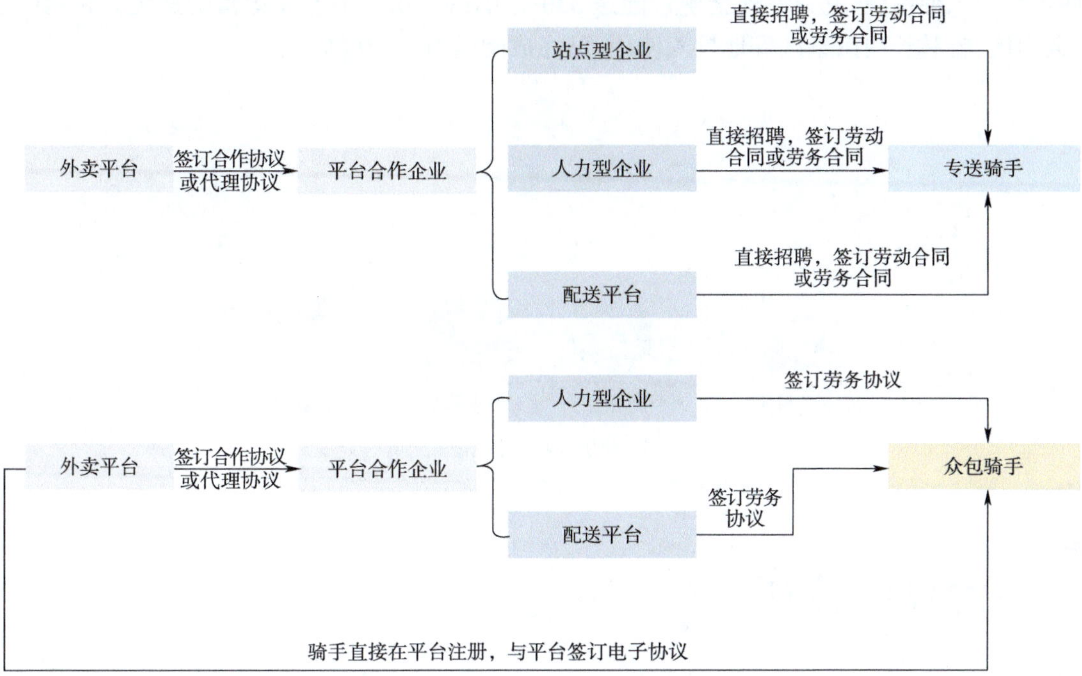

图7-5 外卖平台与骑手的用工模式概览

专送骑手和众包骑手的工作特征 表7-3

配备和使用特征	职业骑手的车辆	众包骑手的车辆
配送骑行时间	每天固定上下班时间	不固定
接单方式	平台派单、无须抢单	抢单
配送骑行距离	以配送站点3km以内为主	无距离限制
车辆配备方式	配送站点统一配备、管理车辆	个体配备
车辆保险购买	从骑手佣金中扣除人身意外险、车辆保险,约3元/天	

从缴纳保险看,外卖平台不为骑手缴纳社会保险或商业保险。专送骑手的社会保险由聘用单位缴纳,众包骑手的社会保险需自行缴纳。美团、饿了么与商业保险公司合作定制了骑手商业保险,如意外伤亡、意外医疗、第三者人身伤亡等,要求骑手全部参保,而保费3~6元/天从骑手配送酬劳中扣除。骑手配送安全风险较高、发生风险后的抗风险能力较弱,且商业保险费用完全由个人承担,福利保障相对缺失。

2)骑手的工作是按需劳动、对平台的依赖性更强

外卖平台提供了大量灵活就业、按需工作的机会,在目前就业形势较为严峻的情况下,更是发挥了“就业蓄水池”“就业稳定器”的作用。2022年,超过624万名骑手在美团获得收入,81.6%的骑手来自农村转移劳动力[11];超过114万名骑手在饿了么获得收入,88%的骑手来自服务业、制造业的转移劳动力[12]。然而,“去技术化”让骑手更依赖平台,而车辆技术、智能网联的发展让平台有了除骑手之外更多的配送选择。对于骑手,依托平台的信息和算法,以提供体力劳动为主的配送服务获得报酬,而不是依赖自身技术获取劳动增值。骑手职业具有低技能、低门槛、灵活性高的特点,吸引了大量同质劳动力就业。

面对就业压力和同质竞争,骑手通常只能在配送工作中投入更多的时间和精力,更加依赖平台获得订单及收入。对于平台,在成本和效率双重推动下,无人配送技术得到较快推广,无人机、自动配送车的应用前景更广泛,如图 7-6 所示。如美团在 2018 年上线运营自动配送车,自动配送车在雄安新区、北京顺义、深圳南坪等地投入使用,已完成室外全场景配送 330 万单;在 2021 年上线运营配送无人机,无人机在深圳、上海金山区、吉林长白山景区等地投入使用,已完成配送 16.7 万单[13]。

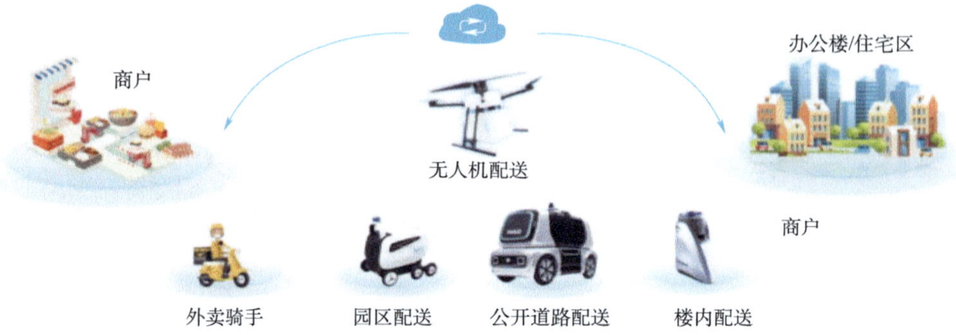

图 7-6　外卖行业多模式配送示例

7.2 平台算法特征

因需附加配送成本,外卖配送商品的价格普遍高于餐馆或商场的商品价格,外卖行业的营收主要在于消费体验的提升,即让用户足不出户也能享受商品服务。外卖行业的核心价值是时间价值增加[2],平台组织骑手提供配送服务,商家、用户支付配送服务费用以换取时间价值盈余,因此,配送时间是外卖行业运行的核心指标。

外卖送餐业务的平台算法涉及配送站点区域划分、骑手排班、骑手路径规划、配送时间预测等多个环节。在平台外卖业务各个环节的算法中,均将寻求最短时间作为主要优化目标。

7.2.1　配送区域划分

外卖平台需要在商户端进行区域范围聚合,对可提供外卖服务的商户、可配送的范围距离进行资源整合,让每个骑手在最短的行驶距离范围内能服务最多的商家。从平台算法看,配送区域划分及配送站点服务范围问题为多目标组合优化问题。首先,将骑手的单均行驶距离作为优化目标,具体分解为商家聚合度、订单聚合度、订单中心和商家中心的偏离度三个指标;其次,将区域单量的上下限阈值、区域无交集、覆盖所有兴趣点(POI)、区域边界沿道路网四项内容作为约束条件;通过变邻域搜索算法进行求解,再次通过配送仿真系统进行测评。通过配送区域的划分,每个配送站点可以根据固定服务范围内匹配商户的数量、历史订单量来进行确定配备的骑手数量,每个骑手通常覆盖站点附近的 5km 范围内配送,骑手对路况、配送路线都较为熟悉,绕路情况少、配送效率相对较高,从而实现地理空间和运力资源的优化匹配。

7.2.2　配送班次分配

外卖配送订单的"峰谷效应"非常明显,10:30～13:30、17:00～20:00 是外卖配送的高峰时段,"餐点效应”突出。其中,中午午餐高峰时段的外卖订单量占比40%左右,傍晚晚餐高峰时段的外卖订单量占比30%左右,晚上夜宵时段的外卖订单量占比10%左右[14]。在“餐点”时间,每个骑手可接收多批次、多个订单,是配送最繁忙的时间,而在其他非“餐点”时间,骑手大多数情况为等待订单状态,订单时间分布上的不均衡让骑手出现了极为忙碌、断续离散等单的极端状态。

从平台算法看,科学的排班是避免忙闲不均、应对运力不足的主要措施。目前,主流外卖平台采取的是按组排班的方式,以最大化满足全天运力需求为优化目标,考虑时间离散性,采用人数和订单归一化方式计算排班方法。即每个配送站点将所有外卖骑手划分为规定的组别,将全天24h按每半个小时划分为48个班次,通过历史订单数据和运力的匹配计算每个组的班次和时间[4],按组轮岗,保障每个组、每个骑手都能排到班次。以图7-7为例,假设一个配送站点有A、B、C、D、E五个配送组,在午餐高峰时段每个配送组都要上岗配送,实现高峰时段配送运力充足,其余时间段每个配送组安排11～13个配送班次,保障早上7:00～凌晨2:00都有配送组在执行配送任务,在时间上合理分配运力。

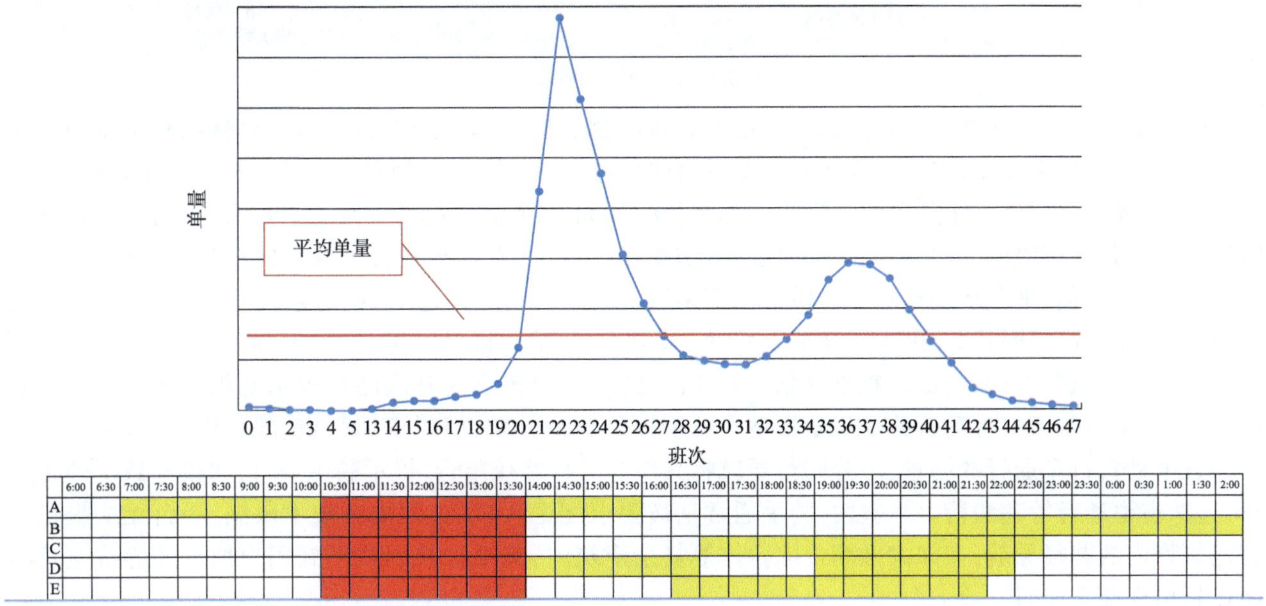

图7-7 外卖配送站点排班示例

7.2.3 实时派单和路径规划

实时派单算法是平台系统的重要组成部分,包括派单算法,即计算动态到达的订单分配给骑手的策略;以及路径规划算法,即每个骑手接单后的节点访问顺序。

外卖配送订单的分配存在不确定,特别是高峰时段,订单批量推送,有的骑手前一批订单还没有配送完成,就收到了后续指派的配送订单。骑手的配送路径规划不是简单的路线规划,不是从任务点到任务点的最短路径问题,而是运筹学问题,如一个骑手被指派了多个配送任务,这些配送任务存在各种约束,需要计算的是怎样选择最优配送顺序去完成所有任务。外卖平台在设计骑手路径规划算法时,既从骑手角度,按时间顺序计算每项配送任务的顺序和路径;也从全局角度,按订单与运力的匹配效果动态调整订单发放、调度骑手配送。具体来看,包括以下步骤:

骑手配送过程按照时间顺序划分为接单、到达商家、完成取餐、达到用户、完成交付5个步骤,如图7-8所示。骑手配送路径算法按照配送步骤划分为3个部分:首先是订单、任务点的确定,每个订单对应商家和用户两个任务点,每一批订单就要对应多个任务点;其次是配送顺序和路径的确定,通过商家和用户任务点的聚类,计算选取最优配送顺序和配送路径,让骑手以最短的路径串联订单对应的所有任务点;最后是考虑连续调度效率,计算在连续时间窗内动态到达的订单分配给骑手的策略和骑手接收订单后对任务点的访问顺序。连续调度也可被描述为以离散马尔可夫决策过程为核心的动态随机优化问题,实时派单算法,即以单均行驶距离最短、单均配送时间最短等为优化目标,综合骑手配送经验和区域知识,在目标函数中引入“最大化所有骑手的最小订单负载”或“最小化所有骑手的最大订单负载”来调整计算每个骑手的派送订单量,实现所有骑手订单负载均衡。

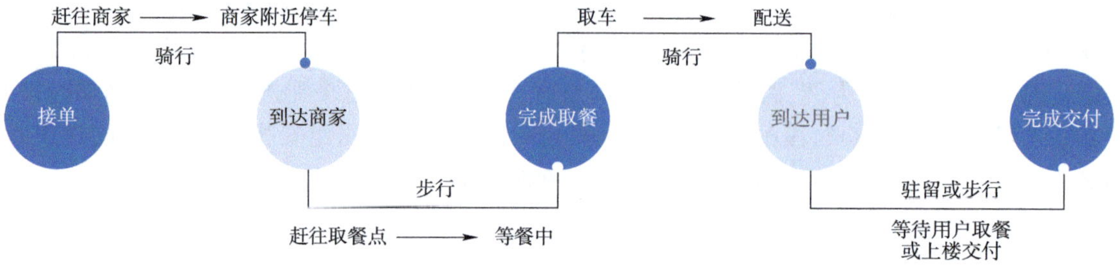

图 7-8　外卖配送过程步骤

但目前实时派单和路径规划算法存在技术瓶颈问题。从派单算法看,外卖订单规模、骑手规模巨量增长,业务场景更多元化,这更考验平台调度系统的算力。如在同一时刻向一个骑手指派 5 个订单,就涉及 10 个任务点,这 10 个任务点的配送顺序和路径涉及 11 多万条可能性方案[4]。过去,平台在配送高峰时段的调度是区域级的,一个商圈 1min 最多有 100 多个订单,需要与几百个骑手匹配计算,已涉及巨大的计算量;而目前,平台在配送高峰时段的调度是城市级的,如美团“超脑”配送系统、饿了么“方舟”配送系统,一个城市高峰时段订单最多有 1 万多个,需要与几万个骑手匹配计算,系统容量已出现制约影响[2]。从路径规划算法看,如何精准评估实际路况特征、在建筑物内开展路径提示是仍未解决的技术难题。室外,平台基于实时动态路径规划模型为骑手提供骑行导航,但对于单行道、限行道路、过街天桥等不适宜电动自行车通行的场景,部分骑行导航将其作为可行路径集合、提示骑手通行,间接导致了骑手逆行、违法占道通行等违法行为。室内,骑手通常是被要求配送入户的,但由于技术限制,平台无法提供所有建筑物内的路径导航,在如大型商业综合体等复杂建筑内,骑手往往因找不到用户地址或等待电梯时间过长出现配送超时。

7.2.4　配送时间预测

配送时间的预估是外卖平台算法中的关键技术,与用户体验、配送成本有直接关系,是运力调度和定价系统的决策依据。

1)配送时间

完整的配送时间包括 6 个关键时间节点、5 个时间段,如图 7-9 所示。第 1 个时间段是骑手接单时间,是从用户下单时刻至骑手接单时刻的时间区间;第 2 个时间段是骑手到达商户时间,是从骑手接单时刻至骑手到店时刻的时间区间;第 3 个时间段是骑手等餐时间,是从骑手到店时刻至骑手取餐时刻的时间区间;第 4 个时间段是骑手配送时间,是从骑手取餐时刻至骑手到客时刻的时间区间;第 5 个时间段是骑手交付时间,是从骑手到客时刻至骑手交付时刻的时间区间。这 5 个时间段包括室内、室外场景的转换,涉及动态配送行为和静态等候行为的切换,每个环节都需要考虑时间数据采集精度、运动状态识别、时间预测方法等。还需注意的是,骑手的配送时间不是单一订单时间预测,而是多订单、多目标的时间预测,其中包含订单配送顺序的动态调整,如图 7-10 所示。骑手在同时接到 2 个订单配送任务时,整个过程需要穿梭 4 个任务点,包括连续赶往商家、等餐、连续赶往用户、配送等步骤,有 10 个关键时间节点、分为 8 个时间段，每个时间节点都需精准记录时刻，每个时间段都需实时预测、记录配送时间。

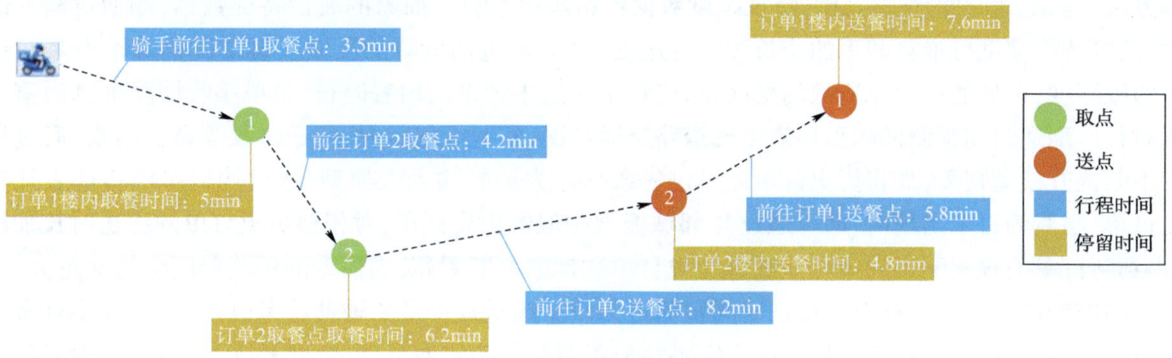

图 7-9　外卖配送时间示例

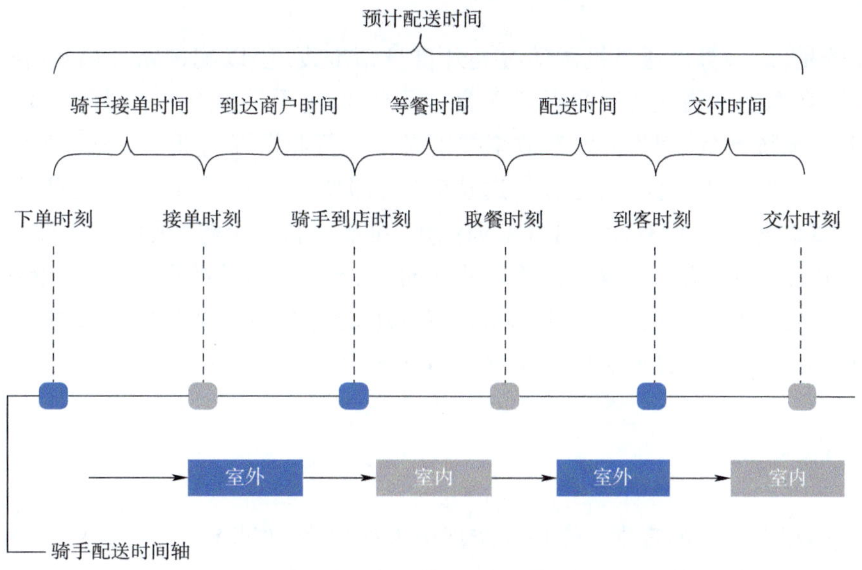

图 7-10　骑手配送时间记录的示例

2) 数据获取

配送时间主要通过骑手在时间节点的签到和骑手手机传感器数据两种方式获取。骑手签到是在配送过程中，需在到店时刻、取餐时刻、到客时刻、交付时刻等关键节点在手机系统平台上签到，以显示每个环节的完成进度。系统平台根据骑手的手机 GPS 定位和配送时长来验证真实性，判断条件包括两个：一是骑手签到时的 GPS 定位与商家或顾客所在位置的直线距离不能超过 500m，二是骑手签到的取餐时刻与到客时刻的间隔不能少于 5min[6]。同时，骑手手机传感器数据的采集包括室内和室外骑手运行状态的数据采集。在室内，系统平台通过骑手的手机 Wi-Fi、蓝牙追踪骑手的行动轨迹和运动状态，包括步行、奔跑、爬楼、乘扶梯、坐电梯等，这类与楼层高度、小区配送、用户交付相关的室内数据可提高配送时间的精准性；在室外，系统平台通过骑手手机的 GPS 记录骑手的运行轨迹，形成配送过程的完整数据记录[6]。对于外卖配送行业，每天有几十万的订单、生成几十亿条的轨迹数据，这些海量数据支撑了外卖平台系统的算法优化、骑手的动态调度和运力管理，是整个外卖行业得以运转的基石。

3) 预测方法

从主流平台算法看，美团采用的是时间送达预估方法（Estimated Time of Arrival，ETA），饿了么采用的是外卖履约时间预估方法（Order Fulfillment Cycle Time，OFCT）。基于主流算法，配送时间的预测思路均是基于平台系统累积的海量特征维度和历史数据，建立神经网络、集成树模型，通过数据平滑及回归预测等方法预测配送时间[15]。其中，特征维度数据包括骑手、用户、商家的属性特征数据，如通过骑手的年龄、身高等特征维度可推算骑手的步长和步行速度，又如通过消费者的反馈投诉情况推算消费者对送餐超时的敏感度，再如通过商家所处的楼层、历史订单配送中记录的出餐时长、订单接收情况推算商家平均出餐时长。配送时间预测的模型还需考虑道路交通状况、实时天气状况、配送时段等影响因素，通过机器学习不断提升模型精度，如将历史订单配送过程数据作为语料输入大模型，通过构造多维特征表征每个历史订单，当新的订单出现时，即可通过 K 邻域搜索相似的历史订单，对相似历史订单的配送时长加权平均，得到新订单的预测配送时间[8]。随着历史订单数据的不断累积，大模型的预测精度会越来越高，预测配送时间准确性也会相应提升。配送时间预测可为骑手配送提供重要辅助参考，特别是当骑手有多个订单要取时，就可以根据平台系统推算的商家平均出餐时长来确定取餐顺序；此外，配送时间预测还可为用户提供全过程订单跟踪服务，用户可在系统平台上实时查看骑手的配送轨迹，以此调整送达时间的合理预期。

然而，需关注的是，模型算法通过机器学习提升自身精准度，但以配送路径最短、配送时间最短为优化目标的模型训练，会产生预测配送时间不断压缩的后果，给骑手带来更大的时间压力和配送强度，这并不能实现外卖行业的系统最优，因为时间和效率并不是外卖行业发展的唯一目标。如骑手每次成功配送的历史记录都会让算法“学习”到可能更短的送达时间，即便是通过闯红灯、逆行等交通违法行为实现的，模型算法缺少“底线思维”，没有设置遵守交通法规、维护通行安全等“硬约束条件”，这既不利于改变目前外卖骑手交通违法多发、交通事故伤亡严重的局面；也不利于行业的可持续、健康发展。终止此类恶性循环，需要外卖平台强化更多的社会责任，应加强对实际送达时间等算法的参数进行审核和调整，为配送时间赋予一个合理的、无法通过算法优化而逾越的下限[9]。

7.2.5 准点率考核

每个配送站点会根据骑手的日常工作情况统计个人接单率、准点率、迟到率等，作为对骑手工作绩效的考核依据[15]，其中准点率是现阶段外卖平台对骑手进行时间管理的重要参数，也最受骑手、社会关注。准点率通常以周、月为单位统计，评估骑手配送实际时间与系统预测的配送时间的符合程度，准点率的考评直接与收入或工作分配挂钩。

对于专送骑手，在固定的配送站点工作，每月有固定的底薪，而准点率是作为绩效收入的重要考核指标。如每单的固定配送费为 4 元，超出配送范围 1km 补贴 1 元，超出配送范围 2km 补贴 1.5 元；若订单配送时间超过预测配送时间 30min 以上，每单罚款 5 元。通常骑手配送准点率不得低于 97%，若达不到规定指标，不仅会影响骑手个人收入，还会影响骑手所在配送站点所有人的收入和年终评级。特别是在末位淘汰制度下，区域年终评级后 10% 的配送站点将面临关闭风险，因此配送站点日常管理中就高度重视准点率指标，每位骑手也将缩短配送时间作为主要追求目标。

对于众包骑手，没有底薪，不受差评和投诉影响，但准点率的影响就更突出，几乎成为骑手工作情况的唯一评估指标，一旦订单配送超时，则订单的配送费用就大打折扣，如超时 3min 以内配送费扣除 20%，超时 3min 以上配送费扣除 50%。同时，准点率还与众包骑手等级直接挂钩，只有满足一定准点率才能达到一定众包骑手等级，等级越高、积分越高、配送补贴越高，如表 7-4 所示[16]。因此，众包骑手在争取更多的订单、获得更多的收入时，就会更加注重配送速度，为避免“超时”处罚而出现超速、闯红灯、逆行等交通违法行为，与此同时，众包骑手与商家、用户因等待时间过长而出现争吵等过激行为也较为频发。

主要外卖平台对众包骑手的等级设置示例 表7-4

骑士等级	每单补贴(元)	所需积分
神骑士	1.5	6000
圣骑士	1.2	4100
钻石骑士	1.0	2800
黑金骑士	0.8	1800
黄金骑士	0.5	900
白银骑士	0.3	400
普通骑士	0.1	—

7.3 外卖骑手交通安全风险

2022 年,《国家职业分类大典》将网约配送员定义为"通过移动互联网平台,从事接收、验视客户订单,根据订单需求,按照平台智能规划路线,在一定时间内将订单物品递送至指定地点的服务人员"。受制于行业特点和平台算法规则,外卖骑手的每日工作流程就是频繁地在交通路线上接单、取单、送单,电动自行车是完成配送工作的主要交通工具,外卖行业电动自行车的骑行频率、骑行强度要远大于私人电动自行车,外卖骑手更容易出现疲劳驾驶、分心驾驶的情况,导致驾驶技能下降、注意力不集中、判断能力下降、动作失误迟缓,进而引发道路交通事故[17]。因此,外卖骑手出现交通违法与道路交通事故的比例也远高于私人电动自行车骑行者[18]。

以上海为例。2022 年,全市 6 个互联网平台的外卖骑手共 30 多万名,其中 85% 的外卖骑手为众包骑手,全市已登记并核发外卖专用车辆号牌的电动自行车共 14 万辆,占全市电动自行车总量的 1% 左右;但快递、外卖骑手交通违法的日均查处量超过 3000 起,占全市非机动车交通违法日均查处总量的 20%[19]。外卖骑手超速、逆行、闯红灯、占道行驶等交通违法行为多发,外卖配送车辆加装、改装问题突出,外卖行业交通安全治理成为城市治理的重大课题。

以广州为例。2021 年,全年电动自行车交通违法查处总量为 112 万起,外卖行业电动自行车交通违法查处量近 15 万起,约占电动自行车查处总量的 13.4%;而 2022 年,外卖行业车辆的交通违法查处量进一步增加,达 25 万起,约占电动自行车查处总量(148 万起)的 16.9%[20]。2020—2022 年期间,全市发生的涉及电动自行车的交通事故数、死亡人数分别占非机动车交通事故的 83.1%、71.4%,分别占道路交通事故总量的 31.8%、25.7%。全市平均每 3 起道路交通事故中,有 1 起就是电动自行车交通事故。

以济南为例。2021 年上半年,公安交管部门在全市范围内开展了外卖配送行业交通违法专项整治行动。全市外卖配送企业共登记有 1.2 万名配送人员,其中 2896 人存在交通违法查处记录,占行业总人数的 1/4。从交通违法行为看,逆向行驶、不行驶在非机动车道、违反信号指示、不在右侧行驶、不戴安全头盔是高发交通违法行为,分别占交通违法查处总量的 47%、20%、18.8%、4.1%、2.7%。从道路交通事故看,涉及外卖骑手的道路交通事故共 281 起,逆向行驶、不按交通信号灯通行、未在该行驶的车道行驶等违法行为是发生事故的主要因素。

7.3.1 骑行行为风险

从外卖骑手的主观看,道路骑行风险主要来源于不安全的骑行行为,包括意识性交通行为和错误习惯性交通行为。其中,意识性交通行为是指外卖骑手缺乏安全意识的行为、骑行违规的行为、注意力缺乏的行为;错误习惯性交通行为是指外卖骑手错误判断的行为、控制能力衰弱的行为、发生交通冲突的行为。

1)意识性交通行为

外卖骑手为节省时间发生冒险骑行行为。外卖骑手的配送骑行时间是配送任务完成情况的重要衡量指标,因此,外卖骑手对缩短骑行时间的需求更为强烈。私人电动自行车骑行者的省时需求主要体现在早高峰上班或接送小孩上学等骑行情况,但外卖骑手的省时需求在时段上分布呈常态化特征,每次出行发生超速、抢行、闯红灯、占道骑行等冒险行为的概率明显高于私人电动自行车骑行者,交通安全风险也更高。

案例1

2023 年 8 月 14 日,在厦门集美区新源路,阙某某驾驶小型客车,与吴某某驾驶的电动自行车发生碰撞,造成两车损坏及吴某某当场身亡的损害后果。事故初查原因:阙某某醉酒驾驶机动车导致事故发生;吴某某逆向驾驶电动自行车导致事故发生。

案例2

2023 年 4 月 4 日,一名外卖骑手在北京市西城区六铺炕街驾驶电动自行车由东向西行驶,当外卖骑手在超越机动车的过程中,与一横过道路的行人接触,发生交通事故,行人于次日经抢救无效死亡。事发路段为机非混行道路,外卖骑手存在未靠道路右侧通行、超速行驶两项交通违法行为。

外卖骑手常见的交通违法行为大多为意识性交通行为,如为节省配送时间抄近路逆行,闯红灯,在机动车道中穿行,在道路上任意变道、抢行,见缝插针等。《中华人民共和国道路交通安全法》对电动自行车常见交通违法行为的认定依据和罚则做出了明确规定,如表 7-5 所示。根据 2017—2021 年全国涉及快递、外卖人员的交通事故统计情况看,快递、外卖人员逆行、违反交通信号规定通行、未按规定让行等交通违法行为导致的交通事故占比分别为 20%、16%、14%,是快递、外卖人员交通事故的主要违法成因。其中,逆行是导致快递、外卖人员交通事故的最大违法致因,占比达 21%。

电动自行车常见交通违法行为相关法律规定[21] 表 7-5

交通违法行为	法律依据	罚则
逆行	《中华人民共和国道路交通安全法》第 35 条:机动车、非机动车实行右侧通行	行人、乘车人、非机动车驾驶人违反道路交通安全法律、法规关于道路通行规定的,处警告或者五元以上五十元以下罚款;非机动车驾驶人拒绝接受罚款处罚的,可以扣留其非机动车
违反交通信号规定通行	《中华人民共和国道路交通安全法》第 38 条:车辆、行人应当按照交通信号通行;遇有交通警察现场指挥时,应当按照交通警察的指挥通行	行人、乘车人、非机动车驾驶人违反道路交通安全法律、法规关于道路通行规定的,处警告或者五元以上五十元以下罚款;非机动车驾驶人拒绝接受罚款处罚的,可以扣留其非机动车

续上表

交通违法行为	法律依据	罚则
违法占用机动车道行驶	《中华人民共和国道路交通安全法》第36条：根据道路条件和通行需要，道路划分为机动车道、非机动车道和人行道的，机动车、非机动车、行人实行分道通行。没有划分机动车道、非机动车道和人行道的，机动车在道路中间通行，非机动车和行人在道路两侧通行	行人、乘车人、非机动车驾驶人违反道路交通安全法律、法规关于道路通行规定的，处警告或者五元以上五十元以下罚款；非机动车驾驶人拒绝接受罚款处罚的，可以扣留其非机动车
未靠右通行	《中华人民共和国道路交通安全法》第57条：驾驶非机动车在道路上行驶应当遵守有关交通安全的规定。非机动车应当在非机动车道内行驶；在没有非机动车道的道路上，应当靠车行道的右侧行驶	行人、乘车人、非机动车驾驶人违反道路交通安全法律、法规关于道路通行规定的，处警告或者五元以上五十元以下罚款；非机动车驾驶人拒绝接受罚款处罚的，可以扣留其非机动车
超速行驶	《中华人民共和国道路交通安全法》第58条：残疾人机动轮椅车、电动自行车在非机动车道内行驶时，最高时速不得超过十五公里	行人、乘车人、非机动车驾驶人违反道路交通安全法律、法规关于道路通行规定的，处警告或者五元以上五十元以下罚款；非机动车驾驶人拒绝接受罚款处罚的，可以扣留其非机动车

2）习惯性交通行为

外卖骑手因麻痹心理、经验依赖心理发生习惯性骑行行为。外卖电动自行车的骑行频次高、强度大，骑手在每天高强度的配送活动中持续加深对周围交通环境的熟悉程度、自身驾驶技能的认同程度，容易产生经验惯性，削弱了对外部风险的感知，导致发生错误判断、控制能力衰弱、发生交通冲突的行为。如在雨雪天气，道路通行条件相对较差、安全隐患多，外卖骑手对外部环境的敏感度较弱，容易发生侧翻、打滑等风险行为。

案例3

2023年8月6日凌晨，外卖骑手刘某骑行电动自行车，在北京市顺义区花园西街与乐华街交叉路口北侧街道上，刘某查看手机上商家发给他的信息，没注意前方的行人张某，从后方径直撞上了前方行走的张某，张某经抢救无效死亡。

案例4

2021年9月12日傍晚，美团骑手鲍某骑行电动自行车，沿天津市河西区学苑路由南向北行驶，遇侯某沿学苑路由北向南步行，当双方行至学苑路与浯水道交口以北10m附近时，鲍某未保证安全、采取措施不当，其车前部撞侯某身体后部，造成侯某受伤。天津第二中级人民法院认定，鲍某事发时系执行外卖配送任务，由与其签订《兼职劳动合同》的用人单位承担侵权责任。

7.3.2 配送车辆风险

外卖行业的配送交通工具包括自行车、电动自行车、摩托车、电动三轮车、汽车等，每一类交通工具都有其适配的优势配送距离、配送物品，如表 7-6 所示。但在所有配送交通工具中，电动自行车是常见且受欢迎的配送交通工具，电动自行车（将超标电动自行车统计在内）在所有外卖配送交通工具中的占比超过 80%[22]。

外卖配送车辆车型分类 表 7-6

类型	自行车	电动自行车	轻便摩托车	电动三轮车	汽车
图示					
车型结构	自行车、简易保温箱（可拆卸组装）	电动自行车、简易保温箱（可拆卸组装）	电动自行车、简易保温箱（可拆卸组装、焊接组装）	电动三轮车、保温箱（一体化结构）	汽车（含驾驶舱和储物舱）
配送范围	0～2km	0～3km	同城配送	0～6km	0～10km
优点	灵活轻巧、价格便宜	灵活轻巧、价格便宜、速度适中	灵活省力、速度快	省力、价格适中、速度适中	省力、速度快、安全性高、受天气影响小
缺点	配送距离相对较短、骑行速度慢	一次充电续行距离相对较短	大量属超标车	体积较大、骑行稳定性较差	停车困难

外卖行业的配送车辆不仅是交通工具，也是生产工具。因此，外卖行业配送车辆不仅具有与私人电动自行车相似的轻巧便捷、价格低廉等特点，更有面向外卖行业需求，兼具配送交通的特点，如外卖车辆普遍加装了配送箱、手机支架，甚至部分外卖骑手为追求更快的骑行速度、更长的续行里程，将电动自行车进行了加装、改装。总体来看，外卖行业电动自行车的车辆安全风险较为突出。

1）安装配送箱

因配送物品的刚性需要，外卖车辆均配置了配送箱，大多固定在电动自行车后轮上方的货架上，有的固定在电动自行车前方脚踏板上。而从外卖配送箱外形，目前市场上的配送箱类型如表 7-7 所示，其中 62L、80L 是目前使用较多的款型，其外部尺寸的横向长度分别为 500mm、520mm，纵向宽度分别为 380mm、420mm，竖向高度分别为 380mm、420mm。

外卖配送箱的主要类型 表 7-7

示例图	容量（L）	长（mm）	宽（mm）	高（mm）
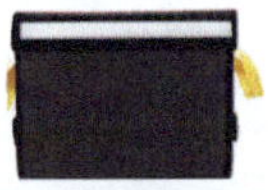	30	400	270	300
	45	440	340	340
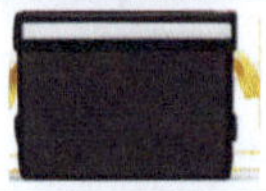	62	500	380	380
	80	520	420	420

外卖配送箱尺寸较大、容量较大时，配送时可装载的物品重量相对较大，无论是设置在车辆后方衣架

还是前方脚踏板上，都会改变车辆重心，对车辆行驶稳定性产生不利影响。此外，外卖配送箱外部横向长度较长时，增加了车辆行驶所需的侧向宽度，在电动自行车与行人、其他车辆混行时，特别容易发生剐蹭、碰撞的现象，存在安全风险。

2021 年 7 月，中国自行车协会发布团体标准《外卖专用车　第 1 部分：外卖电动自行车》（T/CHINABICYCLE 1—2021），提出了外卖配送箱大号、中号、小号的尺寸要求，并对配送箱的重量、安装方式做出了明确规定，如表 7-8 所示。该标准为规范配送车辆的配送箱设置提供了依据，但考虑标准效力，在市场实际中，大量在售的 45L 小号配送箱超出了标准要求，如何统一规范市场上配送箱的外观尺寸、减少配送箱对通行安全的影响，或许需要在配送箱的生产、销售、监管、使用等多个环节付出更多的努力。

相关标准中对配送箱的技术规定　　表 7-8

类别	具体规定
配送箱尺寸	大号配送箱尺寸不应大于 660mm（长）×510mm（宽）×390mm（高）； 中号配送箱尺寸不应大于 500mm（长）×440mm（宽）×400mm（高）； 小号配送箱尺寸不应大于 440mm（长）×320mm（宽）×300mm（高）
配送箱架设置要求	配送箱架尺寸不应超出配送箱尺寸； 配送箱架与配送箱之间应采用硬质材料，其连接方式的设计便于配送箱拆卸； 配送箱架宜采用可拆卸结构； 配送箱架最大载重量≤50kg； 踏板处不能安装配送箱架

资料来源：中国自行车协会团体标准《外卖专用车　第 1 部分：外卖电动自行车》（T/CHINABICYCLE 1—2021）。

2）拆除限速装置

过去一段时间，在市场监管、公安交管、平台企业、行业协会多方努力下，外卖行业超标电动自行车的数量有了明显减少。但要看到，在追求更短配送时间这一外卖行业运行特点没有根本改变的情况下，骑手对更快的车辆行驶速度这一需求就会长时间存在，车辆市场为适配需求就会出现变相提高车辆行驶速度的现象，如拆除限速装置、篡改速度控制系统、拆除车速提示音装置等。

车辆改装大多发生在车辆生产、销售环节之后，车主普遍以“先上牌，再改装”的方式逃避车辆监管审查，车辆改装方式隐蔽、外观难以辨别，大大增加了车辆监管难度。媒体调查显示，电动自行车改装主要包括三类情形：第一类是电动自行车销售商在车辆出售时，按照购买者要求将车辆限速装置拆除、或对其做调整。解除限速后，车辆在骑行时速度仪表盘显示的最高速度不超过国家标准《电动自行车安全技术规范》（GB 17761—2018）规定的 25km/h，但实际的骑行速度可远高于规定值，普遍在 30～40km/h。第二类是电动自行车维修商在车辆维修时，按照车主要求改装车辆控制器，一般 150～180 元即可完成改装[28]，使车辆解除限速控制。第三类是电动自行车车主在网上购买解码器或车辆控制器，按照网上教程进行解码器解锁或更换车辆控制器。

外卖骑手对车辆进行改装的现象较普遍。而改装后的电动自行车行驶速度会远超车辆设计车速，车辆的整车安全包括制动性能、机械安全、电气安全等方面都会受到影响。在制动性能方面，正常路面条件下，符合《电动自行车安全技术规范》（GB 17761—2018）的电动自行车在行驶速度为 25km/h 的时候，其最长的制动距离为 15m（单用后闸）；而解除限速装置后，电动自行车行驶速度越高，其所需的制动距离也越长，遇突发状况时，因制动距离不足，电动自行车容易发生碰撞、甩尾、前翻等现象。在机械安全方面，符合《电动自行车安全技术规范》（GB 17761—2018）的电动自行车在最高行驶速度 25km/h 的情况下，其在所受的振动强度和冲击强度下车辆车架各部位不会出现破损、变形、松动；但在更高行驶速度下，车辆所受的振动强度、冲击强度也更大，车辆车架就可能出现诸多问题，严重时会发生车架散落、分离现象，危及骑乘人员安全。在电气安全方面，当电动自行车更换车辆控制器时，车辆的制动断电、防失控功能等都会受到影响，严重时会发生车辆控制系统失效或车辆自燃等现象，具有明显的安全隐患。

3）加装改装蓄电池

国家标准《电动自行车安全技术规范》（GB 17761—2018）规定电动自行车的蓄电池最大输出电压应小于或等于60V，电动机额定输出功率应小于或等于400W。但为追求更大功率、更快车速，部分车辆出现了加装改装蓄电池的现象，存在较为严重的安全隐患。首先，加装改装的蓄电池多为大容量的伪劣蓄电池，蓄电池重量、蓄电池组合间隙等并不能满足车辆安全行驶要求，整车重量的增加导致了车辆的制动性能和操作性能降低，影响车辆行驶稳定性。其次，加装改装的蓄电池，给车辆原有线路造成不必要的过载，电流超过原车设计电流容易引起热失控，而加装改装的蓄电池缺乏有效的过载过充保护装置，就会出现绝缘体老化甚至击穿电路的现象，引发起火、爆炸。再者，自行加装、改装电动自行车电机和蓄电池等配件，容易造成电动自行车内部线路混乱，如导线线径不统一、导线布线不规范等问题，都会影响电动自行车的电气安全性，存在起火隐患。2022年，全国接报的电动自行车火灾就达1.8万起，接报的居住场所内因蓄电池故障引发的火灾3242起，造成惨重的人员伤亡和经济财产损失。

7.4 行业安全监管政策

7.4.1 部门职责

1）平台安全监管工作涉及多方面、对应多部门

平台的安全监管包括市场经营、网络安全、信息安全、食品安全、劳动保障权益等内容，涉及市场监管、商务、网信、人社、应急管理、公安等多个部门，如表7-9所示。法律层面，《中华人民共和国安全生产法》规定国务院应急管理部门对全国安全生产工作实施综合监督管理。国家政策层面，国务院安委会于2022年8月印发《加强电动自行车全链条安全监管重点工作任务及分工方案》，要求督促电动自行车使用较多的外卖等即时配送平台企业落实安全生产主体责任，明确由国家市场监管总局牵头，公安部、应急管理部配合；各地组织市场监管、公安等相关部门及消防救援机构分工落实。部门政策层面，国家市场监管总局、网信办、国家发展改革委等七部门于2021年7月联合发布《关于落实网络餐饮平台责任切实维护外卖送餐员权益的指导意见》，要求充分发挥网络监管部际联席会议重要作用，及时协调解决指导意见实施中遇到的问题。网信办、工信部、公安部、国家市场监管总局于2021年12月联合发布《互联网信息服务算法推荐管理规定》，规定网信部门会同电信、公安、市场监管等有关部门对算法推荐服务依法开展安全评估和监督检查工作，对发现的问题及时提出整改意见并限期整改。

外卖行业相关政策及规范性文件涉及部门职责的内容　　表7-9

类别	出台部门	文件名称	发布时间	相关要求
国家政策	国务院办公厅	《关于促进平台经济规范健康发展的指导意见》	2019年8月1日	工作任务：建立健全协同监管机制。适应新业态跨行业、跨区域的特点，加强监管部门协同、区域协同和央地协同，充分发挥“互联网+”行动、网络市场监管、消费者权益保护、交通运输新业态协同监管等部际联席会议机制作用，提高监管效能
				分工：国家发展改革委、市场监管总局、交通运输部等相关部门按职责分别负责

续上表

类别	出台部门	文件名称	发布时间	相关要求
国家政策	国务院安全生产委员会	《加强电动自行车全链条安全监管重点工作任务及分工方案》	2022年8月16日	工作任务:督促电动自行车使用较多的外卖等即时配送平台企业落实安全生产主体责任,进一步优化改进平台算法,强化骑手通行安全和车辆停放充电安全教育,保障骑手使用符合国家标准的车辆,利用技术手段及时发现严重超速车辆并督促整改,有效预防和减少电动自行车交通、火灾等各类事故
				分工:国家市场监管总局牵头,公安部、应急管理部配合;各地组织市场监管、公安等相关部门及消防救援机构分工落实
部门政策	国家市场监管总局、国家网信办、国家发展改革委、公安部、人力资源社会保障部、商务部、中华全国总工会	《关于落实网络餐饮平台责任切实维护外卖送餐员权益的指导意见》	2021年7月16日	充分发挥网络监管部际联席会议重要作用,发挥各部门职能优势,强化责任担当,进一步加强政策衔接和协同配合,及时协调解决指导意见实施中遇到的问题
	国家互联网信息办公室	《关于进一步压实网站平台信息内容主体责任的意见》	2021年9月15日	各地网信部门要充分认识压实网站平台信息内容管理主体责任的重要性和紧迫性,作为管网治网的重要内容,紧抓不放。网站平台要提高思想认识,把履行主体责任作为CEO工程,列入企业重要议事日程,明确时间表、任务书、路线图,切实抓出成效
	国家发展改革委、国家市场监管总局、中央网信办、工业和信息化部、人力资源社会保障部、农业农村部、商务部、人民银行、税务总局	《关于推动平台经济规范健康持续发展的若干意见》	2021年12月24日	发挥行业协会作用,引导互联网企业间加强对严重违法失信名单等相关信用评价互通、互联、互认,推动平台企业对网络经营者违法行为实施联防联控
	国家互联网信息办公室、工业和信息化部、公安部、国家市场监管总局	《互联网信息服务算法推荐管理规定》	2021年12月31日	网信部门会同电信、公安、市场监管等有关部门建立算法分级分类安全管理制度,根据算法推荐服务的舆论属性或者社会动员能力、内容类别、用户规模、算法推荐技术处理的数据重要程度、对用户行为的干预程度等对算法推荐服务提供者实施分级分类管理。 网信部门会同电信、公安、市场监管等有关部门对算法推荐服务依法开展安全评估和监督检查工作,对发现的问题及时提出整改意见并限期整改。算法推荐服务提供者应当依法留存网络日志,配合网信部门和电信、公安、市场监管等有关部门开展安全评估和监督检查工作,并提供必要的技术、数据等支持和协助

地方政策层面,成都市安委会于2019年发布《关于进一步明确有关行业领域安全生产监管职责的通

知》，明确由市场监管部门负责协调、指导外卖电商平台的安全监管工作。上海于2021年5月实施《上海市非机动车安全管理条例》，明确商务部门负责外卖行业中电子商务平台企业落实非机动车安全管理责任的指导和监督，市场监管部门负责外卖行业中其他相关企业落实非机动车安全管理责任的指导和监督。杭州于2023年5月施行《杭州市网络餐饮外卖配送监督管理办法》，明确市场监管部门负责网络餐饮外卖配送活动的电子商务市场监督管理和食品安全监督管理工作，公安机关负责网络餐饮外卖配送活动的治安和道路交通安全管理工作。

整体来看，外卖平台的安全监管工作涉及新业态、新就业形态的管理，遇到的很多问题都是新问题，在现阶段法律和政策层面尚无统一的部门职责分工。

2）推进平台企业交通安全源头治理

根据《中华人民共和国安全生产法》第四条规定，平台经济等新兴行业、领域的生产经营单位应当根据本行业、领域的特点，建立健全并落实全员安全生产责任制，加强从业人员安全生产教育和培训，履行本法和其他法律、法规规定的有关安全生产义务。外卖平台作为以餐饮、商超配送服务为主要经营模式的平台应当依法履行安全生产义务。具体包括以下几个方面：一是具备符合法律法规和国家标准或行业标准的安全生产条件；二是为从业人员提供符合标准的劳动防护用品，并监督、教育从业人员按照使用规则佩戴、使用，包括骑手的头盔、具有反光功能的工服、具有安全保护能力的护具和不影响交通活动的外卖箱等；三是负责对从业人员进行安全生产教育和培训，包括交通安全培训、交通法规培训、应急救援与事故处理培训等；四是组织落实隐患排查，消除生产安全事故隐患，包括对骑手配送活动交通安全隐患的排查和消除。

近年来，公安交管部门针对外卖骑手的交通安全治理开展了系列工作，包括推广骑手佩戴安全头盔、开展警企共治推进外卖行业交通治理等工作。政策层面，2018年，公安部交管局与中国物流与采购联合会发布《关于加强快递、即时配送行业道路交通安全的倡议书》，倡导即时配送行业组织要加强行业管理、即时配送企业要落实交通安全主体责任、配送员要依法安全文明配送。同年，公安部交管局发布《关于警企共治创新外卖行业电动自行车交通违法治理的通知》，要求建立警企协作、信用惩戒、指导帮扶、宣教培训、联合整治等“五大机制”，促进即时配送、快递行业健康、规范、可持续发展。实践层面，各城市公安交管部门对骑手的安全治理进行了积极探索和制度创新。如济南将外卖骑手信息纳入公安交管信息平台，规定同一配送员两次交通违法被查处即停职学习、三次交通违法被查处即取消从业资格，并将骑手的交通违法行为抄告相关企业，对骑手多次违法的平台进行约谈。再如浙江舟山对外卖骑手交通违法行为进行记分管理，措施实施一年后，累计记分1205人次、停单25人次，公安交管部门对交通事故率、违法率较高的3家平台企业进行了约谈。

但是，在外卖配送行业爆发式增长的情况下，外卖骑手交通违法、交通事故风险治理的压力越来越大。目前，公安交管部门对于主要集中在骑手个体的个别违法行为上，亟须安全生产领域针对平台企业开展源头管理的强度、力度，并形成系统性的工作机制；亟须转变视角，应由倡导倡议向依法治理转变，由强化末端路面执法管理向加强源头平台监管深度推进，督促平台企业从算法规则、考评制度方面强化落实交通安全主体责任，为促进整个行业规范、健康发展创造公平公正环境。

7.4.2 权益保障

1）法律层面尚未对作为新就业形态的外卖骑手权益进行明确规定

《中华人民共和国劳动法》《中华人民共和国劳动合同法》等法律对劳动权益保障义务已有明确规定，用人单位必须依法参加社会保险，为劳动者缴纳社会保险费，劳动者在年老、患病、工伤、失业、生育等情况下依法享受社会保险待遇。但外卖平台及部分合作企业，以重新构建交易中存在的法律关系的方式，将传统的企业与用工者之间的劳动关系通过劳务合同或承揽合同的形式变更为平等主体之间的民事关系，这意味着外卖平台不为骑手缴纳社保等并未违反法律规定，从而规避企业对劳动者权益保障的义务以及用工产生的风险。

案例5

2022年7月，山东省高级人民法院发布一起案例的民事裁定书，指出判断外卖骑手与平台企业之间是否成立劳动关系，首先要看外卖骑手与平台企业是否签订劳动合同或者规定了劳动权利义务的相关协议，其次要看外卖骑手提供劳动是否接受平台企业的指示和安排，最后再看外卖骑手取得劳动报酬的方式。如外卖骑手未与平台签订任何书面形式的劳动协议，且没有形成劳动意义上管理与被管理的人身依附关系，劳动报酬的取得方式也不符合劳动法的规定，则二者不具备劳动关系的基本特征。

2）政策层面多方强化对外卖骑手权益的保障力度

在新就业形态方面，人社部、国家发展改革委、交通运输部等八部门于2021年7月联合发布《关于维护新就业形态劳动者劳动保障权益的指导意见》，明确各级人社部门督促企业落实新就业形态劳动者权益保障责任。全国总工会于2023年7月发布《深入推进新就业形态劳动者工会工作三年行动计划（2023—2025年）》，部署未来3年内推进累计1000万新就业形态劳动者入会，基本实现工会组织对平台企业、头部企业和新就业形态劳动者全覆盖。司法部于2023年8月发布新修订的《办理法律援助案件程序规定》，旨在关注新就业形态劳动者的权益维护，明确将外卖配送员等新就业形式劳动者作为法律援助的重点群体，维护劳动者的合法权益。外卖行业相关政策及规范性文件涉及权益保障的内容如表7-10所示。

外卖行业相关政策及规范性文件涉及权益保障的内容　　表7-10

类别	出台部门	文件名称	发布时间	相关要求
国家政策	国务院办公厅	《关于促进平台经济规范健康发展的指导意见》	2019年8月1日	工作任务：抓紧研究完善平台企业用工和灵活就业等从业人员社保政策，开展职业伤害保障试点，积极推进全民参保计划，引导更多平台从业人员参保。加强对平台从业人员的职业技能培训，将其纳入职业技能提升行动
				分工：人力资源社会保障部负责
部门政策	国家市场监管总局、国家网信办、国家发展改革委、公安部、人力资源社会保障部、商务部、中华全国总工会	《关于落实网络餐饮平台责任切实维护外卖送餐员权益的指导意见》	2021年7月16日	综合运用保险工具，着力强化保障力度。网络餐饮平台及第三方合作单位要依法为建立劳动关系的外卖送餐员参加社会保险，鼓励其他外卖送餐员参加社会保险。按照国家规定参加平台灵活就业人员职业伤害保障试点，防范和化解外卖送餐员职业伤害风险。鼓励针对平台就业特点，探索提供多样化商业保险保障方案，确保缴纳费用足额投保，提高多层次保障水平
	人力资源社会保障部、国家发展改革委、交通运输部、应急部、国家市场监管总局、国家医保局、最高人民法院、全国总工会	《关于维护新就业形态劳动者劳动保障权益的指导意见》	2021年7月16日	符合确立劳动关系情形的，企业应当依法与劳动者订立劳动合同。不完全符合确立劳动关系情形但企业对劳动者进行劳动管理的，指导企业与劳动者订立书面协议，合理确定企业与劳动者的权利义务。个人依托平台自主开展经营活动、从事自由职业等，按照民事法律调整双方的权利义务。

续上表

类别	出台部门	文件名称	发布时间	相关要求
部门政策	人力资源社会保障部、国家发展改革委、交通运输部、应急部、国家市场监管总局、国家医保局、最高人民法院、全国总工会	《关于维护新就业形态劳动者劳动保障权益的指导意见》	2021 年 7 月 16 日	平台企业采取劳务派遣等合作用工方式组织劳动者完成平台工作的，应选择具备合法经营资质的企业，并对其保障劳动者权益情况进行监督。平台企业采用劳务派遣方式用工的，依法履行劳务派遣用工单位责任。对采取外包等其他合作用工方式，劳动者权益受到损害的，平台企业依法承担相应责任
	国家发展改革委、国家市场监管总局、中央网信办、工业和信息化部、人力资源社会保障部、农业农村部、商务部、人民银行、税务总局	《关于推动平台经济规范健康持续发展的若干意见》	2021 年 12 月 24 日	加强新就业形态劳动者权益保障。完善新就业形态劳动者与平台企业、用工合作企业之间的劳动关系认定标准，探索明确不完全符合确立劳动关系情形的认定标准，合理确定企业与劳动者的权利义务。引导平台企业加强与新就业形态劳动者之间的协商，合理制定订单分配、计件单价、抽成比例等直接涉及劳动者权益的制度和算法规则，并公开发布，保证制度规则公开透明。健全最低工资和支付保障制度，保障新就业形态劳动者获得合理劳动报酬。开展平台灵活就业人员职业伤害保障试点，探索用工企业购买商业保险等机制。实施全民参保计划，促进新就业形态劳动者参加社会保险。加强对新就业形态劳动者的安全意识、法律意识培训

在工伤保险方面，针对外卖骑手交通事故责任承担、工伤赔偿等方面存在的现实问题，各地积极探索制定外卖骑手参与工伤保险的措施。如广东省人社厅于 2021 年 4 月实施《关于单位从业的超过法定退休年龄劳动者等特定人员参加工伤保险的办法(试行)》，规定新业态从业人员通过互联网平台注册并接单，提供网约车、外卖或者快递等劳务的，其所在平台企业可参照本办法自愿为未建立劳动关系的新业态从业人员单项参加工伤保险、缴纳工伤保险费，其参保人员参照本办法的规定享受工伤保险待遇。再如浙江省人社厅于 2023 年 6 月发布《浙江省用人单位招用不符合确立劳动关系情形的特定人员参加工伤保险办法(试行)》，该办法参保包含新就业形态劳动者等七类特定人员，新业态劳动者工伤认定需提供事故发生时正在履行平台派单任务的证据(证明)材料，同时明确了用人单位的责任义务，增设"新业态工伤"征收子目。

7.5 国外外卖行业情况

7.5.1 主要平台

1)英国 Just Eat

英国 Just Eat 子公司成立于 2006 年，其对于配送的要求较为随意，外卖骑手可以随意选择出行方式

(自行车、摩托车、汽车),根据实际情况选择接受或拒绝平台分配的订单,同时客户也可以将订单指定给特定的外卖骑手。外卖骑手在送餐外的时间即平常等待时间也会有报酬收入,并且当配送订单达到一定数量时,外卖骑手会收到相应的绩效奖金,其全部收入来源都是按周结算。与国内外卖行业互联网平台类似,Just Eat 不会为外卖骑手提供交通工具,需要外卖骑手自行选择自行车或汽车,同时不会为外卖骑手提供任何类型的保险,Just Eat 的合作餐厅通常只愿意在 3km 半径范围内接受订单,该平台搜索框架原理如图 7-11 所示。

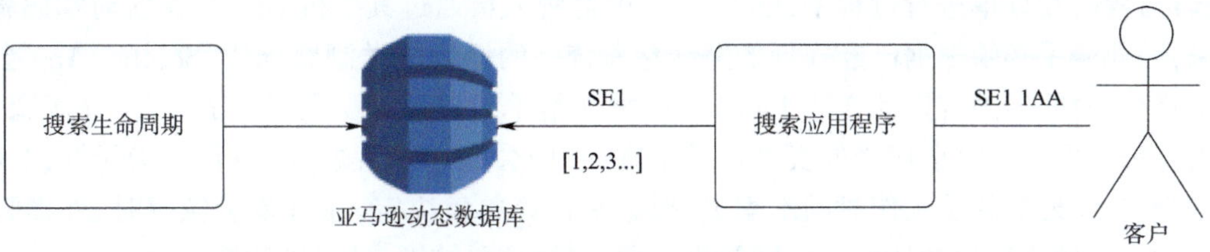

图 7-11 Just Eat 的餐厅搜索框架

2)美国 Grubhub

Grubhub 于 2004 年成立于美国芝加哥,目前该平台拥有超过 14 万用户,合作区域超过了 8 万座城市。该配送平台对于外卖骑手的年龄、机动车驾驶证以及驾驶经验都有一定的要求,大多数区域要求最低年龄为 19 岁,且无犯罪记录,若配送方式为自行车,则对于驾驶证没有要求。外卖骑手的主要收入有 3.5 ~4 美元的统一费率、每英里 0.5 美元的补偿以及小费收入,同时在部分地区若外卖骑手在一定时间内接受 85% 的订单,则会收到平台 10.5 美元的"保证工资"。在高峰期时,平台会给外卖骑手提供几美元的驾驶费,驾驶费的具体金额取决于外卖骑手所处的配送市场。这种奖励机制也是外卖骑手赚取额外收入的一种方式[19]。Grubhub 将外卖骑手分为了 Partner(初级)、Pro(中级)、Premier(高级)三个等级,在外卖骑手刚开始配送时设定等级为 Partner,但是当配送订单数量超过 20 单时,平台会根据考核指标来对外卖骑手进行评估确定能否提升等级。对于外卖骑手级别的评定,该平台主要是通过外卖骑手的配送率、出勤率与弃单率等指标来确定外卖骑手的级别,平台算法会在每周根据外卖骑手前 30 天的订单交付统计数据对外卖骑手的等级进行重新计算。Premier 与 Pro 级别的外卖骑手可以自主选择配送订单,这也意味着他们可以自主选择小费更多的订单来增加额外收入。Grubhub 平台的惩罚机制与国内类似,如果外卖骑手不接受订单或者订单没有及时配送等,则会影响外卖骑手的等级评定,算法将会自动分配更少的订单。

3)美国 Instacart

Instacart 平台总部位于美国加利福尼亚州,在美国和加拿大超过 5500 个城市提供服务,一项研究曾对 534 名 Instacart 外卖骑手进行了调查,他们当中女性数量偏多,平均年龄在 41 岁,大专以上学历占比最大,每周工作小时数约为 32.2h。该平台的算法具有较强的学习能力,如外卖骑手接受了一份 10 美元的订单,那么该平台的算法将会进行学习,认定其可以继续发送 10 美元的订单;而如果外卖骑手拒绝了该份配送订单,平台可能会给外卖骑手推送其他订单。由于算法根据每个人可能接受的最低费率为每个人量身定制报价,部分外卖骑手认为算法的这种学习机制助长了个人层面的薪酬歧视,外卖骑手为了提升自身实得工资,相应形成了一套应对算法的策略。该平台有经验的外卖骑手会避免被平台进行训练,相反他们会反过来对平台算法进行训练,从而不断满足自身目标需求。如有些员工会拒绝其他类型订单而专门等待"Promo order"这一类型订单,或者会专门在特定商店停车场以及富人居住社区等待接单,这些举措使得算法会默认外卖骑手具有这一"偏好",因此会为外卖骑手推送配送利润更高的订单。但平台也会衡量外卖骑手接受订单的比率,对大量经常性拒绝订单的外卖骑手进行处罚,奖金只会提供给接受订单率较高(80% 以上)的外卖骑手,获得顾客 5 星好评时(无默认评价)会有 3 美元的奖金。

目前算法可能还存在一定的缺陷,部分外卖骑手对平台算法曾表示困惑,有的骑手一天当中无法分配到任何订单,但是其他骑手可能会一整天都会十分忙碌,而平台并不会反馈这是配送速度、客户满意度还是其他等原因。

4)德国 Lieferando

德国 Lieferando 平台的运行机制与我国外卖行业互联网平台大致相同。外卖骑手通过平台算法的指令接单配送,骑手通过外卖平台提供的移动终端 Scoober App 接收平台的派单指令。该软件会为骑手规划准确的骑行路线,在订单进行过程中,Lieferando 的监管人员通过其手机 GPS 信息实时掌握骑手的位置并记录下来,因此骑手必须根据已经规划的路线穿着统一的橙色配送制服配送,Scoober App 会全面记录骑手的配送路线、时间等内容以此作为 Lieferando 平台给予劳务以及奖惩的依据[20]。外卖骑手在时间、方式以及内容等方面需要完全接受外卖平台的指挥,否则会受到平台惩处。同时,受天气、节假日、社会事件等因素影响大,外卖骑手工作时间不固定、根据平台订单量决定,在订单量较少时,外卖骑手一周仅能工作 20h 左右。外卖骑手的计酬方式则较为多样,包括按单结算、计时工资和奖金。

7.5.2 平台与骑手的关系

国外外卖平台与骑手的关系会在部分条款和条件因国家的不同而有所差异,但是大部分平台为缴纳更少税收,不承认与骑手的雇佣关系,因此送餐人员多为众包骑手[19]。法国法院曾处理过一起有关 Deliveroo 平台的上诉案件,最终裁决认定外卖平台与外卖骑手不是雇佣关系,若要证明为雇佣关系,必须提供证据证明存在永久的法律从属关系[20]。比利时与荷兰曾使用 SMart 系统为骑手提供了一定的灵活性与保护,在该系统中会为骑手提供保险,骑手收入为 11 欧元/h,比利时就业关系行政委员会曾在处理外卖平台与外卖骑手的诉讼中认定二者为雇佣关系,2021 年提出了一项法案正式授予了骑手员工身份。

德国联邦法院认为外卖骑手对于平台经营者具有依赖性,存在一定的从属关系,从而认定外卖骑手与平台为雇佣关系,后续联邦劳动和社会事务部发布了《平台经济中的公平工作》(*Fair Work in the Platform Economy*),意在提高平台众包工人的法律地位,但并未出台新法案切实提高骑手法律地位。英国法院认为骑手能够放弃订单或将其转交于另一名骑手,因此认定骑手与平台不属于雇佣关系而是承包商。英国商业、能源和产业战略部(BEIS)委员会制定了一份法案草案,通过引入自营职业新定义,旨在解决对零工经济工人剥削以及防止公司进行偷税漏税。

7.5.3 平台算法特征

配送时间的预测是外卖平台运行的一项艰巨任务,在顾客与商家这两点之间往往会有许多路线供选择,同时路段上不断变化的交通状况也增加了配送时间的不可预测性。为了更加准确地预测配送时间,国外外卖平台往往会调用谷歌地图应用程序编程接口(API),返回结果可以作为模型的输入数据,结合平台自身机器学习模型不断优化反馈,以此来获取更精确的结果。平台配送时间计算公式[21]为:

$$\text{Delivery Time} = \text{Pick-up Time} + \text{Point-to-Point Time} + \text{Drop-off Time} + \text{Hyper-parameter}$$

式中:Hyper-parameter——超参数,代表配送过程中的其他可能产生的复杂影响。

美国 Grubhub 中的算法学习平台称为“米开朗琪罗”[22],分为在线系统与离线预测。在线部分主要是通过 Kafka 收集并由 Samza、Flink 等流引擎预处理的实时和近实时数据进行预测,然后预测结果会被保留在 Cassandra Feature Store 模块中;离线部分主要是通过 SparkSQL 预处理并保留在 HIVE Feature Store 模块中。由于配送过程存在众多的不确定因素,如食物准备完成时间、骑手寻找停车位以及餐厅人口等，这些因素增加了配送时间预测的难度。因此 Grubhub 平台的算法专注于两个方向，一是基于历史数据、实时状况组成的可用特征数据，二是不断进行反馈循环进行模型训练提高模型准确性。

7.5.4 权益保障

目前，世界各地涌现出大量的外卖骑手，既包括平台专送骑手，也包括众包骑手。而目前的法律对这些新兴岗位存在模糊地带，外卖平台虽然提供了更灵活的工作组织形式，但是也造成了较多难以界定的问题，存在最多的争论即是众包骑手是否属于平台工人，即外卖骑手与平台之间是否存在雇佣关系，众多外卖骑手的权益难以得到有效保障。

2020 年，欧洲经济委员会针对第三方配送平台出现的相关概念争论及外卖骑手的权利提出了探索性意见，建议在欧洲建立数据库以监测平台经济的发展[23]。2021 年，欧洲议会提出了一项保证从事数字劳动平台工作者与同类别的非平台工人享有相同水平社会保护的决议。决议认为对从事外卖配送行业的人员应该拥有与传统员工相同的权利，平台应该有权使用透明、非歧视和道德算法，并且应该对算法的流程进行人工监督，最终该决议以 524 票赞成、39 票反对、124 票弃权的结果通过[24]。这在保护平台外卖骑手权利的道路上迈出了一步，进一步改善了平台外卖骑手的工作条件。

部分国家对骑手权益的立法工作取得了积极进展，越来越多的有关骑手权利的诉讼将会推动骑手权利得到进一步保障。英国 Just Eat 平台根据外卖骑手的就业状况变化，为英格兰利物浦的 1500 名外卖骑手提供了工人身份。意大利对国内四个外卖配送平台处以 733 亿欧元罚款，并且要求平台直接雇佣 6 万名外卖骑手，并承认外卖骑手工人身份[25]。2020 年，美国加利福尼亚州通过了一项法律，该法律指出外卖骑手的合同仍然被视为独立合同，不属于 Grubhub、DoorDash 以及 Uber Eats 等公司员工，但是外卖骑手能够得到基于当地最低工资标准的保证收入以及有资格获得季度医疗保险津贴[26]。

7.6 外卖行业配送车辆管理建议

外卖平台经济中，骑手是行业运行的关键载体，骑手配送串联起上千万的商户、几亿人的客户，搭载了万亿级的市场经济，骑手配送行为不仅仅是交通行为，更是在平台组织下的生产经营活动。因此，骑手的交通安全需要从行业管理、平台管理、综合治理的角度推进，从源头督促平台落实安全监管主体责任，强化外卖骑手的交通安全治理。

7.6.1 平台交通安全主体责任的落实

1）用好用足法律工具

一方面，持续完善道路交通安全管理相关的立法，明确外卖平台及合作企业的交通安全主体责任和义务。不论平台采取何种方式将配送业务外包，也不论配送业务的转包次数，参与配送业务的平台企业以及承接配送业务的企业，均应对骑手的配送活动负有交通安全监管义务，若未尽到交通安全监管义务的，有关主管部门有权对其行政处罚。另一方面，推动相关部门完善平台用工立法，明确骑手者与平台及其合作企业的关系。我国现行法律对外卖骑手与平台的关系尚无明确规定，由于立法上的空白，平台利用自身优势地位，不断创新交易模式，采取将平台配送服务外包第三方公司、与骑手签订劳务合同建立承揽关系等方式，规避劳动关系下的用工主体义务、降低用工风险。因此，急需立法对互联网平台用工加以规制,明确平台及合作企业与外卖骑手之间的关系,为骑手的劳动权益保障提供法律依据。

2)建立健全安全监管协同机制

建立平台交通安全监管各部门协作责任机制。立足保障骑手交通安全、生命安全,针对骑手交通违法、交通事故多发的治理问题,明确平台交通安全监管的牵头负责部门,充分发挥部际联席会议重要作用,明确各部门相应监管职责,加快建立完善全方位、多层次、立体化监管体系,实现事前事中事后全链条、全领域监管,进一步提高风险防控能力,推动外卖行业规范健康持续发展。同时,建立与平台的常态化沟通机制。加大与平台企业的沟通力度,无论是政府管理部门还是平台企业在推进外卖骑手交通安全治理过程中都会存在各自的阻力,政府管理部门与平台企业应加强沟通、密切协作,健全完善联系协调机制,顺畅日常沟通协作,提升联动管理质效。此外,督促平台及合作企业建立健全交通安全监管内部机制。将交通安全监管内容融入平台企业管理,督促平台企业明确内部安全责任人,明确交通骑行风险预警、安全头盔佩戴提示、基于交通安全反馈的算法改进优化等工作职责。

3)建立平台企业安全生产监管的有效模式

落实《中华人民共和国安全生产法》针对平台企业的相关法律责任,深化警企协同共治,指导各地把握好路面秩序管理与向企业延伸管理的关系。建立公安交管部门与平台企业的信息通报和处理反馈机制。要求外卖行业企业及时上报骑手电动自行车闯红灯、逆向行驶、占用机动车道等严重交通违法以及伤亡交通事故信息,督促平台企业根据交通安全风险特征优化配送路径规划算法、加强交通安全风险较高的骑手管理。平台企业定期梳理配送轨迹数据,分析配送集中的日期、时段和关键路段、路口,并推送公安交管部门,联动加强路面执法管控,推动降低骑手通行交通安全风险。同时,借鉴推广饿了么交通安全培训模式,健全完善公安交管部门与平台企业的宣教培训机制。公安交管部门指导平台企业在骑手入职前,签订交通安全承诺书,会同企业通过组织交通安全法规学习、观看违法事故视频、参加志愿劝导体验活动等方式,不断提升交通安全意识。

7.6.2 建立健全交通安全监管制度

面对外卖行业“成长的烦恼”,亟须坚持规则先行,在行业治理、平台监管、车辆登记、执法管理方面推动现有制度持续完善、优化,让外卖骑手在完成配送任务的同时也能重视交通安全、加强自身防护。

1)充分发挥行业自治功能

充分调动行业协会、平台企业、骑手的共治积极性,充分协作中国物流与采购联合会,建立健全行业规范和社会公约,加快协调盈利模式与骑手安全配送的关系,共同守护安全、共同促进发展。同时,加强骑手权益保障,建议由互联网平台的监管部门主导,建立互联网平台用工协会,由协会逐步完善行业内部机制,通过社会自治力对互联网用工的运行进行调节,达到政府与市场双重监管、保障的目的。

2)充分发挥平台技术优势

充分发挥平台企业的数据优势、技术优势,利用技术手段匹配骑手轨迹与交通实时路况等,加强对骑手超速、逆行、违反交通信号通行、违法占道通行、不按规定佩戴安全头盔等交通违法行为的识别、监督和纠正。同时,督促平台企业持续优化配送时间预测、实时派单算法及骑手考核计酬规则,优化恶劣天气、道路封控、节假日爆单等特殊场景的配送规则,在配送可行路径集合中剔除不适宜电动自行车通行的路线,全面推广“骑手可自行设置接单上限”“设置预计送达时间段”“骑手差评从罚款改扣分”“差评超时扣款改扣分”等措施,给予骑手更人性化、合理化的工作条件。

3)充分发挥工会组织作用

把握全国总工会《深入推进新就业形态劳动者工会工作三年行动计划(2023—2025年)》的有利契机,推动平台企业落实工会制度。特别在平台企业订立或者修改派单算法、计酬规则等涉及骑手切身权益的重大事项时,发挥工会组织作用,以职工代表大会、民主协商会等民主参与的形式,促使平台企业充分听取骑手代表等意见和建议,确保骑手由于客观因素导致配送超时被罚款等常见问题的劳动诉求能够被及时合理地解决,充分保障骑手权益。

4)推动制定平台安全管理规范

从加强平台企业道路交通安全管理和安全生产管理的现实需求入手,由公安交管部门联合各职责部门,推动建立平台安全管理规范体系。明确平台交通安全管理责任,明确平台在骑手的招募、培训、指挥、派单、日常管理、交通违法及事故处理全流程中的安全培训、安全保障、安全教育等职责。为平台企业建立自身交通安全管理体系提供充足的法律指引,也为公安交管部门依法规范管理外卖行业提供明确的法律依据。

本章参考文献

[1] 文浩. 美团外卖深度:解析外卖市场结构,坚守美团长期价值[R]. 武汉:天风证券,2022.

[2] 吴琪. 派单外卖配送路径优化研究[D]. 广州:暨南大学,2020.

[3] 皇甫晓晗. 为什么外卖平台是比电商平台更好的商业模式[R]. 济南:中泰证券,2022.

[4] 王圣尧. 美团智能配送系统的运筹优化实战[R]. 北京:美团技术团队,2020.

[5] 美团外卖,中国饭店协会,艾瑞集团. 2020 外卖行业报告[M]. 北京:中国金融出版社,2020.

[6] 陈龙. "数字控制"下的劳动秩序——外卖骑手的劳动控制研究[J]. 社会学研究,2020,36(6):113-135.

[7] 何仁清. 机器学习在美团配送系统的实践:用技术还原真实世界[R]. 北京:美团技术团队,2018.

[8] ZHU L,YU W,ZHOU K,et al. Order Fulfillment Cycle Time Estimation for On-Demand Food Delivery[C]//KDD'20:The 26th ACM SIGKDD Conference on Knowledge Discovery and Data Mining. ACM,2020. DOI:10.1145/3394486.3403307.

[9] 澎湃市政厅. 外卖骑手的解困之策:要让技术容错[EB/OL]. (2020-04-16)[2022-06-11]. https://www.thepaper.cn/.

[10] 美团. 美团 2023 年第一季度财务报告[R/OL]. (2023-05-20)[2023-05-25]. https://media-meituan.todayir.com.

[11] 美团. 2022 美团骑手权益保障社会责任报告[R]. 北京:美团,2023.

[12] 饿了么. 2022 蓝骑士发展与保障报告[R]. 上海:饿了么,2023.

[13] 经济网. 30 分钟万物到家? 美团携"零售 + 科技"创新成果亮相 2023 服贸会[EB/OL]. (2023-09-15)[2023-09-15]. https://www.ceweekly.cn/2023/0905/423760.shtml.

[14] 美团外卖,中国饭店协会,艾瑞集团. 2020 外卖行业报告[M]. 北京:中国金融出版社,2020.

[15] 何仁清. 机器学习在美团配送系统的实践:用技术还原真实世界[R]. 北京:美团技术团队,2018.

[16] 孙萍. "算法逻辑"下的数字劳动:一项对平台经济下外卖送餐员的研究[J]. 思想战线,2019,6(45):50-57.

[17] Ride Share Guy. How Much Do Grubhub Drivers Make? [EB/OL]. (2023-06-13)[2023-06-13]. https://therideshareguy.com/grubhub-driver-pay/.

[18] 齐千胜. 中国与欧盟外卖平台算法歧视制度法律规制比较研究[D]. 天津:天津师范大学,2022.

[19] DELPHINE DEFOSSEZ. The employment status of food delivery riders in Europe and the UK:Self-employed or worker? [J]. Maastricht Journal of European and Comparative Law,2021,29(1):1-22.

[20] European Union. Order of the Court[EB/OL]. (2020-04-22)[2020-04-22]. https://eur-lex.europa.

eu/legal-content/EN/TXT/? uri = CELEX%3A62019CO0692.

[21] Built In. Food Delivery Time Prediction: How Does It Work? [EB/OL]. (2022-05-31)[2022-05-31]. https://builtin.com/machine-learning/food-delivery-time-prediction.

[22] InfoQ. Predicting Time to Cook, Arrive, and Deliver at Uber Eats[EB/OL]. (2019-11-20)[2023-11-18]. https://www.infoq.com/articles/uber-eats-time-predictions/.

[23] CARLOS MANUEL TRINDADE. Fair Work in the Platform Economy (Exploratory Opinion at the Request of the German Presidency)[EB/OL]. (2020-04-02)[2020-09-18]. https://www.eesc.europa.eu/en/our-work/opinions-information-reports/opinions/fair-work-platform-economy-exploratory-opinion-request-german-presidency.

[24] European Parliament. Fair and Equal Social Protection for Riders, Drivers and Other Platform Workers [EB/OL]. (2021-09-10)[2021-09-16]. https://www.europarl.europa.eu/news/en/press-room/20210910IPR11924/fair-and-equal-social-protection-for-riders-drivers-and-other-platform-workers.

[25] Debbie Heywood. The Future of Food Delivery Platforms[EB/OL]. (2021-05-07)[2021-05-17]. https://www.taylorwessing.com/en/interface/2021/disruptive-tech-2021/the-future-of-food-delivery-platforms.

[26] Bobby Hoyt. Grubhub Driver Review: How to Make More Than Average. [EB/OL]. (2023-11-01)[2024-01-03]. https://millennialmoneyman.com/grubhub-driver-review/.

第 8 章
Chapter 08

典型城市电动自行车治理实践

各区域、各城市电动自行车发展情况不同，电动自行车骑行者的感受和认知存在共性特点，也有明显差异之处，难以用同一尺度简单衡量对比。为更好地分析和理解电动自行车治理需求的差异性，在不同区域、不同规模类型的城市中选取了上海、广州、杭州、镇江作为典型城市，通过资料搜集、骑行者问卷调研、实地踏勘调研、数据分析等多种方式，解读不同治理政策历程和城市交通发展特征背景下的电动自行车治理措施及成效，为其他城市电动自行车治理提供思路和做法借鉴。

8.1 上海——培育安全头盔佩戴习惯

截至2020年底，上海全市电动自行车保有规模在1158.4万辆，几乎每两位上海市民就拥有一辆电动自行车，如表8-1所示。2014年上海第五次交通大调查数据显示，电动自行车出行分担率已超过20%，电动自行车已成为上海居民一项重要的交通出行方式。

自2015年以来上海市非机动车保有量情况　　表8-1

年份(年)	自行车保有量(万辆)	电动自行车保有量(万辆)	合计(万辆)
2015	1086.8	503.8	1590.6
2016	1089.6	616.7	1706.3
2017	1089.7	800.8	1890.5
2018	1089.6	950.9	2040.5
2019	1089.6	1082.3	2171.9
2020	1089.7	1158.4	2248.1

数据来源：上海市公安局交通警察总队。

8.1.1 治理模式特征

上海始终坚持完善政策法规、规范电动自行车治理，坚持实行了近30年的电动自行车登记上牌制度，形成了较为成熟的政策法规体系、较为完善的综合治理机制。

1996年，上海在行政法规层面承认电动自行车的合法性，将其作为非机动车管理，发放牌照，并相应规范生产厂家，同时要求电动自行车登记上牌必须用燃油助力车的车牌替换。

2001年9月，《上海市非机动车管理办法》正式施行，规定电动自行车(助力自行车)经公安交管部门检验合格、注册登记，并取得有效牌证后，方准上道路行驶。

2014年3月，《上海市非机动车管理办法》修订施行，制定了电动自行车强制上牌和产品目录管理制度。同年，上海市公安局发布《关于电动自行车登记有关事项的通告》，对未纳入产品目录的电动自行车设置2.5年过渡期、发放临时牌照。

2021年5月，《上海市非机动车安全管理条例》正式施行，加强电动自行车强制产品认证管理，要求电动自行车自购车之日起15日内申请登记上牌，明确电动自行车骑行者须礼让行人、佩戴安全头盔、不得手持接听电话等要求，进一步加强电动自行车管理。

上海市电动自行车治理主要包括源头生产销售监管、车辆上牌登记管理、日常通行秩序管理等多个环节，涉及质监局、工商局、经信委、公安交管等多个部门，由行业协会共同参与，形成了职责明确、流程清晰的电动自行车综合治理机制，如图8-1所示。

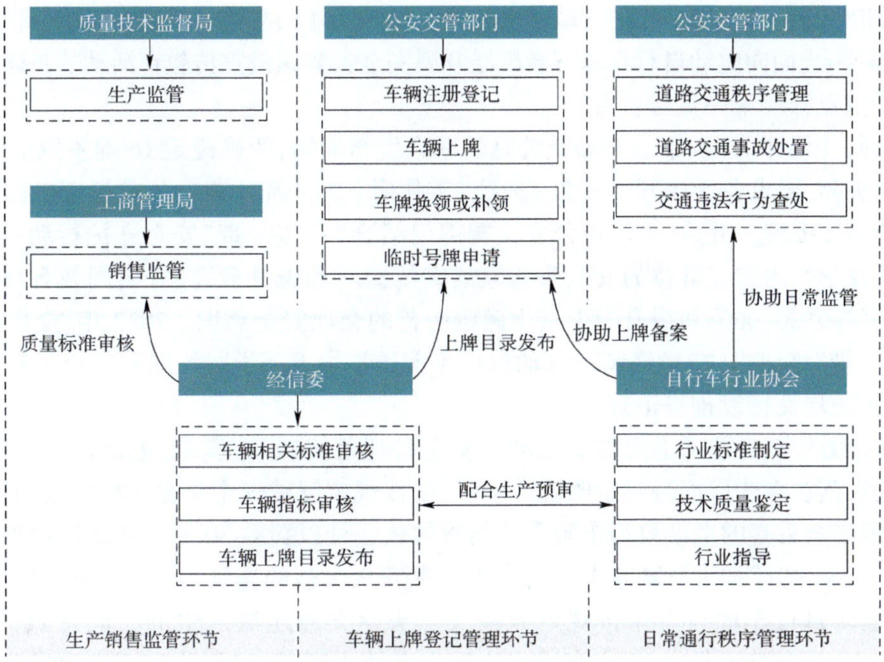

图 8-1 上海市电动自行车综合治理机制概览

8.1.2 道路通行条件

上海市一项非机动车出行品质和设施评价研究显示，上海市城市道路中，非机动车道面积占城市道路总面积的 22.5%，其中 2/3 的主、次干道设置了独立的非机动车道，63% 的主、次干道设置了机非物理隔离设施，主、次干道上的双向非机动车道平均宽度为 7m，支路上的非机动车道平均宽度为 4.9m[1]。应该说，上海市的非机动车道设施条件在全国处于较高水平，电动自行车通行空间得到了较好的保障，如图 8-2 所示。2021 年 8 月，上海市交通委、道路运输管理局、交通发展研究中心联合编制发布《上海市慢行交通规划设计导则》，明确提出中心城区非机动车道网络密度达到 6.5 ~ 8km/km^2 的指标要求，以及非机动车道网络在道路路网密度中的占比不小于 80% 的建设要求，进一步保障和提升骑行空间的连续性。

图 8-2 上海市中心非机动车道设置情况

图片来源：《上海市慢行交通规则设计导则》、交通与发展政策研究所(ITDP)。

同时，自 2021 年开始，上海市公安局交警总队在全市推广大货车“右转必停”治理措施，减少交叉口转弯处机动车与非机动车的通行冲突。在全市交通事故易发路口设置机非隔离墩，统一施划“右转危险区”、设置警示标志，提示途经的大型车辆右转弯时必须停车，并配套设置“电子警察”监控措施对违法行为进行抓拍，消除大型车辆右转盲区引发的“包饺子”交通隐患。2021 年该措施试点成效明显，全市大型货车交叉口右转交通事故数同比下降 57.9%[2]。

8.1.3 “一盔一带”安全守护行动

自 2020 年 6 月，上海正式开展“一盔一带”安全守护行动，由市文明办、市公安局交警总队联合发布

《关于开展上海市"一盔一带"安全守护行动社会宣传工作的通知》,搭建了全市"一盔一带"安全守护宣讲、教育、科普和服务平台,面向电动自行车骑行者广泛开展安全头盔佩戴宣传教育活动。具体包括以下措施:

1)以学校为重点开展集中宣传教育

2020年10月,上海市教委、市公安局交警总队联合发布通知,明确规定16周岁以上学生骑电动自行车时应佩戴安全头盔,要求各学校开展日常"护校"工作时,要加强对学生及家长正确佩戴安全头盔、规范使用安全带的劝导提醒。此后,上海市公安交警部门结合"一盔一带"安全守护行动,持续开展以骑乘电动自行车家长及学生为重点群体的安全头盔佩戴宣传提示和查处教育,并会同教育部门,通过发放告知书、签订承诺书等方式,加强和提升学生乘坐佩戴头盔的交通安全意识。2022年,全市有189万学生家长签订了"一盔一带"承诺书[3],承诺骑行电动自行车接送学生上下学时均佩戴安全头盔。

2)从立法、执法层面持续推进治理

在立法层面,2021年5月,《上海市非机动车安全管理条例》正式实施,电动自行车驾驶人和乘坐人员均应佩戴安全头盔在立法层面得到了明确。同时,未按规定佩戴安全头盔的相应处罚措施也得到了明确,未按规定佩戴安全头盔的电动自行车骑乘人员将被依法处以罚款30元。在执法层面,上海公安交警结合交通大整治工作,持续加大对骑乘电动自行车不戴安全头盔的查处力度。通过"易的PASS"等数据系统,梳理出了电动自行车骑行者未按规定佩戴安全头盔交通违法发生的时间特点,制定"一点一方案",强化警力分布、提升整治频次,加大交通违法行为查处力度,及时消除交通安全风险。截至2023年3月,全市安全头盔佩戴率一直保持在95%以上[3]。

3)面向外卖骑手开展专项倡导提示

一方面,上海公安交警深入到各个外卖配送站点,向外卖骑手开展面对面交通安全宣传教育。重点围绕《上海市非机动车安全管理条例》有关内容,现场讲解佩戴安全头盔的重要性,并演示如何正确佩戴安全头盔。另一方面,上海公安交警面向外卖骑手试点应用头盔感应标签技术。通过在外卖骑手安全头盔上内置体感模块芯片,检测骑手在骑行过程中头盔佩戴的情况,当骑手驶过路面布设的基站时,体感模块能准确判断骑手是否佩戴头盔,并将数据上传到管理平台,方便管理部门进行监管。

2022年,结合电动自行车骑行者调研活动,通过网上定向发放并回收了242份上海市电动自行车骑行者调研问卷。从调研情况看,上海市骑行者的安全头盔意愿相对较高,73%的骑行者表示骑行时总会佩戴安全头盔,相对全国平均占比高出了15.7个百分点,如图8-3所示。

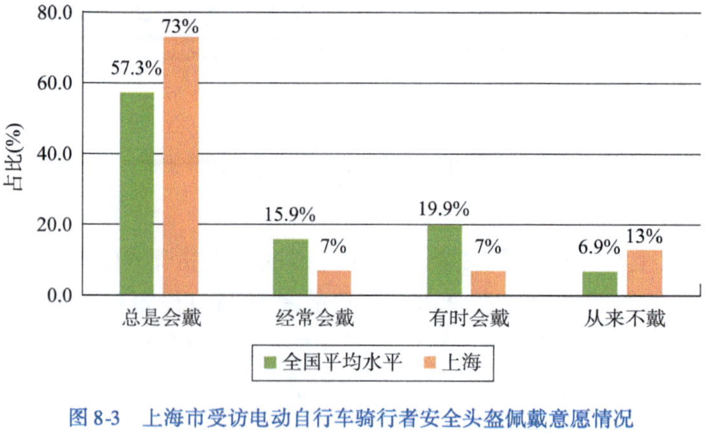

图8-3 上海市受访电动自行车骑行者安全头盔佩戴意愿情况

通过实地调研的方式,观察上海电动自行车骑行者的安全头盔佩戴率,客观反映安全头盔佩戴的推广实效。项目组在上海市城郊区域的广中路—内环高架交叉口开展实地调研,选取在工作日早高峰8:00~9:00,对交叉口的电动自行车流量、骑行者的安全头盔佩戴情况进行统计。调研结果显示,电动自行车流量在高峰小时内达到320~1720辆/h,占该交叉口非机动车流量的80%~95%;而从交叉口每个进口道观测情况看，电动自行车骑行者普遍佩戴了安全头盔，安全头盔的佩戴率接近100%，如表8-2、图8-4所示。

广中路—内环高架交叉口早高峰各进口道非机动车流量分布　　表8-2

进口道	方向	电动自行车流量(辆/h)	自行车流量(辆/h)	电动自行车流量占比(%)
广中路	由东向西	600	60	90.9
广中路	由西向东	320	80	80
内环高架路	由北向南	1720	260	86.9
内环高架路	由南向北	780	40	95.1

图8-4　广中路进口道电动自行车骑行者安全头盔佩戴调研情况

8.1.4　安全教育需求

推动全社会骑行者厚植安全意识、规则意识是城市电动自行车治理的根本举措、长远之策，而如何有效了解骑行者知识技能需求、广泛开展骑行者安全教育工作是需要深入研究的课题。调研活动从法律法规的熟悉情况、安全教育的必要性认知、参与活动的地点倾向性等方面，综合研究电动自行车骑行者对安全教育的需求。

通过调研骑行者对《中华人民共和国道路交通安全法》《上海市非机动车安全管理条例》两部法律法规的熟悉程度，发现骑行者对法律的熟悉程度集中在了解层面，距离知法、懂法的程度还有较大距离，如表8-3所示。此外，将骑行者接受安全教育的经历与其对法律法规的熟悉程度关联分析，结果显示，骑行者接受交通安全教育活动的频次较高，其对相关法律法规的熟悉程度也较高。这也从侧面说明，广泛开展交通安全教育活动，对提升电动自行车骑行者的法律意识有积极促进作用。

上海市受访电动自行车骑行者对相关法律法规的熟悉情况　　表8-3

法律法规	《中华人民共和国道路交通安全法》	《上海市非机动车安全管理条例》
熟悉程度	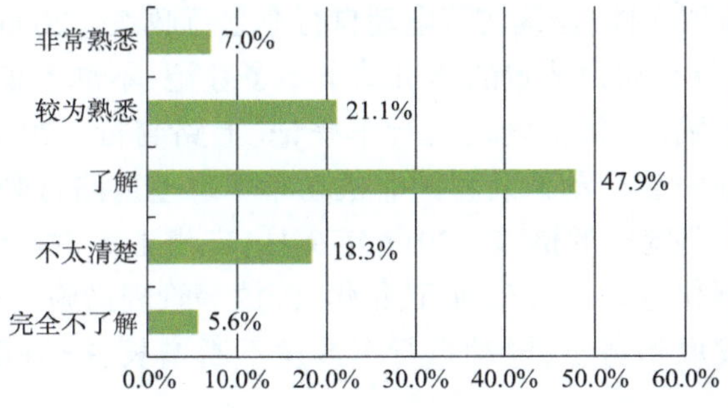	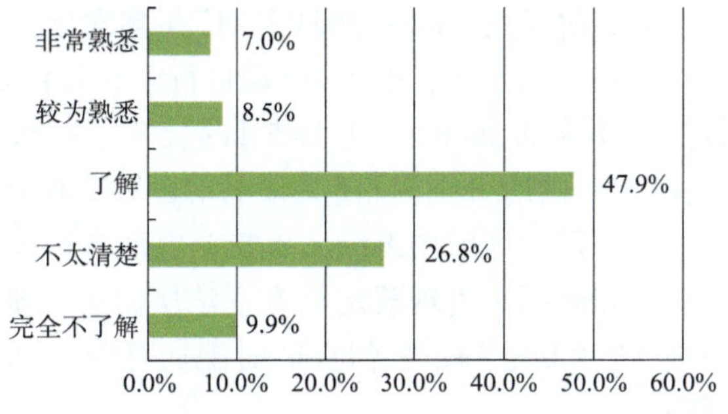

骑行者对交通安全教育活动的场所便利性需要较高。通过调研骑行者对安全教育的必要性认知,发现86%的受访骑行者表示愿意参与和接受交通安全教育活动,5.6%的受访骑行者表示偶尔或视情况参加交通安全教育活动,8.5%的受访骑行者认为交通安全教育活动不重要,也不愿参加此类活动。而在参与交通安全教育活动的倾向性方面,发现骑行者最倾向于在居住社区、工作单位参与活动,如图8-5所示。若交通安全教育活动选择在居住社区、办公区域等人员聚集程度较高的地点开展,骑行者的参与程度会相对较高。另外值得一提的是,事故多发地点也是受访骑行者认为可开展有效教育的地点,有16.1%的受访骑行者认为应在事故高发地点开展教育,能够起到提醒、警示骑行者的作用。

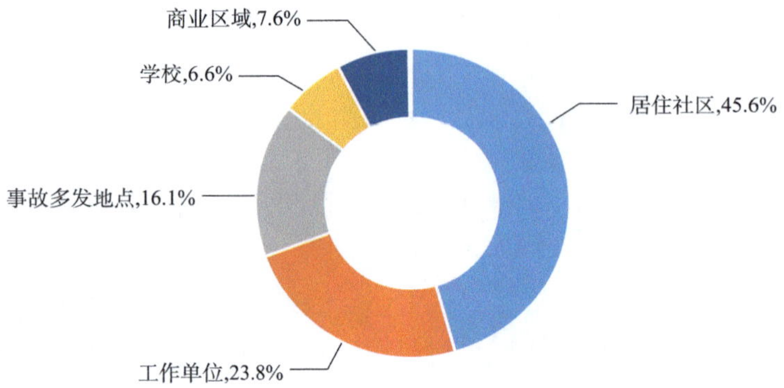

图8-5 上海市受访电动自行车骑行者对参与交通安全教育活动的倾向性选择分布

8.2 广州——电动自行车通行管理模式的转变过渡

广州的电动自行车治理模式具有一定的特殊性、代表性。受国家层面对电动自行车登记注册规范管理的政策导向调整,及外卖新业态发展,广州市逐步调整优化电动自行车治理模式。2021年11月,广州正式恢复了电动自行车登记注册管理,电动自行车管理模式也由禁止上路行驶转变为特定区域、特定道路限制通行管理。

8.2.1 治理模式特征

为适应城市居民出行需求的变化,广州市电动自行车在政策制定方面经历了三个阶段的调整优化。

第一阶段是20世纪90年代初至2006年,广州市为打击遏制涉及摩托车的“两抢”犯罪、改善摩托车交通事故隐患,先实行了摩托车限行管理,随后实行了摩托车、电动自行车禁行管理。

第二阶段是2006—2021年,广州多次出台通告文件,延续实行电动自行车禁行政策。2006年11月,广州市公安局发布《关于对电动自行车和其他安装有动力装置的非机动车不予登记、不准上道路行驶的通告》,要求从2006年11月5日起,在市行政区域内,禁止电动自行车登记、上路骑行。2011年、2016年,广州市政府分别发布《关于电动自行车和其他安装有动力装置的非机动车不准上道路行驶的通告》,决定在市行政区域内继续实施禁止电动自行车上路骑行的措施。2017年9月,广州正式实行《广州市非机动车和摩托车管理规定》,在立法层面进一步强化电动自行车通行、销售、停放等管理措施。虽然,广州一直延续“禁电”政策,但在即时配送行业快速发展趋势下,电动自行车数量不断增长、据估算超过300万辆。

第三阶段是2021年至今，广州实施电动自行车登记管理，在城市合理区间允许电动自行车行驶，同时在特定区域、道路采取限行管理措施。结束了为期15年的“禁电”政策，电动自行车治理也由“禁”向“管”过渡。

8.2.2 骑行者特征

在恢复电动自行车登记上牌、电动自行车由禁行向限行过渡的特殊治理阶段，为了解广州哪些群体在骑行电动自行车、电动自行车出行特征是什么样的，2022年，结合电动自行车骑行者调研活动，通过网上定向发放并回收了2895份广州市电动自行车骑行者调研问卷，研究骑行者群体特征、出行特征。

从统计情况看，广州市受访电动自行车骑行者以上班族或外卖骑手居多，并且骑行经验相对较短，骑行时长2年以内的占比最多，达41.6%。在出行距离方面，受访骑行者日均5km以内出行的占比最多，为59.7%。在使用频率方面，59.9%的受访骑行者每天都骑行电动自行车，而仅8%的骑行者每周骑行电动自行车的频率小于1天。

1）骑行者属性特征

广州电动自行车骑行人主要为中青年人，收入水平集中在8000元以下，受教育程度总体较低，职业以公司职员和快递外卖派送员为主，如表8-4所示。需关注的是，电动自行车骑行者中，外地户籍占比高，骑行经验普遍较少。通过对受访骑行者户籍的统计关联电动自行车交通事故经历发现，外地户籍骑行者中，来广州不满5年的骑行者发生交通事故的概率较大，是电动自行车执法与教育过程中应重点关注的群体，如图8-6所示。

广州受访骑行者属性特征 表8-4

<table>
<tr><th>骑行者特征</th><th>骑行者占比分布</th></tr>
<tr><td>Q1：骑行者年龄</td><td>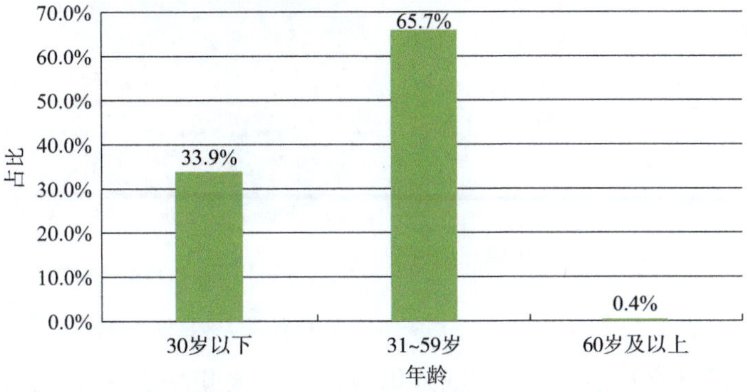
</td></tr>
<tr><td>Q2：骑行者职业</td><td>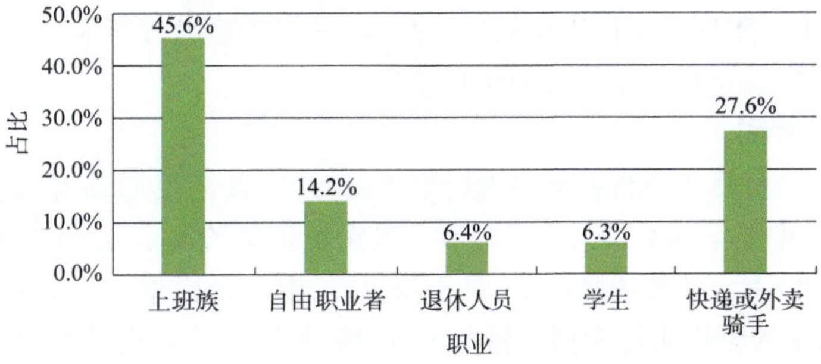
</td></tr>
</table>

续上表

<table>
<tr><th>骑行者特征</th><th>骑行者占比分布</th></tr>
<tr><td>Q3：骑行者月均收入水平</td><td>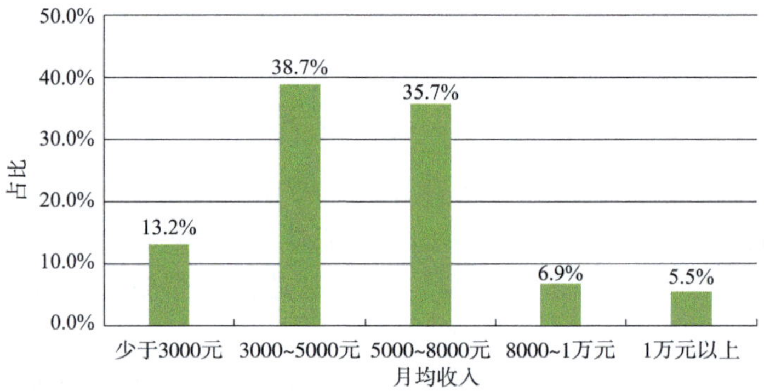
</td></tr>
<tr><td>Q4：骑行电动自行车经验时长</td><td>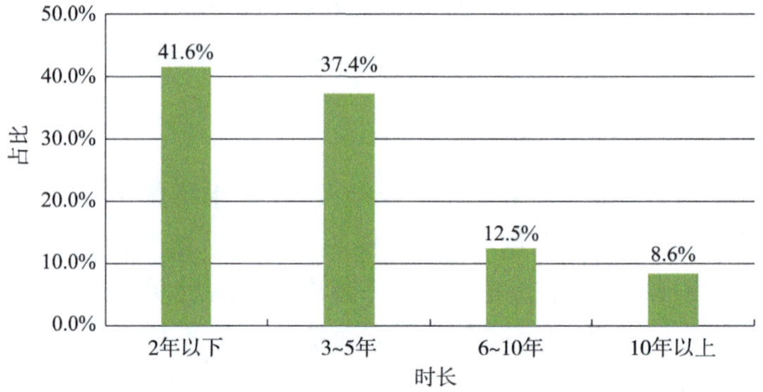
</td></tr>
</table>

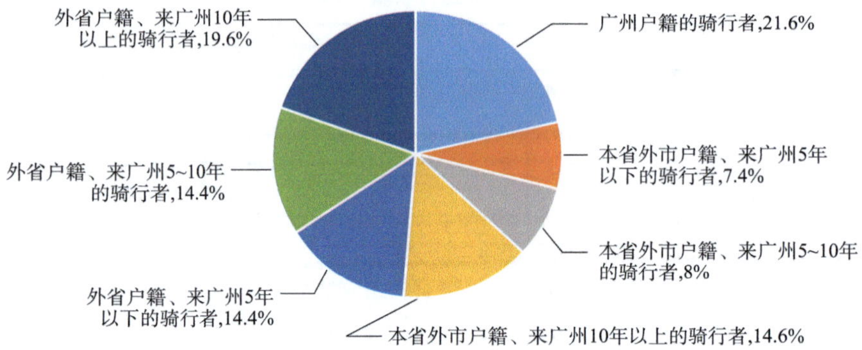

图 8-6　广州市受访电动自行车骑行者户籍分布

广州城镇化率达 86.5%，非城镇化的人口主要集中在白云、黄埔、番禺、花都、南沙、从化、增城等外围农村地区及郊区。该类地区布局比较分散，城市化水平有待提高，电动自行车出行需求占有一定的比例。同时，由于郊区公交覆盖率较低，部分居民中短途出行需求难以满足，在地铁接驳不便或者公交不发达地区采用电动自行车出行比例相对较高。

2）出行特征

广州电动自行车骑行者大多为短距离出行，主要满足通勤需求。从出行目的看，电动自行车日常通勤出行比例最高，占 62.2%，快递外卖人员派送货物的需求也较高，占 27.8%，其余的需求主要为购物休闲以及接送他人。从使用频率看，对于骑行者，电动自行车是日常出行不可或缺，也难以被替代的交通工具，超过 60% 的骑行人每天都会骑车出行，每周使用 4 ~ 6 次的占比近 24%。从出行距离看，电动自行车主要被用于短距离出行，5km 以内的出行距离占比近 60%，但 15km 以上的较长距离出行也占 17.4%，说明电动自行车骑行者确有中长距离出行需求，如表 8-5 所示。

广州受访骑行者电动自行车出行特征 表 8-5

电动自行车出行特征	骑行者选择占比分布
Q1：电动自行车主要出行情境	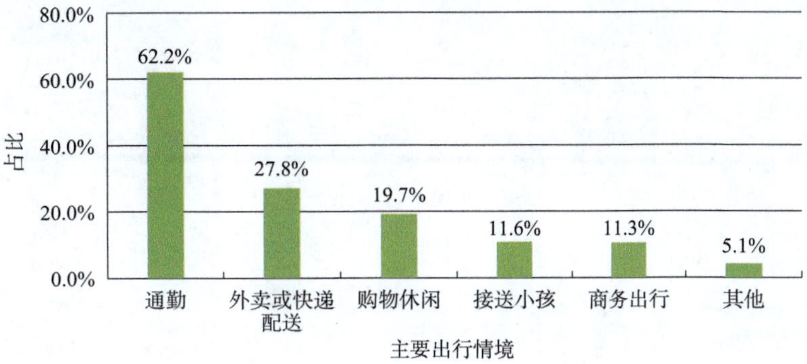
Q2：电动自行车日均骑行距离	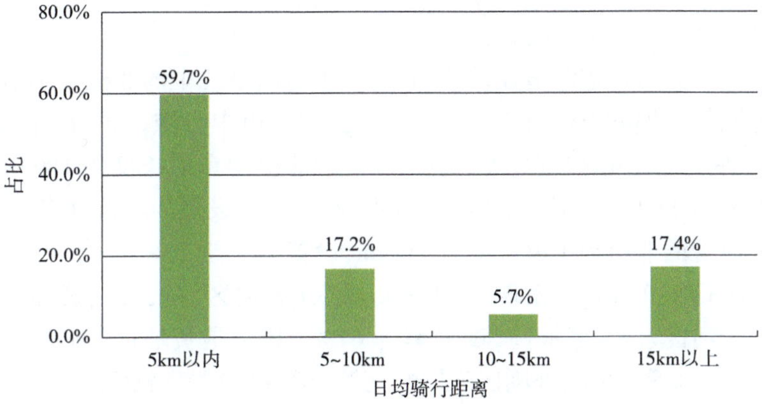
Q3：电动自行车使用频率	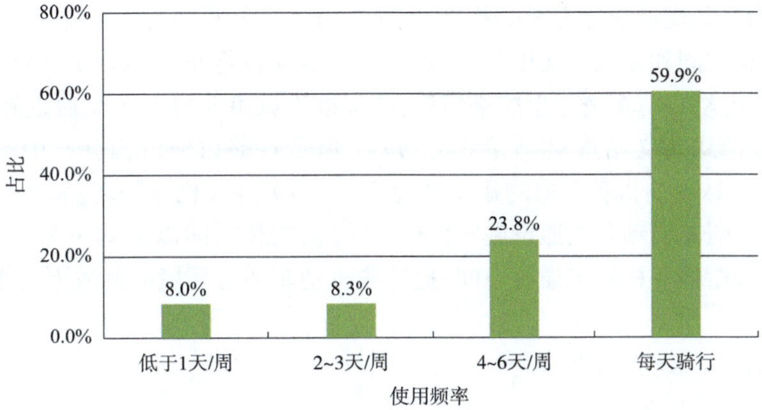

8.2.3 道路通行条件

在 2000—2010 年机动化飞速发展的过程中，广州市非机动车的出行分担率持续下滑、低位徘徊，非机动车道逐渐被并入机动车道，城市骑行空间不断被挤压。2011 年，为改善城市环境、减少交通能耗和污染，广东省出台《广东省绿道网建设总体规划（2011—2015 年）》，提出绿道网络系统与城市公共交通系统充分衔接，成为城市步行和非机动车交通系统的重要组成部分。2015 年，广州市出台《广州慢行交通系统规划》，按照核心区、外围区、生态区三大分区的慢行出行需求制定针对性的慢行规划方案。截至 2016 年底，广州市全市绿道里程达 3000km，是全国绿道线路最长、中心城区分布最广的绿道网[4]，如图 8-7 所示。

图 8-7　广州城市绿道建设情况示例

图片来源：《步行与自行车交通蓝皮书》。

在广州市大力推进绿道建设的同时，城市道路系统中的非机动车道设置情况仍较薄弱，相比于北京、上海其他同等规模城市仍有明显差距。根据广州市中心城区主、次干道慢行系统现状梳理研究显示，截至 2020 年底，广州市现有主、次干道上设置的非机动车道长度约 1804km（双向统计、不含路口），非机动车道设置率为 47.9%。其中，中心城区主、次干道上设置的非机动车道长度为 967km，设置率为 55%；环城路以内设置的非机动车道长度为 410km，设置率为 54%。

根据项目组实地摸查发现，广州市新城区（天河区、白云区、黄埔区）非机动车道设置率总体上高于老城区。天河区、白云区最高，设置率为 61%；其次是黄埔区、海珠区、越秀区、荔湾区，设置率分别为 54%、53%、52% 和 46%；外围区（从化、南沙、增城）设置率较低，分别为 23.5%、9.7%、8.5%。

结合骑行者调研发现，广州骑行者对非机动车道设置不连续问题感受最为强烈。虽然广州市将非机动车作为公共交通出行方式的补充，但对于电动自行车骑行者来说，非机动车相关的设施不完善，路网不畅达，行驶空间和路权无法得到保障，是目前电动自行车使用者所面临的道路环境方面的主要难题。广州在恢复电动自行车登记上牌举措后，同步推进城市非机动车交通设施建设。2021 年至今，全市累计新建改造港湾式公交站点 98 个；完成 594 个信号灯路口建设，其中，中心区完成 211 个，新六区完成 383 个；完成 781km 非机动车道的建设改造，新建 370.3km 机非隔离栏。但与快速增长的电动自行车出行需求相比，广州非机动车交通设施建设仍显滞后，在长时间以机动车为主导的道路设施建设和空间资源分配局面下，增辟非机动车通行空间、提升非机动车通行环境的挑战更为艰巨。

8.2.4　安全教育需求

广州电动自行车骑行者参与交通安全教育的积极性较高。此次调研活动询问了受访骑行者参与交通安全教育的经历及对教育内容的需求，整体来看，骑行者对交通安全教育持积极态度，普遍希望获得交通安全相关知识。60.5% 的受访骑行者表示过去较少参与交通安全教育活动，仅 12% 的受访骑行者经常参与交通安全教育活动。从内容需求看，广州电动自行车骑行者对法律知识、应急处置常识和交通违法事故案例的教育需求较为广泛。其中，90.1% 的骑行者希望了解交通法律法规知识，72.1% 的骑行者希望知道事故应急处置常识，70.4% 的骑行者希望观看交通违法和事故的相关案例。此外，还有一半左右的骑行者希望了解安全头盔佩戴方法及车辆保险购买方式，如图 8-8 所示。

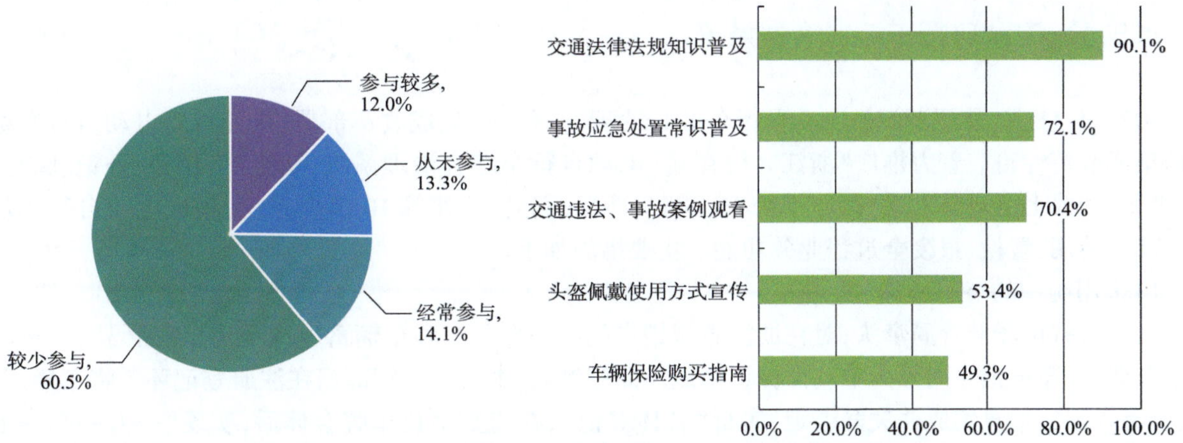

图 8-8 广州市受访骑行者交通安全教育参与经历及需求情况的占比分布

60%以上的广州受访骑行者希望在居住社区参与交通安全教育活动。在参与活动地点的倾向性方面,此次调研发现,广州受访骑行者最倾向于在居住社区参与活动。60.2%的受访骑行者倾向在居住社区参与交通安全教育活动,21.7%的受访骑行者倾向在工作单位,而在商业区域、事故多发地点、学校等处,骑行者参与活动的积极性相对较低,如图 8-9 所示。从调研结果可知,交通安全教育活动进社区是普及安全知识、获得骑行者较高参与积极性的有效方式。

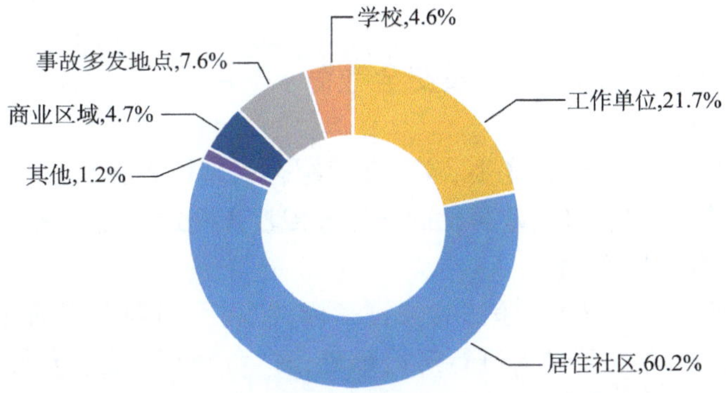

图 8-9 广州市受访电动自行车骑行者对参与交通安全教育活动的倾向性选择分布

8.3 杭州——精准化的交通安全宣传教育

电动自行车是杭州市居民出行普遍采用的交通方式,全市共有电动自行车约 563 万辆,其中注册登记电动自行车 268.7 万辆,备案超标电动自行车 294.2 万辆。近年来,电动自行车交通事故多发,特别是中老年骑行者交通安全意识薄弱、交通事故伤亡比例高,中老年骑行者成为城市电动自行车治理的重点对象。据统计,近 3 年杭州市电动自行车交通事故死亡人员中,50～59 岁年龄段的骑行者占比最高,达 25.2%,其次是 40～49 岁、60～69 岁年龄段骑行者群体占比分别为 19%,18.8%[5]。

为精准预防和减少电动自行车交通事故,杭州公安交管部门根据电动自行车交通事故和交通违法行为风险特点,面向骑行者开展了分类别、精准化的宣传教育,进一步提升宣传教育内容的贴近性、警示性、专业性、时效性。

8.3.1 电动自行车综合治理系统

2021 年 11 月，按照浙江省电动自行车综合治理“一件事”集成改革部署，杭州成立电动自行车综合治理集成改革专班。着力推广“浙江 e 行在线”电动自行车综合治理系统，从生产、销售、登记、骑行、充停、维修、回收七个环节入手，打通了公安、消防、环保、交通、住建等 10 多个系统，集成电动自行车从购买、登记、使用、置换、报废全过程业务功能。主要措施如下。

1）采用统一的“浙品码”

由浙江省市场监管局牵头，对在浙江省域销售的电动自行车和车辆蓄电池推出“浙品码”，以电动自行车车架号、蓄电池序列号为唯一性标识生成产品二维码；由公安交管部门在注册登记环节将车辆、蓄电池、所有人三方信息集成并关联绑定，实行“合体登记”，在与数字化车牌合体后，实现“一人一车一池一牌”，确保电动自行车可溯源、可监管，形成数字化追溯链条。

2）车辆号牌“云申领”

公安交管部门优化电动自行车新车上牌的业务流程，依托“浙品码”信息管理系统，以总经销商对车辆实施“预查验”、车管网办中心对数据进行后台审核为前提，确保上牌车辆合格、合标；再由群众自主在手机端实名认证登录“警察叔叔”App，通过扫描车辆、蓄电池“浙品码”，将个人信息与车、蓄电池信息进行关联绑定，系统自动匹配号牌并邮寄到家，实现群众购车上牌“零次跑”。截至 2022 年 6 月，杭州电动自行车“云申领”已经覆盖 79 个品牌总销售商，在约 800 家销售门店推广应用[6]。

8.3.2 分级、分类开展精准化交通安全教育

杭州市公安交管部门积极推动地方党委、政府交通综合治理体系建设，进一步强化交通安全源头治理工作，打造电动自行车骑行者精准化、差异化的交通宣传教育模式。主要措施包括：

1）电动自行车骑行者赋“码”管理

杭州通过赋“码”管理，以交通事故、违法为关键指标，针对不同频次交通违法人员和发生交通事故人员，通过“交安码”对电动自行车驾驶人进行赋码赋色，对“红黄码”重点人员以派单形式管理，落实属地镇街、交警部门实施精准靶向宣教治理，如图 8-10 所示。2022 年以来，杭州全市共宣教电动自行车驾驶人 162.5 万人次，并对 3.5 万名“红码”重点人员开展了精准宣教，对全市 60 周岁以上老年人共宣教 184.3 万人次[5-6]。2022 年，杭州全市电动自行车交通事故亡人数较前一年下降 8.2%[5]，成效初显。

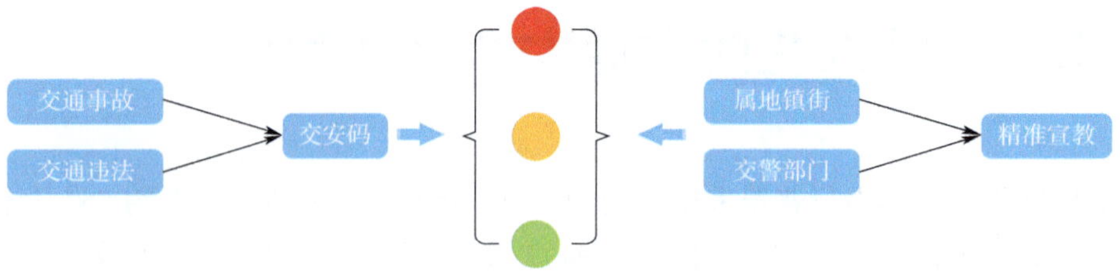

图 8-10 杭州市电动自行车骑行者赋“码”管理示意图[6]

2）组建专业宣教队伍

以市内镇街交治中心、村社交治站为载体，积极打造社会道路交通安全共建共治管理模式，通过交通安全宣传教育渗透至村镇、社区、居民家中，通过播放宣教视频、现场授课等方式，开展“面对面”交通安全宣教，提升文明交通出行意识与交通事故防御性驾驶技能，并通过曝光违法行为、播放警示视频以及传达交通法律法规等方式，强化电动自行车驾驶人的源头管理。

3)丰富教育引导方式

以交治中心、交治站作为源头宣教的主要阵地,按照层级建立属地交警、镇街村社负责人、交治员和村社居民人群的交通安全在线责任微信群3200余个,在线发布电动自行车交通安全预警与案例警示信息,实时在群内通知属地交通安全管理事项,实现交通安全宣教实时在线。具体实施步骤如下。

(1)杭州市公安交管部门交治大队负责宣教科目视频推送、上传等工作。宣教科目分为机动车课程、非机动车课程、60周岁以上老人课程等,交治员应根据宣教对象日常出行方式、交通事故与违法详情,在视频库内选择对应科目开展针对性宣教。

(2)“红码”“黄码”人员依次须在村社交治站或交安码线上接受1h宣教,以及在交警中队宣教室接受20min强化宣教后,方可减分降色。“黄码”人员在村社交治站接受30min宣教,方可减分降色。重点人员宣教应在收到预警推送15日内完成,完成率应达90%以上。

(3)对于拒不配合宣教的“红码”“黄码”人员,由村社交治站向巡区民警反馈,由巡区民警落实宣教工作,并视情启动相应溯源追处、临控预警等处置措施。

4)对外卖骑手集中宣传

通过强化警企联动机制,将交通事故、违法多发外卖骑手列为严管库人员,为提升外卖骑手防御性驾驶能力,杭州公安交管部门推动全市外卖平台企业交通安全宣教工作建立“四宣”教育制度,重点围绕“闯红灯、逆向行驶、不按规定车道行驶、未按规定佩戴安全头盔、非法改装”等易肇事肇祸违法行为,通过线上线下相结合的方式,组织实施入职宣、岗前宣、常态宣和重点宣,如图8-11所示。2022年以来,杭州全市已对重点外卖骑手宣教1448人次[5]。

图8-11 杭州市外卖骑手集中宣传教育示例[6]

8.4 镇江——打造良好的电动自行车骑行环境

镇江位于江苏省西南部、长江下游南岸,处于沪宁发展带和沿江发展带的交汇点,是长三角地区重要的交通枢纽城市。截至2020年底,镇江的常住人口达321万,城镇化率为79.5%,是发展我国城镇化发展较快的中等城市。同时,镇江的电动自行车保有规模大、骑行使用较为普及。全市电动自行车保有量120万辆、千人保有量374辆,几乎每3位镇江市民就拥有一辆电动自行车。镇江作为电动自行车依赖程度较高的城市,电动自行车骑行环境相对较好,城市居民对电动自行车骑行感受也较为积极,相关做法经验可为其他中小城市的电动自行车治理提供参考借鉴。

8.4.1 骑行者特征

2022 年,结合电动自行车骑行者调研活动,通过网上定向发放并回收了 826 份镇江市电动自行车骑行者调研问卷,骑行者特征分布如表 8-6 所示。

镇江市受访骑行者特征　　表 8-6

<table>
<tr><th>骑行者特征</th><th>骑行者占比分布</th></tr>
<tr><td>Q1:骑行者年龄</td><td>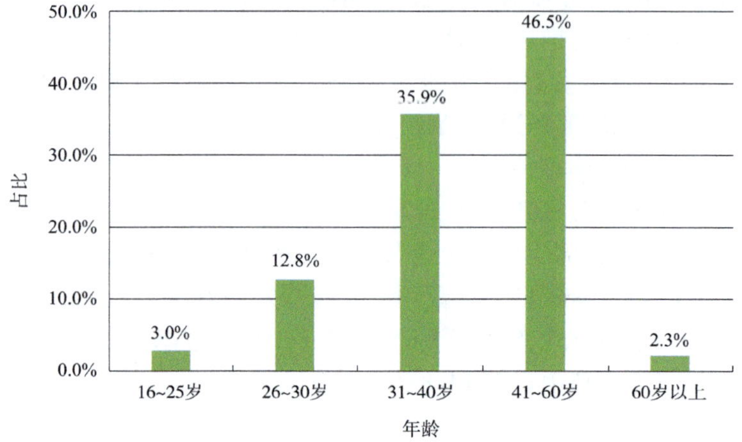
</td></tr>
<tr><td>Q2:骑行者职业</td><td>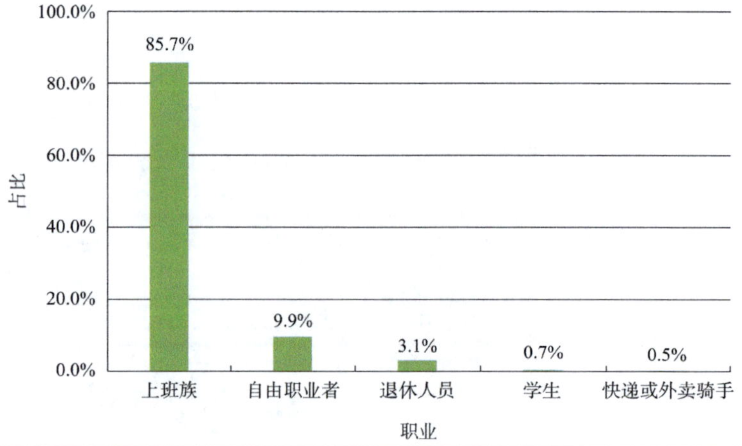
</td></tr>
<tr><td>Q3:电动自行车主要出行情境</td><td>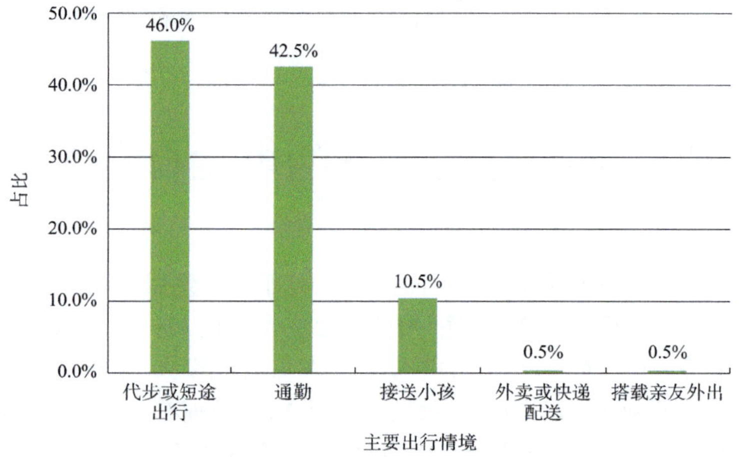
</td></tr>
</table>

续上表

骑行者特征	骑行者占比分布
Q4:电动自行车日均骑行距离	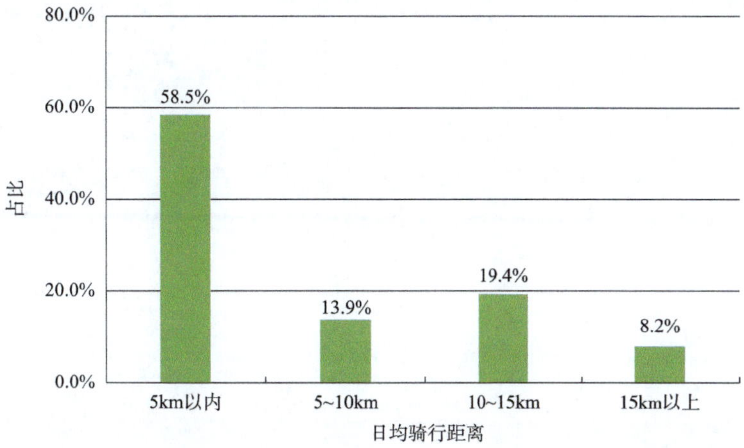

从调研情况看,镇江市电动自行车骑行者主要是中年人、上班族。在年龄分布上,41~60岁年龄段的骑行者占比最高,达46.5%;其次是31~40岁年龄段的骑行者,占比35.9%;16~25岁青年骑行者、60岁以上老年骑行者相对较少。在使用需求上,电动自行车服务于上班族的日常代步或通勤需求。在受访电动自行车骑行者中,上班族占85.7%;在日常出行情境中,代步或短途出行占比46%、通勤占比42.5%、接送小孩占比10.5%。在出行距离分布上,镇江市电动自行车日均出行距离相对较长,58.5%的骑行者出行距离在5km以内,13.9%的骑行者出行距离在5~10km之间,19.4%的骑行者出行距离在10~15km之间,8.2%的骑行者出行距离在15km以上。

8.4.2 道路通行条件

镇江市道路网完整性及通达性较好。根据《镇江市综合交通规划(1993—2010)》,20世纪90年代,镇江市居民出行结构中,自行车出行分担率达到58.1%,自行车是市民主要出行工具。当时,自行车交通网络规划与机动车交通网络规划同步进行,主城区的自行车专用道长11km,机非分行的道路长30km,机非混行的道路长70km,镇江市主城区非机动车道的平均宽度为4.73m。较好的非机动车交通设施本底条件为后续电动自行车、自行车的发展奠定了良好的设施基础。

根据《镇江城市综合交通规划(2008—2020)》,镇江市非机动车交通网络包括三个层次:全市(主城区)层级非机动车道、区级非机动车道、区内自行车道路及绿色自行车休闲道路。其中,全市(主城区)层级非机动车道是非机动车交通网络的骨架,道路非机动车交通流量大、通行速度快、通行干扰小,此层级的非机动车道规划里程80.8km。区级非机动车道是平行主干道或市级自行车通道的次级非机动车道,主要满足非机动车中短距离出行,此层级的非机动车道规划里程177.3km。区内自行车道路依托支路网及街巷道路布设,此层级的自行车道路网密度总体控制指标为10~15km/km^2。各级非机动车交通网络功能衔接,组成了较为完善、层级分明的非机动车交通网络。

截至2020年底,镇江建成区的路网密度达到10.1km/km^2,道路面积率达到16%[7],满足路网密度达到8km/km^2、道路面积率达到15%的国家标准要求,路网格局适宜电动自行车出行,如图8-12所示。非机动车道设施条件相对较好,全市非机动车道面积占道路总面积的20%,是机动车道面积的一半左右[8]。根据此次调研活动显示,镇江市受访电动自行车骑行者中,仅20.7%的骑行者认为非机动车道不连续,相对全国平均占比少了近10个百分点,体现出镇江市的骑行者对城市非机动车道设置情况感受相对其他城市要好。

图 8-12　镇江市主城区道路网结构示意图

8.4.3　骑行体验

从通行情况看，镇江市主城区道路上电动自行车主要与自行车混行、交通流量大。根据镇江市一项非机动车交通流量调查显示，城市主、次干道上的非机动车交通流中，电动自行车交通量占比达 74.5%、自行车交通量占比达 25.5%，城市道路上 3/4 的非机动车为电动自行车；电动自行车的平均行驶速度为 19.9km/h，自行车的平均行驶速度为 14.3km/h[9]。城市道路上，电动自行车整体通行有序。

从调研情况看，镇江市绝大多数受访骑行者对电动自行车通行秩序治理成效持肯定态度，而且骑行安全感也明显高于全国平均水平，反映出电动自行车通行秩序的改善对提升骑行安全感具有正向促进作用。88% 的骑行者认为电动自行车骑行比摩托车更安全，相对全国平均占比高了出 2.8 个百分点。从不同群体看，合标车车主的认同感明显高于超标车车主，车辆使用时间较短的车主认同感明显高于车辆使用时间较长的车主，车辆使用强度较低的车主认同感明显高于车辆强度较高的车主，如表 8-7 所示。

镇江市受访电动自行车骑行者对骑行安全的感受分布情况　　表 8-7

骑行者群体	比骑行摩托车更安全	比驾驶汽车更安全
合标车车主	87.5%	26.7%
超标车车主	88.8%	25.3%
车辆使用 5 年以内的车主	87.9%	25%
车辆使用超过 5 年的车主	87.7%	27.8%

续上表

骑行者群体	比骑行摩托车更安全	比驾驶汽车更安全
日均骑行 5km 以内的车主	89.4%	20.5%
日均骑行 5～10km 的车主	90.4%	32.2%
日均骑行 10～15km 的车主	82.5%	31.9%
日均骑行超过 15km 的车主	86.8%	39.7%

本章参考文献

[1] 彭庆艳. 上海市自行车交通短板问题与改善对策研究[J]. 武汉理工大学学报,2018,42(5):885-890.

[2] 上海交警. 2021 年上海警方交出交通安全“亮眼”成绩单[EB/OL]. (2022-01-18)[2022-01-18]. https://baijiahao.baidu.com/.

[3] 上海交警. 交警、学校、家庭联手推进学生“一盔一带”安全守护行动[EB/OL]. (2023-02-25)[2023-02-25]. https://baijiahao.baidu.com/.

[4] 广州市现代快速公交和可持续交通研究所. 步行与自行车交通蓝皮书[R]. 广州:广州市现代快速公交和可持续交通研究所,2017.

[5] 朱弘昊,丛浩哲,谢晓颖. 电动自行车驾驶人交通安全精准化宣传教育方法及内容研究[J],汽车与安全,2022,11:58-63.

[6] 冯俊奇. 杭州电动自行车综合治理[R]. 北京:电动自行车交通安全综合治理,2022.

[7] 住房和城乡建设部. 2020 年城乡建设统计年鉴[G]. 北京:住房和城乡建设部,2021.

[8] 镇江文明网. 镇江市充分利用自然景观,五条休闲道网营造城市慢生活[EB/OL]. (2014-05-30)[2024-05-30]http://jszj.wenming.cn.

[9] 孙菲阳. 基于精细元胞自动机模型的混合自行车交通流微观建模与仿真研究[D]. 镇江:江苏大学,2022.

附 录 1

Appendix 01

电动自行车交通安全治理大事记

2011 年

2 月，中国自行车协会发布《中国自行车行业“十二五”规划》，积极倡导骑行文化，促进产业升级，宣传自行车、电动自行车低碳、绿色、健康、休闲、时尚的优势。“十二五”期间，进一步落实扩大内需的各项政策，把电动自行车下乡扩大到全国范围，扩大内需市场。

3 月，公安部、工业和信息化部、工商总局、质检总局联合发布《关于加强电动自行车管理的通知》，部署规范电动自行车生产、销售和使用管理。

2016 年

7 月，《中华人民共和国节约能源法》修订出台，规定县级以上地方各级人民政府应当优先发展公共交通，加大对公共交通的投入，完善公共交通服务体系，鼓励利用公共交通工具出行；鼓励使用非机动交通工具出行。

8 月，工业和信息化部发布《轻工业发展规划（2016—2020 年）》，明确重点发展符合标准的锂离子电池电动自行车和智能电动自行车。

11 月，国务院发布《“十三五”国家战略性新兴产业发展规划》，指出要把握全国能源变革发展趋势和我国产业绿色转型发展要求，着眼生态文明建设和应对气候变化，推动新能源交通工具、新能源和节能环保等绿色低碳产业成为支柱产业。

2018 年

5 月，国家标准《电动自行车安全技术规范》（GB 17761—2018）颁布，规定了电动自行车的整车安全、机械安全、电气安全、防火性能、阻燃性能、无线电骚扰特性和使用说明书的主要技术要求及相应的试验方法，并于 2019 年 4 月 15 日正式实施。

9 月，国家标准《电动摩托车和电动轻便摩托车通用技术条件》（GB/T 24158—2018）颁布，规定了电动摩托车和电动轻便摩托车的型号编制、技术要求和试验方法，并于 2019 年 4 月 1 日正式实施。

2019 年

3 月，国家市场监管总局、工业和信息化部、公安部联合发布《关于加强电动自行车国家标准实施监督的意见》，为推进新标准实施，进一步规范电动自行车生产、销售和使用管理。

3 月，公安部交通管理局、中国物流与采购联合会联合发布《关于加强快递、即时配送行业道路交通安全的倡议书》，倡导行业组织要加强行业管理、配送企业要落实交通安全主体责任、配送员要依法安全文明配送。

4 月，公安部交通管理局发布《关于加强电动自行车安全管理工作的通知》，要求严格执行电动自行车新国标，推动构建“政府主导、部门联动、企业自律、社会参与”的多元共治格局，全面加强电动自行车问题全环节、全链条治理。

4 月，公安部交通管理局发布《关于警企共治创新外卖行业电动自行车交通违法治理的通知》，推动警社合作、警企共治，建立警企协作机制、信用惩戒机制、指导帮扶机制、宣教培训机制、联合整治机制，加强和规范外卖行业电动自行车交通管理。

2020 年

4 月，公安部在全国部署开展“一盔一带”安全守护行动，加强宣传引导，推广骑乘电动自行车佩戴安全头盔。

5 月，公安部交通管理局协调中国物流与采购联合会及主要外卖企业，在全国开展警企联合劝导活动，促进外卖骑手佩戴安全头盔。

2021 年

6 月，公安部交通管理局发布《关于进一步加强电动自行车交通安全综合治理工作的通知》，要求加强登记管理、规范号牌管理、改善通行条件、加强路面管控、创新执法方式、深化警企共治、强化协作配合、强化依法治理，进一步提升电动自行车管理水平，综合治理电动自行车交通违法乱象，切实规范通行秩序，改善交通安全状况。

2022 年

7 月，国务院安委会办公室印发《“十四五”全国道路交通安全规划》，将电动自行车头盔佩戴率作为“十四五”道路交通安全主要指标，提出 2025 年电动自行车骑行人员佩戴率达到 80% 的预期值。

8 月，国务院安委会印发《加强电动自行车全链条安全监管重点工作任务及分工方案》，从加强生产源头环节安全质量、强化流通销售环节执法查处、规范末端使用环节安全管理、推进拆解回收环节安全管控四个方面提出 12 项重点工作任务，并明确了部门责任分工。

12 月，国家标准《摩托车、电动自行车乘员头盔》(GB 811—2022)颁布，对安全头盔的固定装置稳定性、佩戴装置强度、吸收碰撞能量、耐穿透、护目镜等方面做出了明确规定，并于 2023 年 7 月 1 日正式实施。

附 录 2
Appendix 02

各地电动自行车管理相关政策梳理

省(区、市)	政策文件名称	出台方	实施时间	具体内容
北京	《北京市非机动车管理条例》	北京市人大常委	2018年11月1日	车辆登记:电动自行车经登记,取得本市电动自行车行驶证、号牌,方可在本市道路行驶。对发放临时标识的电动自行车设置3年过渡期。过渡期内上道路行驶的,应当悬挂临时标识,并遵守非机动车通行管理的有关规定。过渡期满后,不得上道路行驶。 通行管理:在非机动车道内行驶,最高时速不得超过15公里;没有施划非机动车道的,在车行道的右侧行驶;不得进入高速公路、城市快速路或者其他封闭的机动车专用道。 安全头盔佩戴:鼓励电动自行车驾驶人佩戴安全头盔;电动自行车搭载12周岁以下儿童的,鼓励为儿童佩戴安全头盔
天津	《关于开展二轮电动自行车免费登记上牌照工作的通告》	天津市公安局	2018年5月9日	车辆登记:自2018年5月9日起在全市开展二轮电动自行车免费登记上牌照工作,登记上牌照地点为二轮电动自行车所有人现住地公安派出所指定地点。安装临时牌照的二轮电动自行车自安装临时牌照之日起三年以内(自2018年5月9日至2021年5月8日)可上路行驶,期满后禁止上路行驶
河北	《河北省电动自行车管理条例》	河北省人大常委	2022年5月1日	车辆登记:电动自行车经公安机关交通管理部门登记并取得号牌后,方可上路行驶。省公安机关交通管理部门建设全省统一的电动自行车登记管理系统,电动自行车登记由设区的市、县(市)公安机关交通管理部门办理。对不符合强制性国家标准的电动自行车,发放临时号牌,设置三年过渡期,过渡期满后,不得上路行驶。 人员搭载:成年人驾驶电动自行车只能搭载一人。搭载六周岁以下未成年人的,应当使用具有安全保护措施的固定座椅。十六周岁以上至未满十八周岁的未成年人驾驶电动自行车不得搭载人员。 安全头盔佩戴:驾驶、乘坐电动自行车应当佩戴安全头盔。法律、法规另有规定的除外。使用电动自行车从事快递、外卖的经营单位应当发挥行业自律作用,要求从业人员佩戴安全头盔,按照规定速度行驶。 互联网租赁车辆:互联网租赁电动自行车投放数量不得超过当地有关行政主管部门确定的区域数量限制要求
辽宁	《辽宁省电动自行车登记管理规定》	辽宁省公安厅	2020年7月31日	车辆登记:初次申领电动自行车号牌、行驶证的,电动自行车所有人应当向公安机关交通管理部门申请注册登记

续上表

省(区、市)	政策文件名称	出台方	实施时间	具体内容
上海	《上海市非机动车安全管理条例》	上海市人大常委	2021年5月1日	车辆登记:电动自行车所有人应当自购车之日起十五日内,向公安机关申请登记上牌。对用于快递、外卖等网约配送活动的电动自行车,公安机关应当核发专用号牌。 车辆检验:专用号牌电动自行车自登记之日起每满五年的,应当进行安全技术检查。公安机关应当对电动自行车的制动器、动力装置等安全性能进行检查;车辆不符合电动自行车相关安全技术规范的,其所有人应当对车辆进行维修。 通行管理:驾驶非机动车上道路行驶,应保持制动器、夜间反光装置等安全设施性能状况良好;在非机动车道内行驶;在没有划设非机动车道的道路上,自行车、电动自行车在车行道右侧边缘线向左一点五米的范围内行驶,残疾人手摇轮椅车、残疾人机动(电动)轮椅车、人力三轮车在车行道右侧边缘线向左二点二米的范围内行驶。 安全头盔佩戴:电动自行车驾驶人和乘坐人员佩戴安全头盔。 照明装置:驾驶电动自行车在夜间或者遇有雾、雨、雪、沙尘、冰雹等低能见度情况下行驶时,应开启照明装置
江苏	《江苏省电动自行车管理条例》	江苏省人大常委	2020年7月1日	车辆登记:电动自行车上道路行驶,应当依法经所有人居住地设区的市、县(市)公安机关交通管理部门注册登记,取得电动自行车号牌。 通行管理:驾驶电动自行车上道路行驶,应在非机动车道内行驶,没有非机动车道的靠车行道右侧行驶;在非机动车道内行驶时速不得超过十五公里。 人员搭载:成年人驾驶电动自行车只能搭载一名十六周岁以下的未成年人,搭载六周岁以下未成年人的应当使用安全座椅。十六周岁以上未成年人驾驶电动自行车不得搭载人员。 安全头盔佩戴:驾驶、乘坐电动自行车应当按照规定佩戴安全头盔
浙江	《浙江省电动自行车管理条例》	浙江省人大常委	2020年7月1日	车辆登记:电动自行车应当经公安机关交通管理部门登记,取得行驶证、号牌并在指定位置悬挂号牌后,方可上道路行驶。 平台企业责任:快递、外卖等服务企业和互联网电动自行车租赁企业应当加强安全生产教育和管理,落实安全生产主体责任,依法参加工伤保险,可以通过购买第三者责任险、驾驶人员人身意外伤害险等方式提高企业偿付能力。

续上表

省(区、市)	政策文件名称	出台方	实施时间	具体内容
浙江	《浙江省电动自行车管理条例》	浙江省人大常委	2020年7月1日	互联网租赁车辆:设区的市、县(市、区)人民政府应当组织交通运输、住房城乡建设、公安机关交通管理等部门,根据当地道路交通、公众出行等因素,制定互联网电动自行车的投放政策,明确允许的投放范围、数量和相关管理要求,并向社会公布。 互联网电动自行车租赁企业应当履行企业主体责任,配备必要管理人员,按照要求设置电子围栏,随车提供安全头盔,加强车辆检测、维护和停放秩序管理,并将车辆投放和租用等信息按照规定接入互联网电动自行车行业监管服务平台。 人员搭载:电动自行车搭载六周岁以下未成年人的,应当在后座使用儿童座椅。 安全头盔佩戴:电动自行车驾驶人及搭载人应当佩戴安全头盔。 使用期限:备案非标电动自行车自备案之日起使用期满七年的,不得上道路行驶。使用期未满七年的备案非标电动自行车自2023年1月1日起不得上道路行驶;设区的市人民代表大会常务委员会或者人民政府可以规定备案非标电动自行车早于该期限不得上道路行驶
安徽	《安徽省电动自行车管理条例》	安徽省人大常委	2023年3月1日	车辆登记:电动自行车应当经市、县人民政府公安机关交通管理部门登记,取得电动自行车号牌,方可上道路行驶。 在《电动自行车安全技术规范》(GB 17761—2018)实施前购买的不符合强制性国家标准的电动自行车,发放临时通行标识。临时通行期限自本条例施行之日起最长不超过三年,设区的市可以就具体期限作出规定。 通行管理:驾驶电动自行车上道路行驶,有非机动车道的,在非机动车道内行驶,不得在人行道内行驶;没有非机动车道的,在车行道的右侧行驶。 人员搭载:成年人驾驶电动自行车仅限搭载一人,但是驾驶不具备搭载条件的电动自行车不得载人。搭载人应当在驾驶人后方正向骑坐。搭载六周岁以下未成年人的应当采取使用安全座椅等保护措施。十六周岁以上未成年人驾驶电动自行车不得搭载人员。 安全头盔佩戴:驾驶人和搭载人应当规范佩戴安全头盔

续上表

省(区、市)	政策文件名称	出台方	实施时间	具体内容
福建	《福建省非机动车管理办法》	福建省人民政府	2014年8月1日	车辆登记:电动自行车应当经公安机关交通管理部门登记,取得非机动车号牌和行驶证,方可上道路行驶。 通行管理:公安机关交通管理部门可以根据道路和交通流量的具体情况,对非机动车采取疏导、限制通行、禁止通行等措施。 人员搭载:电动自行车仅限在后座载1名12周岁以下未成年人。18周岁以下的未成年人驾驶电动自行车不得载人
山东	《山东省电动自行车管理办法》	山东省人民政府	2022年3月14日	车辆登记:电动自行车上道路行驶,应当依法经设区的市、县(市、区)人民政府公安机关交通管理部门登记,取得电动自行车号牌。 车辆回收:鼓励电动自行车生产者、销售者采取以旧换新、折价回购等方式回收废旧的电动自行车。 安全头盔佩戴:驾乘人员应规范佩戴安全头盔
湖南	《湖南省电动自行车管理办法》	湖南省人民政府	2021年3月1日	车辆登记:电动自行车经公安机关交通管理部门登记后,方可上道路行驶。 本办法施行前已经购买的不符合强制性国家标准的电动自行车,可以向公安机关交通管理部门申请临时登记,取得临时号牌后,在过渡期内可以上道路行驶。过渡期为3年,自本办法施行之日起满3年后,不符合强制性国家标准的电动自行车取得的临时号牌失效,不得上道路行驶。 车辆回收:鼓励电动自行车生产者、销售者、维修者采取以旧换新、折价回购等方式回收不符合强制性国家标准和废旧的电动自行车。鼓励电动自行车所有人置换、提前报废不符合强制性国家标准的电动自行车。 人员搭载:驾驶电动自行车只能搭载一名12周岁以下的未成年人,搭载6周岁以下未成年人的应当使用安全座椅。 安全头盔佩戴:驾驶、乘坐电动自行车应当按照规定佩戴安全头盔
广西	《广西壮族自治区电动自行车机动轮椅车管理办法》	广西壮族自治区人民政府	2013年8月10日	车辆登记:电动自行车和机动轮椅车应当经公安机关交通管理部门注册登记,核发号牌、行驶证后,方可上道路行驶。 通行管理:在道路上驾驶电动自行车,驾驶人应当掌握车辆性能和驾驶技术,不得驶入机动车道,在没有非机动车道的道路上应当靠车行道的右侧行驶。通行宽度从道路(不含路肩)右侧边缘线算起不得超过1.5m。 人员搭载:电动自行车可以搭载一人,被搭载人应当正向骑坐,不得侧向骑坐

续上表

省(区、市)	政策文件名称	出台方	实施时间	具体内容
海南	《海南省电动自行车管理条例》	海南省人大常委	2022年1月1日	车辆登记:电动自行车经市、县、自治县人民政府公安机关交通管理部门登记后,方可上道路行驶。电动自行车行驶证实行电子化管理。鼓励电动自行车销售者实行带安全头盔销售。鼓励电动自行车带保险销售。 平台企业责任:鼓励快递、物流、外卖等服务企业和互联网电动自行车租赁企业购买第三者责任险、驾驶人员人身意外伤害险等保险产品。 车辆回收:鼓励电动自行车生产者、销售者、维修者采取以旧换新、折价回购等方式回收废旧电动自行车和不符合强制性国家标准的电动自行车、电动摩托车、电动轻便摩托车等电动两轮车。鼓励置换、提前报废不符合强制性国家标准的电动两轮车。 互联网租赁车辆:快递、物流、外卖等特定领域的企业应当加强安全生产教育和管理,落实安全生产主体责任,将电动自行车安全管理纳入内部安全生产制度,明确安全责任人;建立健全电动自行车管理台账,并在与驾驶人签订的配送协议中明示驾驶人的交通安全义务及违约责任,组织驾驶人开展交通安全、消防安全等法律、法规知识培训、考核;做好车辆停放秩序管理,定期开展电动自行车维护、保养等安全检查;依法参加工伤保险;为电动自行车驾驶人配备安全头盔,并督促驾驶人上道路行驶时佩戴好安全头盔。 互联网电动自行车租赁企业应当履行企业主体责任,配备必要管理人员,按照要求设置电子围栏,随车提供安全头盔,加强车辆检测、维护和停放秩序管理,并将车辆投放和租用等信息按照规定报送有关主管部门备案。 人员搭载:成年人在道路上驾驶电动自行车只能搭载一人,搭载六周岁以下的未成年人的应当使用安全座椅;十六周岁以上的未成年人驾驶电动自行车不得搭载人员;电动自行车乘车人应当在驾驶人后方正向骑坐
重庆	《重庆市电动自行车登记规定》	重庆市公安局	2019年7月23日	车辆登记:电动自行车所有人应当自购买电动自行车之日起一个月内向住所地区县(自治县)公安机关交通管理部门申请注册登记。 对2019年4月15日前已购买且在用的超标电动自行车,车辆所有人应当在2019年4月15日至2019年10月14日向住所地区县(自治县)公安机关交通管理部门申请预登记并领取预登记凭证,2019年10月15日起凭预登记凭证领取超标电动自行车临时信息牌,临时信息牌有效期为三年(2019年10月15日至2022年10月14日)

续上表

省(区、市)	政策文件名称	出台方	实施时间	具体内容
重庆	《重庆市电动自行车登记规定》	重庆市公安局	2019年7月23日	公安机关交通管理部门此前已经发放的超标电动自行车临时凭证继续有效,车辆可使用至新的过渡期满之日
四川	《非机动车登记工作规范》	四川省公安厅	2022年8月1日	车辆登记:公安机关交通管理部门应当统一使用非机动车登记系统进行登记,核发非机动车号牌、行驶证
贵州	《贵州省电动自行车管理办法》	贵州省人民政府	2013年5月1日	车辆登记:购买电动自行车,应当自购车之日起30日内,向县级以上人民政府公安机关交通管理部门申请办理登记,领取号牌、行驶证后,方可上道路行驶。《电动自行车安全技术规范》(GB 17761—2018)实施前购买的电动自行车未经登记的,应当于2020年12月31日前向县级以上人民政府公安机关交通管理部门申请登记;符合国家安全技术标准的,发放号牌、行驶证;不符合国家安全技术标准的,发放临时通行标识。对发放临时通行标识的电动自行车设置3年过渡期,过渡期满后,不得上道路行驶。 车辆回收:鼓励电动自行车销售商采取以旧换新、折价回购等方式回收不符合国家安全技术标准的电动自行车;鼓励电动自行车所有人主动置换或者报废不符合国家安全技术标准的电动自行车。 人员搭载:只能搭载一名12周岁以下未成年人,搭载学龄前儿童的,应当使用安全座椅。 安全头盔佩戴:驾驶电动自行车,应佩戴安全头盔
云南	《云南省电动自行车管理规定》	云南省人民政府	2013年4月1日	车辆登记:消费者购买的电动自行车,经公安机关交通管理部门登记后,方可上道路行驶;在本条规定的申请办理登记期限届满前,可以凭电动自行车购车发票或者其他来历证明和电动自行车出厂合格证明,临时上道路行驶。 使用期限:实行电动自行车报废制度,根据电动自行车的使用年限、安全技术状况、产品分类和用途,规定不同的报废标准。以使用年限为报废标准的,使用年限达到10年的应当报废;经依据国家标准检验合格的电动自行车,可以延长使用年限,但延长使用年限最长不超过2年。达到报废标准的电动自行车由公安机关交通管理部门注销登记,不得上道路行驶

续上表

省(区、市)	政策文件名称	出台方	实施时间	具体内容
西藏	《西藏自治区电动自行车管理办法》	西藏自治区人民政府	2019年12月1日	车辆登记:自治区对电动自行车实行登记制度。电动自行车经公安机关交通管理部门登记,并取得电动自行车号牌和行驶证后方可上道路行驶。未经登记的电动自行车禁止上道路行驶。禁止利用电动自行车从事载客营运。 人员搭载:电动自行车可以搭载一人,被搭载人应当正向骑坐,不得侧向骑坐,搭载6周岁以下未成年人的,应当使用固定座椅
陕西	《陕西省电动自行车登记管理规定》	陕西省公安厅	2023年4月1日	车辆登记:电动自行车经注册登记并悬挂号牌后,方可上道路行驶。未经注册登记悬挂号牌的电动自行车禁止上道路行驶,不得使用伪造、变造的电动自行车号牌或其他类型号牌。 超标电动自行车实行过渡期管理政策。过渡期内,经注册登记并悬挂临时号牌的超标电动自行车视为非机动车,在道路交通管理中按照非机动车管理;过渡期届满,临时号牌作废,不得再上路行驶
甘肃	《甘肃省电动自行车残疾人机动轮椅车管理办法》	甘肃省人民政府	2017年7月1日	车辆登记:纳入产品目录的电动自行车、残疾人机动轮椅车,应当经公安机关交通管理部门办理注册登记并领取号牌、行驶证后,方可上道路行驶。 车辆回收:鼓励电动自行车生产者、销售者采取以旧换新等方式回收废旧电动自行车。 通行管理:驾驶电动自行车、残疾人机动轮椅车上道路行驶,应当保持制动器、夜间反光装置等安全设施性能状况良好。驾驶电动自行车、残疾人机动轮椅车上道路行驶,驾驶人应当掌握车辆性能和驾驶技术,在非机动车道内行驶,除法定可以借道行驶的情况外,不得驶入机动车道;没有划分机动车道、非机动车道、人行道的,靠道路右侧通行;路面宽度7m以上的,从道路右侧边缘线算起,电动自行车应当在路面宽度不超过1.5m的范围内通行,残疾人机动轮椅车应当在路面宽度不超过2.2m的范围内通行
青海	《青海省电动自行车管理工作指导意见》	青海省公安厅交警总队	2020年1月1日	车辆登记:电动自行车车辆所有人应当自购买之日起30日内,就近前往公安机关交通管理部门或者设立的电动自行车登记上牌点登记,交验车辆。对已购买在用的不符合国家标准的电动自行车,设置2020年1月1日至2022年12月31日三年的过渡期。在过渡期内未按规定悬挂临时信息牌以及过渡期满后仍上路通行的,公安机关交通管理部门将严格依规处罚

续上表

省(区、市)	政策文件名称	出台方	实施时间	具体内容
新疆	《新疆维吾尔自治区电动自行车管理办法》	新疆维吾尔自治区人民政府	2021 年 7 月 15 日	车辆登记:电动自行车经县级人民政府公安机关交通管理部门登记,取得号牌、行驶证,并在指定位置悬挂号牌后,方可上道路行驶。本办法施行前已购买的不符合强制性国家标准的电动自行车,按照国家有关规定,实行 3 年过渡期管理;过渡期满后,不得上道路行驶。 车辆回收:鼓励电动自行车生产者、销售者、维修者采取以旧换新、折价回购等方式回收废旧电动自行车和不符合强制性国家标准的电动自行车。鼓励电动自行车所有人置换、报废不符合强制性国家标准的电动自行车

附 录 3 Appendix 03

城市电动自行车骑行调研问卷回收情况

省(区、市)	城市	问卷数量	省(区、市)	城市	问卷数量
北京	北京	524	江苏	盐城	20
天津	天津	45		扬州	81
河北	保定	1		镇江	826
	沧州	2	浙江	杭州	37
	邯郸	4		湖州	1
	衡水	1		嘉兴	3
	廊坊	2		金华	2
	秦皇岛	2		丽水	2
	石家庄	32		宁波	47
	唐山	4		绍兴	1
	邢台	2		台州	4
	张家口	2		温州	24
山西	大同	1	安徽	安庆	4
	晋城	3		蚌埠	73
	晋中	89		亳州	16
	临汾	15		池州	9
	吕梁	33		滁州	14
	朔州	2		阜阳	403
	太原	196		合肥	254
	忻州	203		淮北	3
	阳泉	97		淮南	220
	运城	2		黄山	26
	长治	35		六安	26
内蒙古	巴彦淖尔	5		马鞍山	2
	鄂尔多斯	4		宿州	45
	呼和浩特	8		铜陵	1
	乌兰察布	2		芜湖	72
上海	上海	242		宣城	10
江苏	常州	76	福建	福州	14
	淮安	334		南平	1
	连云港	43		泉州	4
	南京	420		厦门	2
	南通	58		漳州	2
	苏州	2169	江西	抚州	16
	宿迁	156		赣州	138
	泰州	160		吉安	28
	无锡	173		景德镇	20
	徐州	103		南昌	64

续上表

省(区、市)	城市	问卷数量	省(区、市)	城市	问卷数量
江西	平凉	20	湖北	黄石	1
	上饶	12		随州	2
	宜春	2		武汉	22
	鹰潭	8		咸宁	1
山东	滨州	6	湖南	常德	3
	德州	1		衡阳	14
	东营	8		怀化	7
	菏泽	7		邵阳	256
	济南	47		湘潭	46
	济宁	3		湘西	25
	聊城	5		岳阳	1
	临沂	3		张家界	16
	青岛	15		长沙	504
	日照	1		株洲	18
	泰安	2	广东	广州	2915
	潍坊	12		东莞	5
	枣庄	1		佛山	3
	淄博	1		惠州	2
河南	安阳	93		揭阳	2
	鹤壁	26		茂名	1
	焦作	2		梅州	1
	开封	36		汕头	3
	洛阳	92		韶关	1
	南阳	52		深圳	17
	平顶山	35		湛江	3
	三门峡	16		中山	1
	商丘	16	广西	百色	1
	新乡	156		北海	1
	信阳	2		贵港	1
	郑州	296		桂林	3
	周口	4		柳州	2
	驻马店	41		南宁	15
宁夏	固原	11		钦州	1
	石嘴山	24		玉林	4
	吴忠	15	海南	白沙	1
	银川	53		保亭	2
	中卫	14		澄迈	3

续上表

省(区、市)	城市	问卷数量	省(区、市)	城市	问卷数量
海南	儋州	2	云南	丽江	1
	定安	2		临沧	5
	东方	3		普洱	17
	海口	290		曲靖	10
	陵水	2		文山	61
	琼中	1		玉溪	38
	三亚	11		昭通	5
	万宁	2	西藏	拉萨	1
	文昌	12	陕西	安康	3
	五指山	1		宝鸡	99
重庆	重庆	25		汉中	31
四川	巴中	21		商洛	86
	成都	225		铜川	3
	达州	67		渭南	23
	甘孜	2		西安	1506
	广安	30		咸阳	103
	乐山	35		延安	16
	凉山	9		榆林	57
	泸州	19	甘肃	定西	1
	眉山	18		嘉峪关	10
	绵阳	34		金昌	27
	内江	4		酒泉	9
	遂宁	21		兰州	166
	雅安	33		临夏	2
	宜宾	2		陇南	3
	自贡	10		平凉	3
贵州	贵阳	1		庆阳	6
	黔东南	1		天水	25
	黔南	1		武威	51
	铜仁	1	青海	海北	3
	遵义	1		海东	9
云南	保山	15		海南	2
	楚雄	14		海西	4
	大理	9		西宁	22
	德宏	2	新疆	昌吉	2
	迪庆	2		乌鲁木齐	1
	红河	28			
	昆明	281			

注:结合问卷回收情况,全国31个省(区、市)(未包含台湾省、香港特别行政区、澳门特别行政区)中内蒙古、福建、湖北、贵州、西藏、重庆、新疆问卷回收样本量少于30份,全国36个重点城市中呼和浩特、大连、福州、厦门、青岛、武汉、深圳、南宁、重庆、贵阳、拉萨、西宁、乌鲁木齐问卷回收样本量少于30份,及其他问卷回收数量低于30份的城市,未列入调研数据分析。